弗布克工作手册系列

人力资源管理
职位工作手册

第4版

孙宗虎◎编著

人民邮电出版社

北京

图书在版编目（CIP）数据

人力资源管理职位工作手册 / 孙宗虎编著. -- 4版
. -- 北京 ：人民邮电出版社，2022.9
（弗布克工作手册系列）
ISBN 978-7-115-59719-9

Ⅰ. ①人… Ⅱ. ①孙… Ⅲ. ①人力资源管理－手册
Ⅳ. ①F243-62

中国版本图书馆CIP数据核字(2022)第130837号

内 容 提 要

从工作思路到具体工作内容、从体系设计到模块设计，本书用各类模板将人力资源管理工作中的内容一一进行示范，使读者能够充分了解当下人力资源管理工作的实际情况与未来发展趋势。

作者不仅对人力资源管理体系和组织设计进行了介绍，而且对招聘、培训、薪酬、绩效、激励等人力资源管理工作具体内容的设计也进行了介绍，尤其对测评、运营、数字化设计和报告撰写进行了详细说明，并提供了实用的工具、方法、方案模板等，这些内容可以有效使人力资源从业者将各项工作落到实处，满足企业的需求。

本书适合人力资源管理人员、企业中高层管理人员、咨询及企业培训人员使用。

◆编　　著　孙宗虎
　责任编辑　程珍珍
　责任印制　彭志环
◆人民邮电出版社出版发行　　北京市丰台区成寿寺路 11 号
　邮编 100164　电子邮件 315@ptpress.com.cn
　网址 https://www.ptpress.com.cn
　大厂回族自治县聚鑫印刷有限责任公司印刷
◆开本：787×1092　1/16
　印张：18　　　　　　　　　　2022 年 9 月第 4 版
　字数：360 千字　　　　　　　2022 年 9 月河北第 1 次印刷

定　价：79.80 元
读者服务热线：（010）81055656　印装质量热线：（010）81055316
反盗版热线：（010）81055315
广告经营许可证：京东市监广登字 20170147 号

"弗布克工作手册系列"序

"弗布克工作手册系列"图书旨在提升从业者的岗位技能、细化工作任务、明确工作规范。在书中，作者将岗位工作**目标化、制度化、流程化、技能化、方法化、案例化、方案化**，为相关从业者提供了各种可以借鉴的范例、案例、模板、制度、流程、方法和工具，可以帮助读者提升岗位技能、高效执行工作。

技能是人的立业之本。技能人才是支撑中国制造、中国创造的重要力量。在**"技能提升"**和**"技能强企"**行动中，企业每个岗位都急需一套可以拿来即用、学了能用的培训教材，以便企业通过提升人员技能来提高各岗位人员的执行力和工作效能。而只有**落实到位、高效执行、规范执行、依制执行、依标执行**，才能确保企业合规运营，提高企业的运营效能，增强企业的核心竞争力。

但是，企业如果没有一套合理的**执行体系、标准体系、规范体系、制度体系**和**流程体系**，不将每项工作通过具体的方法、方案、方式落地，那么一切管理都会浮于表面、流于形式，沦为**"表面化"**管理和**"形式化"**管理。

本系列图书通过岗位**职责清晰化、工作流程化、管理制度化、执行方案化**，使**"人事合一""岗适其人，人适其事"**。其中，通过明晰职责，让读者知道自己具体应当干什么事情，需要什么技能，需要哪些工具；通过细化执行，让读者知道自己应该怎么干，思路是什么，方案是什么，应该关注哪些关键环节和关键问题；通过制度、流程、方法、方案设计，让读者知道自己应该遵循哪些标准和程序，应该按照哪些规范去执行工作。

本系列图书具有以下三个鲜明的特点。

（1）拿来即用。本系列图书按照有思路、有规划、有方案、有方法、有工具的"五有原则"进行编写，读者可根据自己企业的实际情况，对适用的内容拿来即用。

（2）拿来即改。本系列图书提供的各种模板，包括但不限于制度、流程、方案、办法、细则、规范、文书、报告，读者可以根据自己企业的实际情况修改后使用。

（3）参照学习。对于不能拿来直接使用或者修改后使用的模板，读者可以将其用作自己工作的参考，学习这种设计的思路，掌握各种管理模板背后的设计思维，运用这种思维去解决工作中的实际问题。

因此，本系列图书不仅适合基层员工使用，也适合管理者使用。

北京弗布克管理咨询有限公司

2022 年 7 月

前 言

《人力资源管理职位工作手册》(第4版)是"弗布克工作手册系列"中的一本。衷心感谢《人力资源管理职位工作手册》上市十几年来广大读者的厚爱和支持!我们在充分研究读者反映的问题和意见的基础上,结合市场调研的结果,对《人力资源管理职位工作手册》(第3版)进行了修订和补充,以使本书的内容更加符合读者的实际工作需求,更好地实现我们**"拿来即用"**的承诺。

本次修订对《人力资源管理职位工作手册》进行了以具体事务和工作为中心的重新设计,更加全面地介绍了人力资源管理的6项主要事务、11大类工作。本书针对体系设计、组织设计、招聘设计、培训设计、薪酬设计、绩效设计、激励设计、测评设计、运营设计、数字化设计、报告撰写等具体工作,从制度、流程、方案、规范等方面进行了详细、具体的描述,帮助读者在工作中可以做到逻辑清晰、事项清晰、执行清晰、问题清晰、结果清晰。

本书具体修订工作主要体现在以下四个方面。

1. 重新梳理人力资源管理工作的主要事项

把人力资源管理工作梳理为6项主要事务、11大类工作,从宏观上对人力资源管理工作内容进行了梳理、划分。

2. 对具体工作和管理工作进行了区分

对具体工作进行了细化,强化了关键点、问题点,提供了执行方案;对于管理工作,提供了制度、流程、规范,这样的区分使内容更加符合人力资源管理工作的特点。

3．更新、细化了很多内容

本书删除了一些不必要的表单和知识，强化了工作技能方面的内容；进一步细化了部分制度、规范，使内容更加贴近具体工作；增强了相关知识的实用性和针对性，便于读者阅读和使用。

4.提供附赠资源

本书大部分章节都提供了二维码，扫描二维码，即可查看相关表单、方案和流程模板。

在实际工作中，读者可根据自己企业的实际情况和具体工作要求，参考书中介绍的范例、制度、流程、方案、方法并加以适当地修改，制定出适合本企业的范例、制度、流程、方案与方法，不断提高人力资源管理工作的效率。

书中的不足之处，敬请广大读者指正。

孙宗虎

2022 年 7 月

目　录

第 2 章
体系设计

第 3 章
组织设计

第4章
招聘设计

**第 5 章
培训设计**

第6章
薪酬设计

第7章
绩效设计

第8章
激励设计

第 9 章
测评设计

第 12 章 报告撰写

第1章
人力资源管理工作概要

1.1 人力资源管理工作的变化与发展

1.1.1 从信息化到数据化

以人工智能、大数据和云计算为核心的新一代数字技术的蓬勃发展，使人类的生活和工作发生了根本性变化，在人力资源管理工作中表现为从信息化向数据化转变。

信息化人力资源管理是指以先进的电子信息技术为手段，以软件系统为平台，实现低成本、高效率、全员共同参与管理的一种模式。

数字化人力资源管理是指将数字化的信息进行条理化，通过智能分析、多维分析、查询回溯，为决策提供有力的数据支撑，从而对业务进行指导的一种模式。

信息化是数字化的基础，数字化是对信息化内容进行更深入的分析，从而做出更科学的决策。

1.1.2 从HR到HRBP

从HR（人力资源）转化到HRBP（人力资源业务合作伙伴）已成为行业共识，是企业人力资源未来的发展方向。

HRBP在企业战略规划中发挥着至关重要的作用，其可以在一定程度上解决业务部门的问题。

1. HR与HRBP之间的联系与区别

HR与HRBP之间的联系与区别如图1-1所示。

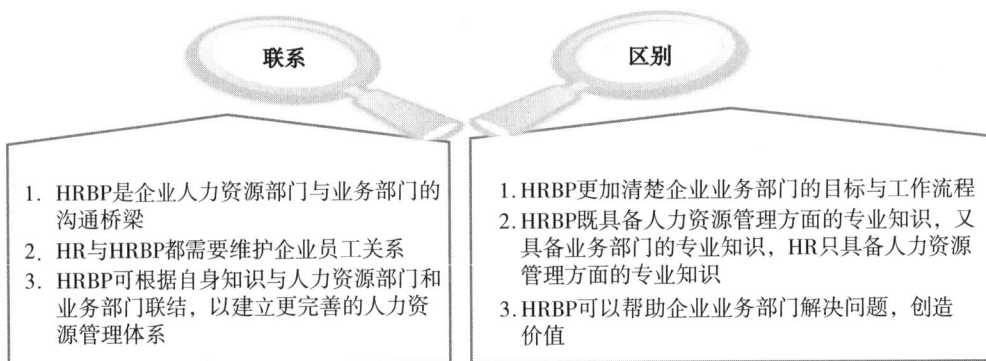

图 1-1　HR 与 HRBP 之间的联系与区别

2．HRBP 的职业生涯发展

HRBP 具有独特的岗位素质及核心能力，在企业中发挥着极其重要的作用。HRBP 的职业生涯发展极为广阔，具体可向以下三个领域发展。

（1）专业领域：HRCOE（人力资源专家）或者业务部门资深专家方向。

（2）管理领域：人力资源总监或业务部门总经理方向。

（3）HRBP 领域：经理级 HRBP 及战略 HRBP 方向。

1．1．3　从薪酬管理到薪税服务

薪酬是企业向提供劳动或劳务的劳动者支付的各种形式的酬劳或答谢，是企业对劳动者的工作成果的回报，是企业人才招聘与人才发展的关键事项之一。

薪税则是企业人力资源管理与税务管理的交叉领域，既涉及员工管理、薪酬体系设计、假勤和绩效数据的收集与社会保险的计提，又涉及企业福利、社会保险、各项专项附加后员工个人所得税的计算入账、税务机关的个税申报和代扣代缴、银行税后薪资发放和薪税报表制作等。

2018 年修订的《中华人民共和国个人所得税法》于 2019 年 1 月 1 日正式实行，社会保险费和先行划转的非税收入也将逐步由各级税务机关征收。此政策针对企业人力资源管理、财务管理与税务管理工作提出了新的要求。

针对新政策，企业需要解决如何合理合规缴费纳税、如何进行社保费用与税收费用筹划等问题。为解决上述问题，一个新职业——薪税师应运而生。

薪税师是集人力资源管理师、税务师、财务人员等多重身份于一身，既掌握企业人力资源管理和财税知识，又可进行薪酬体系设计的新职业。

薪税师可以为企业提供薪税服务、优化薪酬结构、降低企业用工成本，运用自身知识与技能解决企业遇到的人力资源与财税问题。

1.1.4　从 HRM 到 HRD

1. HRM 与 HRD 的关系

HRM 即人力资源管理，HRD 即人力资源开发，HRM 与 HRD 存在相互依存的关系，HRM 是 HRD 的基础，HRD 是 HRM 的升华。伴随社会的发展，HRD 是 HRM 在新阶段的发展方向。

关于 HRM 与 HRD 的关系，我们可以从目标、管理对象、研究层面、方法、手段和目的六个方面进行说明，具体内容如表 1-1 所示。

表 1-1　HRM 与 HRD 的关系

方面	HRM	HRD
目标	企业管理	人才开发
管理对象	企业内部员工	企业内外部员工
研究层面	微观层面，企业内部员工管理	宏观层面，企业人才多方面开发
方法	招聘	培训与人才开发
手段	工作分析、绩效评估、激励、培训与开发等	培训、教育、职业生涯规划
目的	管理与运营企业内部人力资源	对企业已知的人力资源素质进行提升与拓展，对未知的人力资源进行开发

2. 从 HRM 向 HRD 转变的优势

从 HRM 向 HRD 转变，不仅可以通过 HRD 挖掘人的潜能，提高企业员工自身的技能与整体素质，也可以使企业更好地进行人才的选、育、用、留。

1.1.5　从人力资源到人力资本

在经济全球化的环境下，人力资本日益成为一个国家经济发展的决定性因素。从宏观角度来说，实现人力资源向人力资本的转化，对促进经济发展与企业发展有着长远的意义。

1. 人力资源与人力资本

人力资源与人力资本的区别如表 1-2 所示。

表 1-2　人力资源与人力资本的区别

人力资源	人力资本
企业所拥有用以制造产品或提供服务的人力	劳动者所具备的知识、技能
未开发，待开发	从人力资源中开发
所有具有劳动力的人	后天获得的知识、技能等

2．从人力资源向人力资本转化的途径

从人力资源向人力资本转化的途径，主要包括以下五种：转变观念，重视人力资本的作用与价值；加大人力资本的投资力度；进行新型人力资源规划；建立科学的激励机制；建设以人为本的企业文化。

1.1.6 人力资源三支柱模型

人力资源三支柱模型由戴维·尤里奇于1997年提出。最早将人力资源三支柱模型应用到企业管理中的是 IBM 公司。人力资源三支柱模型在21世纪才逐渐引入我国，被管理学家与企业管理者所认知。

人力资源三支柱模型是人力资源管理的重要工具。企业管理人员应该充分认识人力资源转型升级的必要性，在企业内部有效建设与实施企业人力资源管理三支柱模型。

人力资源三支柱模型包含三个部分：HRCOE（人力资源专业知识中心或人力资源领域专家模式）、HRBP（人力资源业务合作伙伴）、HRSSC（人力资源共享服务中心）。

人力资源三支柱标准模型如图1-2所示。

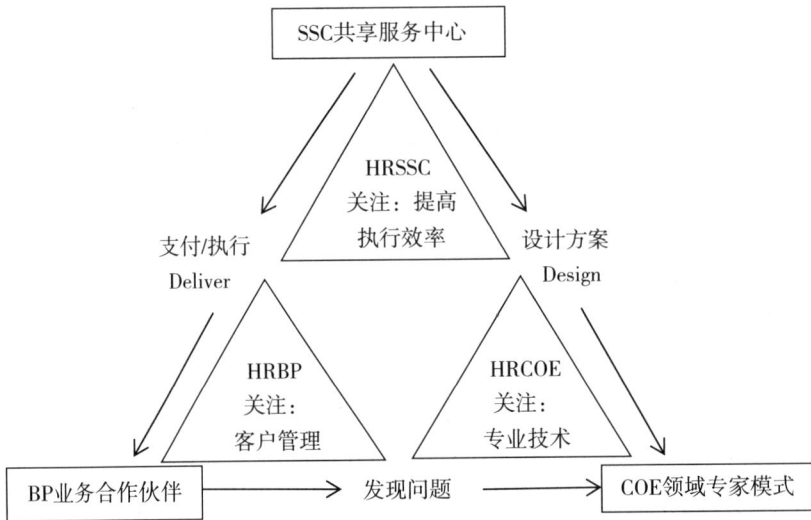

图 1-2 人力资源三支柱标准模型

1.人力资源共享服务中心

在人力资源管理三支柱中，人力资源共享服务中心是指针对企业内部所有人力资源管理活动建立统一的服务中心，以对人力资源管理中的人员招聘、离职办理、员工培训、绩效考核、薪酬发放等工作及事务进行统一管理。

2.人力资源领域专家模式

在人力资源管理三支柱中，人力资源领域专家模式是指在企业管理活动中，人力资源管理人员以领域专家的形式参与企业管理活动，对人力资源管理制度进行统一设计与管控，以此去创新企业人力资源管理模式。

3.人力资源业务合作伙伴

在人力资源管理三支柱中，人力资源业务合作伙伴主要负责企业人力资源部门与业务部门之间的协调合作，在此过程中扮演业务合作伙伴的角色。

1.1.7 人力资源服务

1.人力资源招聘服务

人力资源招聘服务目前主要包括网络招聘服务和线下招聘服务。网络招聘服务是指通过运用网络、系统等计算机技术手段，帮助企业完成招聘过程，即通过第三方招聘网站或网络招聘服务机构，使用数据库或搜索引擎等工具来完成人才招聘的过程，招聘主要以招聘网站为主。在互联网技术高度发达和互联网应用快速发展与广泛普及的背景下，纯粹的线下招聘服务已不多见。线下招聘服务已和网络招聘服务形成良性互动，通过线上发布信息，传递简历，通过线下组织面试、签订合同、办理入职，有效地提高了人力资源服务效率和质量。

2.高级人才寻访服务

高级人才寻访服务主要为客户企业提供咨询、搜寻、甄选、评估、推荐服务，并协助录用高级人才，对高级人才进行市场化配置。其目标群体是具有较高知识水平、专业技能的高层管理人员和高级技术人员或其他职位稀缺人员。

高级人才寻访服务始于20世纪20年代的美国，经过近百年的发展，全球70%的高级人才通过高级人才寻访服务实现了职业转换，90%以上的跨国公司和全球500强所有企业都在使用高级人才寻访服务招聘高级人才。我国高级人才寻访服务是在20世纪90年代伴随外资企业的进入而开始发展的，随着市场经济的发展，高级人才寻访服务机构数量迅速增加，队伍日益壮大。

3.人才测评服务

人才测评服务通过心理测验、情景模拟等手段对人的能力、水平、性格特征等因素进行测量，并根据职位需求及企业组织特性对人的素质状况、发展潜力、个性特点等心理特征做出科学评价，为企业用人、选人、育人等人力资源管理和开发工作提供有价值的参考信息。

4．人力资源培训服务

人力资源培训服务可分为三类：一是公开课，二是企业内训，三是咨询式培训。随着国内外经济、社会形势的发展变化，企业生存发展和转型升级压力不断增大，对人力资源培训的需求日益迫切，这为人力资源培训服务业带来了巨大发展机遇。人力资源培训服务与人力资源外包服务、互联网服务之间的横向拓展衍生出新的商业模式和产品，如管理培训外包、网络培训、移动端学习应用、学习交易平台等。

5．人力资源咨询服务

人力资源咨询服务主要围绕组织设计、职能分解、工作分析、制度设计、人员招聘、绩效考核、薪酬体系、培训和职业生涯规划等方面展开。

人力资源咨询服务主要解决人力资源管理体系的四大系统和五项梳理问题。四大系统分别为战略—文化系统、体系—方法—制度系统、胜任岗位—人才标准系统、人岗匹配—激励约束系统。五项梳理为战略梳理、文化梳理、流程梳理、工作梳理和岗位价值梳理。

6．劳务派遣服务

劳务派遣服务是一种针对企业需求灵活用工的人力资源配置方式。这种用工方式的特别之处在于雇用与使用的分离，其劳动过程由企业管理，员工的工资福利、社会保险费等由企业提供给派遣单位，再由派遣单位支付给被派遣人员，并为其代办社会保险关系、管理人事档案关系等事务。

劳务派遣服务的内容主要包括用退工申报、各类社会保险和公积金申报与缴纳、工资发放、人事档案传递和信息管理、各类人事相关证明出具等服务。

7．人力资源外包服务

人力资源外包服务包括流程性外包服务和事务性外包服务两种。其中，流程性外包服务主要包括招聘流程外包服务、薪酬或福利外包服务、管理服务等，事务性外包服务主要涉及人事代理及传统派遣服务。

8．人力资源管理信息化服务

人力资源管理信息化服务主要包括劳动力管理、薪酬与激励、招聘与选拔、人才管理、学习与发展等核心功能模块。

人力资源管理信息化主要是通过人力资源软件实现的。人力资源流程的自动化、云部署的兴起和移动化渗透的增加是核心人力资源软件市场增长的主要因素。

人力资源软件产品包括人力资源规划、人事管理、薪酬、社会保险、考勤、招聘、培训、考核、计件等多种功能，可以对企业的人力资源管理方方面面进行分析、规划、实施、调整，从而提高企业人力资源管理水平，使人力资源更有效地服务于组织。

人力资源管理信息化服务市场主要有传统的买断部署模式和新兴的云服务模式，而云服务——软件即服务（Software as a Service，SaaS）模式已成为市场共识。

1．2 人力资源管理工作中的痛点与问题

1．2．1 人力资源管理工作中的十大痛点

1．招人难

企业招人难主要在于招聘者不够专业、对招聘需求不够了解、招人计划不够全面、招人信息不够真实。企业在招聘时应由专业的人力资源人员制订详细的招聘计划，明确自身的人才需求，并把能提供的条件如实地告诉应聘者。

2．育人难

企业育人难主要在于培育理念不够先进、培育目标不够明确、培训系统不够健全等。企业应建立正确的人才培养理念，确定人才培养的标准，使人才培养有据可依，同时要重视培训工作，使培训工作系统化和规范化。

3．培训效果评估难

企业培训效果评估难主要在于企业未把握培训需求、未重视培训评估、未对培训进行专业管理等。企业培训工作的出发点是确定企业培训的需求和目标。企业的培训评估不仅包括对培训内容的考核，还包括对员工的工作行为与态度、绩效、能力等的考核。

4．用人难

企业用人难主要在于管理者对员工不够了解、树立的人才观不正确、激励机制不科学、约束机制不合理等。企业应重视人才，了解员工的优点与缺点，将员工安排在合适的岗位上，使员工的才能得到更好的发挥。为员工建立科学的激励机制，同时做好人才储备，这不仅是一种向上的推力，也是员工努力工作的前提。

5．考核难

企业考核难主要在于考核标准难制定、考核制度不够完善、考评者的主观影响、考核结果运用不良等。对于企业来说，制定一套适合其现状和导向的、能给自身带来持续正向效果的考核政策和制度，是一个非常值得探讨的话题。

6．激励难

根据基本需求层次理论，人的需求从低到高分为生理需求、安全需求、社交需求、尊重需求和自我实现五个层次。一旦人们低层次上的需求得到了满足，就会追求高层次的需求，这也会成为驱使他们行动的动力。

现在很多企业在激励员工时大多会采用薪酬激励的方法，从短期看，这是一种非常有效的激励手段，但随着社会的发展，人们越来越多地考虑尊重需求、个人价值的实现等精神层面的需求。因此，仅仅靠薪酬激励已经不能满足人们的职业需求。

7．团建难

随着新经济时代的到来，企业的经营和运作越来越多地需要依靠团队去完成，传统的管理模式已经越来越不能适应时代和竞争的需求。因此，企业需要解决团队建设中的问题：需求不明确，盲目招新；团队内部竞争机制不完善；团队内部缺乏沟通；团队领导的素质欠缺；员工职责划分不清晰；团队目标不明确；规章制度不完善。

8．留人难

留人难是目前大多数企业都会遇到的问题。企业流失的人才大多经过多年的培训和培养，他们不仅具备专业知识，而且具有一定的工作经验。人才流失增加了人力资本的损失，也影响了企业正常生产经营秩序，阻碍了企业战略目标的实现。

导致企业留人难的原因主要有：随着市场经济的发展，员工选择的空间和可能性增多；离职成本低；岗位晋升空间有限，缺乏员工发展平台；薪酬不具备市场竞争力；自身价值得不到展现，缺乏成就感；不合适的工作环境和工作氛围；制度建设不完善，员工满意度低。

9．数据共享难

（1）企业各部门或团队之间存在数据壁垒，人力资源部门与财务、技术、运营等部门之间无法进行数据共享。

（2）人力资源部门在招聘、培训、薪酬管理等模块内数据分化，各模块之间数据冗余或重复，整理困难，难以实现数据共享。

（3）企业在运行过程中，各工作模块之间通常都是单独储存数据，并不进行数据共享，无法实现数据的有效利用。

10．文化建设难

企业文化建设需要以企业人力资源管理制度与实践为基础，并在长期实践中逐步形成人际关系氛围。正因为企业文化建设周期漫长、推进缓慢，且员工与企业之间经常难以达成文化共识，所以企业文化建设总是难以推进。

1．2．2　人力资源管理工作中的十大问题

1．模块体系与系统问题

许多中小企业创业初期，在人力资源规划方面缺乏战略性，往往只看重短期的经济效

益，而忽视企业的长期发展，人力资源部门通常只能被动地去满足企业提出的人力资源需求，而不能很好地与企业战略发展紧密结合。如果仅根据企业总体发展战略和实际情况进行系统的人力资源模块设计，就不能起到为企业高层战略决策提供依据、充当助手的作用。

2．招聘时效、符合度与部门矛盾问题

企业在招聘过程中往往会存在用人部门有招聘需求时再开始招聘的现象，这样一方面使招聘的时效性得不到保障；另一方面，由于双方沟通不到位或者人力资源部门对用人部门的业务不了解常常导致招聘的人才不符合岗位需求。

关于招聘工作，人力资源部门和用人部门到底谁说了算？人力资源部门在招聘工作中是发挥主导作用还是发挥辅助决策的作用？这些问题是人力资源部门与用人部门长期存在的问题。

3．面试、甄选与录用问题

面试的过程其实也是展现企业形象的过程。专业化、流程化、标准化的面试过程会给应聘者留下良好的印象，从而提升招聘成功率，相反，面试流程混乱、缺乏标准，则会影响企业形象，也会大大降低招聘成功率。

面试过程中，人力资源管理人员要注意甄别应聘者的个人信息的真实性，有些应聘者或许只是为了摆脱一时的困境而有意地编造不存在的事实，这样，在面试中他们会经常调整"真相"迎合面试官。

准备好录取通知书之后，在正式发出之前，还需要做最后的检查，录取通知书虽然不是劳动合同，但如果候选人已经接受录取通知书并且认同其中的条款，则录取通知书同样具有法律效力。因此，为避免后期的法律风险，在发出录取通知书前，企业要对候选人进行背景调查，在录取通知书中明确列出企业不予录用的情况，并要求候选人在指定的时间内以书面形式回复是否接受，如未在指定期限内回复，则录取通知书失效。

4．考核、反馈与面谈问题

考核、反馈与面谈主要涉及的是评价对象的工作绩效，因此管理者在进行绩效反馈与面谈时必须以下属的工作情况为基础，不掺杂个人情感，做到在明确客观事实的基础上展开深入的分析和讨论。

在面谈中应建立双方的信任感，切忌当成上级对下级的单向批评，要允许员工对相关问题进行说明或提问，并要控制情绪，就事论事，以达到较好的面谈效果。

5．奖金、奖励与惩处问题

企业管理中有奖不罚不行，只罚不奖也难以起到激励员工的最佳效果。如何通过奖惩

制度全面调动员工的工作积极性，关键在于制定一个合理的奖惩制度。

奖惩制度的标准不难制定，难的是持之以恒地贯彻执行，企业在执行奖惩过程中要避免"只罚不奖或多罚少奖""任人唯亲，奖罚随意""刺头作对，半途而废"的情形，要做到标准既定，一视同仁，不论亲疏，不分新旧；同时，奖惩标准一经颁布，各部门只需要按标准执行即可，没有特殊情况，无须再层层报批，以提升员工对奖惩的信度。

6．调岗、转岗与轮岗问题

人岗匹配、人尽其才，是企业在管理人才时的最终优化目标。在人才与岗位两者的动态交互过程中，经常会产生一些不合适、不和谐、不匹配的情况。

什么人应该做什么事？什么人能够做什么事？如何让人才在其岗位上最大化地发挥价值，帮助团队进步，给企业带来更大的经济效益？

调岗、转岗与轮岗是企业常用的人岗调整手段，如何能够"调的准、转的好、轮的全"是人力资源管理者需要认真思考的问题。

7．晋升、竞聘与竞选问题

"能者上、庸者下"在各类竞争关系中都是不变的法则，体现在人力资源工作中的常见问题就是企业内部的人员晋升、岗位竞聘和竞选问题。

系统、全面的竞聘和晋升管理制度是工作开展的前提，公平、科学、合理的组织实施流程是获得员工认可和满意的基础，公正、公开的竞聘和晋升结果是团队健康发展的保障。

但是，在现实的人员竞聘、竞选和晋升过程中，由于个人偏好的存在，导致某些关键人物对竞聘、晋升的结果产生主观化的影响，从而造成了员工对竞聘、晋升工作有微词和意见。这类因素对竞聘、晋升产生了重要的影响，必须加以注意。

8．薪酬税务与法律问题

薪酬发放、薪酬保密管理、员工薪级薪等调整等都是薪酬方面的常见问题。

哪些在人力资源管理方面的支出可以为企业减税？涉及多项税率的支出如何合法适用最低税率？了解人力资源工作相关的税务知识，协助财务部门有效规避风险是人力资源管理工作中的重要内容。

法律问题贯穿人力资源管理工作的全程。例如，从员工招聘与录用到签订劳动合同阶段的"就业歧视""个人信息泄露""试用期规定"；员工日常管理阶段的"加班休假规定""劳动保护与健康检查""员工保险缴纳与福利管理"等。

9．辞职、辞退与争议问题

在企业人力资源管理全过程中，最容易发生劳资纠纷的阶段是在员工的辞职、辞退阶段。

因解除劳动合同或劳动合同终止导致的经济补偿问题，因劳资纠纷导致的劳动协商调解、劳动仲裁问题等，都是广大人力资源管理者在员工的辞职、辞退阶段经常面临的重大问题。

发生劳动争议，甚至是进一步扩大到劳动仲裁、劳动诉讼形式时，人力资源管理者要注意全面收集材料、证据，积极配合相关部门的调查、调解活动以及相关诉讼程序。

10．人力资源外包相关问题

"轻资产"运营模式是一种以价值为驱动的资本战略。该模式在人力资源领域体现为人力资源的服务外包，如劳动关系外包、招聘外包、培训外包、薪酬外包等。

人力资源外包大大减轻了企业人力资源管理者的工作压力，改变了人力资源管理工作的内容和形式，让专业的人负责专门的事。这对于提升人力资源管理效率和质量发挥着重要作用。

但人力资源外包并不是让人力资源管理者完全做"甩手掌柜"。由于信息的失真、沟通的滞后等因素，导致人力资源服务外包在实施过程中经常发生各种问题，人力资源外包的项目管理者要确保关键点的沟通、重点的监督与考核，把控人力资源外包服务进度，及时更正相关问题。

1.3　人力资源管理工作中的技术

1.3.1　人力资源开发技术

人力资源开发技术是实现人力资源开发工作的重要手段。

人力资源开发是指一个企业或组织团体在其现有的人力资源基础上，依据企业战略目标、组织结构变化，对人力资源进行调查、分析、规划和调整，提高现有的人力资源管理水平，使人力资源管理效率更高，为组织创造更大价值的过程。

随着人力资源开发的不断发展，人力资源开发技术也在不断进步，其中主要有人才测评技术、职业生涯规划技术、企业教练技术等。

1．人才测评技术

人才测评技术是通过一系列科学的手段和方法对个人的基本素质与绩效进行测量及评定的技术，是企业人力资源开发中的重要技术。

人才测评服务过程中应用到的测评技术主要有面试技术、笔试技术、心理测试技术、情景模拟技术等。随着网络技术的发展，在线测评这一方式也被广泛应用到人才测评工作中。

2．职业生涯规划技术

职业生涯规划技术是指企业根据自身实际管理情况，对员工职业生涯规划的具体管理工作所做的规定。

职业生涯规划技术包括职业生涯规划体系建设、职业生涯规划的调查与分析、职业方向测定、职业目标设定与规划、职业生涯规划实施管理、职业生涯规划实施的评估与反馈、职业生涯规划的总结与调整这七个方面。

3．企业教练技术

企业教练技术源于美国，是借助体育教练的概念发展的企业教练技术。

企业教练技术可以帮助企业提高执行力、增加整体效益、增强领导能力，不断挖掘企业人力资源。

1．3．2 培训课程开发技术

培训课程开发技术是企业不断提高培训课程开发水平、增强培训课程开发能力的重要手段。

培训课程开发主要包含九大要素，即课程目标、课程内容、课程教材、培训模式、培训组织、课程评价、课程时间、课程空间、培训对象等。

培训课程开发技术一般包含 ISD 模型技术、HPT 模型技术、CBET 模型技术、ADDIE 模型技术和 DACUM 模型技术。

1．ISD 模型技术

ISD（Instructional System Design）模型技术，即教学系统设计模型技术，以传播理论、学习理论、教学理论为基础，分析教学中的问题和需求并从中找出最佳答案。

2．HPT 模型技术

HPT（Human Performance Technology）模型技术，即绩效干预模型，是通过确定绩效差距，设计有效益和效率的干预措施，以获得所期望的人员绩效。

3．CBET 模型技术

CBET（Competency Based Education and Training）模型技术，意为能力本位教育培训模型技术。

4．ADDIE 模型技术

ADDIE 是 Analysis、Design、Development、Implementation、Evaluation 五个英文单词的首字母缩写，代表分析、设计、发展、执行、评价五个应用环节。

5．DACUM 模型技术

DACUM（Develop A Curriculum）模型技术，从社会需要出发，通过与用人单位合作，以能力培养为中心来设计、实施与评价课程。

1．3．3 组织发展设计技术

组织发展设计技术是实现组织发展进步的重要手段。

组织发展（Organizational Development，OD）是以人员优化和组织气氛协调为思路，通过组织层面的长期努力，改进和加强那些促进组织有效性的战略结构与过程。它是进行有计划的组织变革的一种长期的、系统的、约定俗成的方法，是组织为了适应内外环境的变化，改进和更新组织，以求达到最佳化和高效化。

组织发展设计技术一般包括敏感性训练技术、调查反馈技术和方格训练技术。

1．敏感性训练技术

敏感性训练是指通过成员在组织环境中的相互影响，使成员对个人在组织中扮演的角色、个人定位、个体情感和感受、自己同别人的相互影响关系的敏感性不断提高，进而改变成员和组织的行为，达到提高工作效率和满足个人需求的目标。

2．调查反馈技术

调查反馈的内容与组织决策、沟通、协调等部分有关，调查完成后，要将结果反馈给组织成员，通过讨论和会议，充分激发不同成员的个体意见，实现解决现实问题的目的。

3．方格训练技术

方格训练技术是从领导行为的管理方格理论发展而来的组织发展设计技术。它包含六个阶段：讨论会式训练阶段、小组发展阶段、小组关系建设开发阶段、订立组织目标阶段、执行目标阶段和稳定效果阶段。

1．3．4 绩效体系设计技术

企业为了检验整个组织、各职能（或业务）部门、每一个员工是否在规定时间内全面完成了目标所规定的内容，就需要设计并建立完善、有效的绩效体系。

绩效体系设计技术一般包含 OKR 技术、KPI 技术、BSC 技术。

1．OKR 技术

OKR（Objectives and Key Results）技术，即目标与关键成果技术，是指一套定义和跟踪重点目标及其完成情况的管理工具和方法。

Objectives 表示目标，Key Results 表示关键成果。OKR 技术要求企业、部门、团队和员工不但要设置目标，而且要明确完成目标的具体行动。

2. KPI 技术

KPI（Key Performance Indicator）技术，即关键绩效指标技术，是指根据岗位主要责任或工作事项，确定人员业绩衡量指标的方法。

企业建立明确的、切实可行的 KPI 体系，是进行绩效考核的关键。KPI 是用于衡量员工工作绩效表现的量化指标，是绩效考核的重要组成部分。

3. BSC 技术

BSC（Balanced Score Card）技术，即平衡计分卡技术，是把对企业业绩的评价划分为财务、内部运营、客户及学习与发展四个维度，它不仅是一个绩效体系设计技术，而且是一个战略管理系统，是企业进行战略执行与监控的有效工具。

1. 3. 5 薪酬体系设计技术

薪酬体系设计技术一般包含结构设计技术、等级设计技术和晋升设计技术。

1. 结构设计技术

薪酬结构设计是指在同一组织内不同职位或不同技能员工薪酬水平的排列形式。其强调薪酬水平等级的多少、不同薪酬水平之间级差的大小以及决定薪酬级差的标准，反映了企业对不同职务和能力的重要性及其价值的看法。

2. 等级设计技术

薪酬等级设计是在岗位价值评估结果基础上建立起来的，它将岗位价值相近的岗位归入同一个管理等级，并采取一致的管理方法处理该等级内的薪酬管理问题。设计薪酬等级时至少应当考虑薪酬等级的数目和薪酬级差两个方面的内容。

3. 晋升设计技术

晋升设计是员工薪酬调整规则的设计，薪酬调整一般与晋升是同步进行的，包含工资、股权、福利等。

1. 3. 6 信息系统设计技术

信息系统设计技术是促进企业人力资源工作不断提高效率和质量的重要手段之一，常见的信息系统设计技术包括 ERP 技术、云系统技术和 HRIS 技术。

1. ERP 技术

ERP（Enterprise Resource Planning）技术，即企业资源计划技术，是针对企业人力资源管理、物资资源管理、财务资源管理和信息资源管理，集成一体化的管理软件技术。

2．云系统技术

人力云系统是以云技术（云操作系统、云计算中心、云存储技术）为支撑的人力资源管理系统，具备低成本、多功能、便利灵活等特点。

云系统技术可帮助人力资源管理人员通过计算机端、手机端随时随地管理人员，高效、智能地提升人力资源工作水平。

3．HRIS 技术

HRIS（Human Resource Information System）技术，即人力资源管理信息系统技术，是指一个由具有内部联系的各模块组成的，能够用来搜集、处理、储存和发布人力资源管理信息的系统技术。HRIS 能够为一个组织的人力资源管理活动的开展提供决策、协调、控制、分析以及可视化等方面的支持。

HRIS 是依赖信息技术对人力资源进行优化配置的一种管理方式。它是如今人力资源管理的趋势，可以达到降低成本、提高效率、改进员工服务模式的目的。

HRIS 整合是强化人力资源信息化管理的重要一步。HRIS 整合的具体内容包括建立办公自动化平台、构建业务管理集成平台、建立企业门户平台、建立数据整合平台等。

1．4　人力资源管理工作方法

1．4．1　标杆学习法

标杆学习法是指通过寻找和研究行业内外有助于本企业人力资源战略实现的其他优秀企业的有利实践，以此作为标杆，将本企业人力资源管理情况与标杆企业进行比较，分析本企业存在的问题和标杆企业优秀的原因，从而制定最优策略并实现赶超标杆企业的方法。

向标杆企业学习，本质上是从对标杆企业的简单模仿到实践创新的过程，是一个持续的、系统的学习过程。

向标杆企业学习，不仅要向行业内的标杆企业学习，更要有跨界的视野，向其他行业中的标杆企业学习；不仅要学习国内的优秀标杆企业，更要有国际格局，积极吸收国际上优秀企业的先进方法和理论。

向标杆企业学习，不仅要知道向谁学，更要知道学什么、怎么学。要明确标杆学习的方向和目标，收集标杆企业的相关资料和信息，系统地分析和研究标杆企业，积极实践变革，并进行评估反馈与改善创新。

通过不断地学习、比较，在对标杆企业模仿的过程中，企业逐步清楚自身与标杆企业之间的差距，找到自身的定位，从而启发企业找到核心竞争力的突破口，强化企业的学习能力，最终通过不断实践进行创新、持续改善、创造优势。

1.4.2 企业个案法

企业个案法是指通过典型的、独特的优秀企业人力资源管理案例，吸取成功的经验，反思失败的教训，进而实现指导本企业进行自身人力资源工作的方法。

研究、分析行业中具备代表性的优秀企业个案，是人力资源工作的重要方法，更是快速提升人力资源管理能力与水平的重要手段。

通过使用企业个案法，能有效地增强人力资源管理者对优秀企业人力资源工作的深层理解，培养更高效的人力资源工作思维，提高解决人力资源工作问题的能力，进一步提升企业的整体人力资源管理能力。

1.4.3 经验借鉴法

经验借鉴法是指通过大量地学习和研究各行各业优秀企业的人力资源管理实践，不断总结和凝练人力资源工作的经验与认识，从而指导自身人力资源工作的方法。

经验借鉴法是快速提升自身能力的重要方法之一，通过积极地吸收、借鉴其他优秀企业的人力资源管理工作经验，可以发现自身的问题，获得解决问题的思路和要点。

人力资源工作分享会、人力资源峰会、人力资源开发会、人力资源专业交流会、专业HR交流网站等，都可以帮助企业获取、学习他人的经验，进而助力自己成长。

1.4.4 信息技术法

信息技术法是指通过网络信息化技术，为企业人力资源工作提供帮助，并不断提高效率和质量、简化人力资源工作的方法。

在信息化时代，各类人力资源工作的新方法和新技术层出不穷。

例如，大数据与云融合的趋势不断加强，它们可以帮助企业快速完成相应的数据分析工作，进一步降低成本。人力资源管理的"简化"也正在路上，越来越多的小程序、越来越多的 SaaS 平台陆续出现，基础性的服务类工作正在变得越来越简单。

企业要与时俱进，积极掌握各类信息技术的相关知识和使用方法，只有这样才能跟上时代变化的节奏，不断提升人力资源管理工作能力和水平。

1.4.5 外力辅助法

外力辅助法是指企业通过寻找外部人力资源第三方服务来完成自身人力资源工作的方

法。外力辅助即通过外包的方式实现人力资源工作的"减负"，并在一定程度上降低成本。

人力资源第三方服务已经被市场广泛接受，服务项目逐渐细化，专业的服务商也不断涌现，如人力资源招聘服务、高级人才寻访服务、人才测评服务、人力资源培训服务、人力资源咨询服务、劳务派遣服务、人力资源外包服务、人力资源管理信息化服务等。灵活合理地运用第三方服务来完成企业人力资源管理工作已经成为一项重要的能力要求。

灵活运用第三方服务，可以提高企业人力资源管理者的工作效率，可以降低企业的人力成本，可以提高企业的运转效率，可以有效地规避和降低企业的有关风险。

1.4.6　模板工具法

模板工具法是指通过总结企业人力资源工作中重复性较高的环节，来设计、加工对应的模板和工具，进而实现人力资源工作提质增效的方法。

模板、工具是提升企业人力资源工作效率的重要手段。模板工具法不仅可以帮助企业批量处理相应工作，而且能够保证一致性，避免很多的混乱和问题，为实现人力资源工作的规范化管理提供一定的保障。

企业要整理、总结人力资源工作中常用的模板和工具，积极借鉴、学习其他优秀企业使用的模板和工具，不断提升自身人力资源工作效率。

1.5　人力资源管理工作风险控制

1.5.1　人力资源管理工作中的风险

风险是指在一定的环境和期限内产生与客观存在的，有可能导致损失发生的不确定性因素。

人力资源管理的风险是指企业在人力资源管理的过程中产生和客观存在的，有可能降低经营效率、带来经营损失的不确定性因素。总体来说，人力资源管理的风险主要存在与人力资源管理工作相关的九个方面中，具体的风险点说明如表 1-3 所示。

表 1-3　人力资源管理主要风险点说明

序号	风险点名称	风险点说明
风险点 1	组织架构管理风险	1. 组织架构设计不合理，可能造成组织混乱，管理成本增加 2. 岗位权责设置不明确，员工对自身职责了解不全面 3. 组织架构设定后，未明确规定组织架构的运行流程，导致企业运行成本增加 4. 缺乏组织架构优化的管理制度，导致组织架构优化无据可依

（续表）

序号	风险点名称	风险点说明
风险点2	人力资源规划风险	1. 人力资源需求或供给预测偏多或偏少，导致人力资源招聘成本增加 2. 评估机制不健全，导致对人力资源规划的评估缺乏科学性和准确性 3. 人力资源规划工作缺乏相应的监督机制，导致不能及时查处违规操作行为
风险点3	招聘与录用管理风险	1. 企业缺乏完善的人才招聘测评机制，增加了人岗不匹配发生的概率 2. 招聘计划制订不完善，导致招聘成本增加，招聘流程混乱 3. 缺乏相应的面试甄选工具，导致不能全面了解候选人，增加人员招聘风险 4. 缺乏试用期员工考核机制，导致对试用期员工评价不全面，增加录用风险
风险点4	培训与开发管理风险	1. 企业未建立岗位胜任组织模型，或者缺乏岗位胜任组织模型建立的程序，导致人员培训无据可依 2. 缺乏培训需求调研实施的制度或规范，导致培训需求分析工作混乱，不能准确掌握员工培训需求 3. 培训课程开发没有与企业及员工需求相结合，导致所开发的课程缺乏实用性，并造成企业人、财、时间的浪费 4. 培训项目完成后，缺乏对培训效果的评估，不能全面了解员工培训的满意度
风险点5	薪酬福利管理风险	1. 设定薪酬福利时，未对企业内部及外部市场进行调研，导致设定的薪酬福利缺乏内部公平性和外部竞争性 2. 设定薪酬福利时，没有充分考虑层级、岗位价值，导致设定的薪酬缺乏激励性 3. 薪资调整时间、范围不明确，降低了企业薪酬制度的权威性
风险点6	绩效考核管理风险	1. 在设定绩效目标时，未充分考虑企业发展战略目标，导致绩效目标偏离企业发展方向 2. 未对绩效考核指标进行量化，导致员工对绩效考核指标理解错误 3. 绩效考核完成后，缺乏相应的绩效反馈机制，导致员工无法进行绩效改进，绩效考核形同虚设
风险点7	职业生涯管理风险	1. 企业未设立相应的员工职业生涯规划机制，员工不能规划自己的发展方向，导致员工流失率增加 2. 企业未明确员工的晋升通道，导致员工缺乏工作的动力和积极性
风险点8	员工关系管理风险	1. 未明确劳动合同签订及解除的执行流程，增加了劳动合同签署及解除的风险 2. 缺乏劳动争议风险规避机制，导致企业劳动争议仲裁案件增多，增加了企业人力资源成本 3. 未建立职业安全事故预防对策，增加了安全事故发生的可能性
风险点9	人员流动控制管理风险	1. 未明确规定员工离职需交接的内容，导致企业受损 2. 缺乏对人员流动的统计，导致企业管理层不能真正了解企业人才稳定情况，增加了经营和管理成本

1．5．2　人力资源管理工作内部控制

1．人力资源管理工作内部控制目标

人力资源管理工作内部控制目标体现在六大方面，如图 1-3 所示。

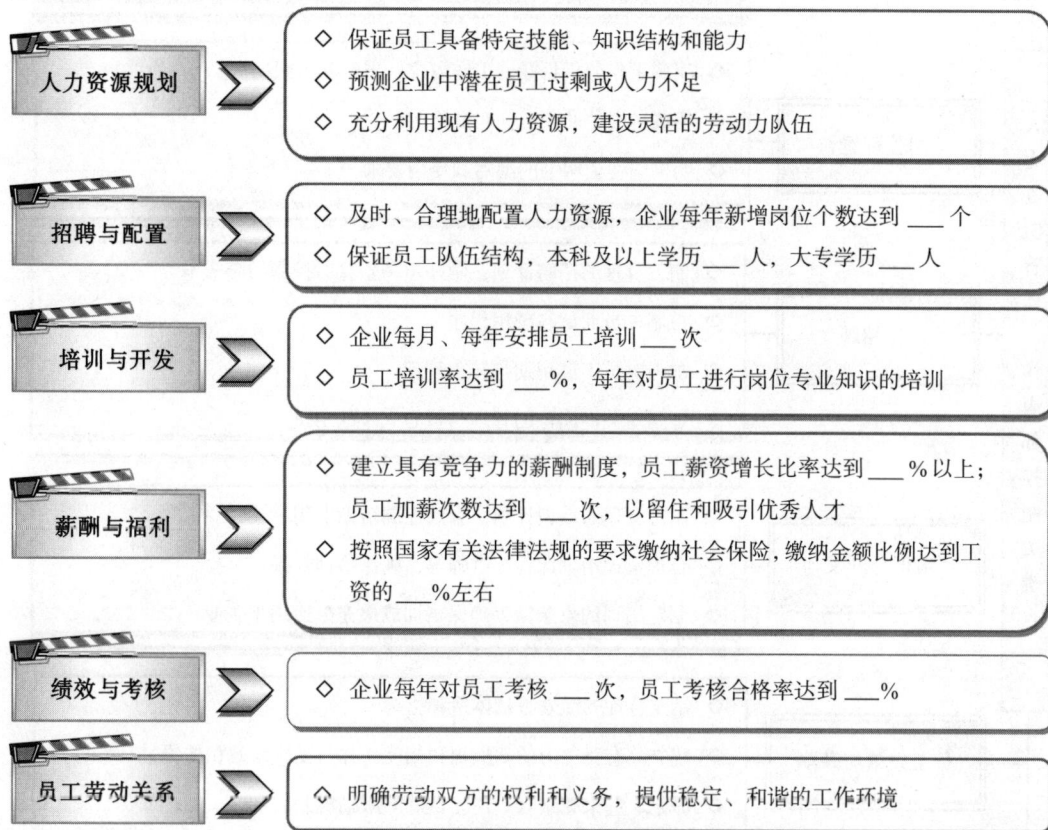

人力资源规划	◇ 保证员工具备特定技能、知识结构和能力 ◇ 预测企业中潜在员工过剩或人力不足 ◇ 充分利用现有人力资源，建设灵活的劳动力队伍
招聘与配置	◇ 及时、合理地配置人力资源，企业每年新增岗位个数达到 ___ 个 ◇ 保证员工队伍结构，本科及以上学历 ___ 人，大专学历 ___ 人
培训与开发	◇ 企业每月、每年安排员工培训 ___ 次 ◇ 员工培训率达到 ___%，每年对员工进行岗位专业知识的培训
薪酬与福利	◇ 建立具有竞争力的薪酬制度，员工薪资增长比率达到 ___% 以上；员工加薪次数达到 ___ 次，以留住和吸引优秀人才 ◇ 按照国家有关法律法规的要求缴纳社会保险，缴纳金额比例达到工资的 ___% 左右
绩效与考核	◇ 企业每年对员工考核 ___ 次，员工考核合格率达到 ___%
员工劳动关系	◇ 明确劳动双方的权利和义务，提供稳定、和谐的工作环境

图 1-3　人力资源管理工作内部控制目标说明

2．人力资源管理工作内部控制关键点

完善、有效的人力资源管理工作内部控制，对于加强企业经营管理、提高经济效益、持续发展等具有积极的推动作用。同时，为有效规避或防范人力资源管理相关风险，企业应加大对人力资源管理工作各环节关键点的控制力度，如图 1-4 所示。

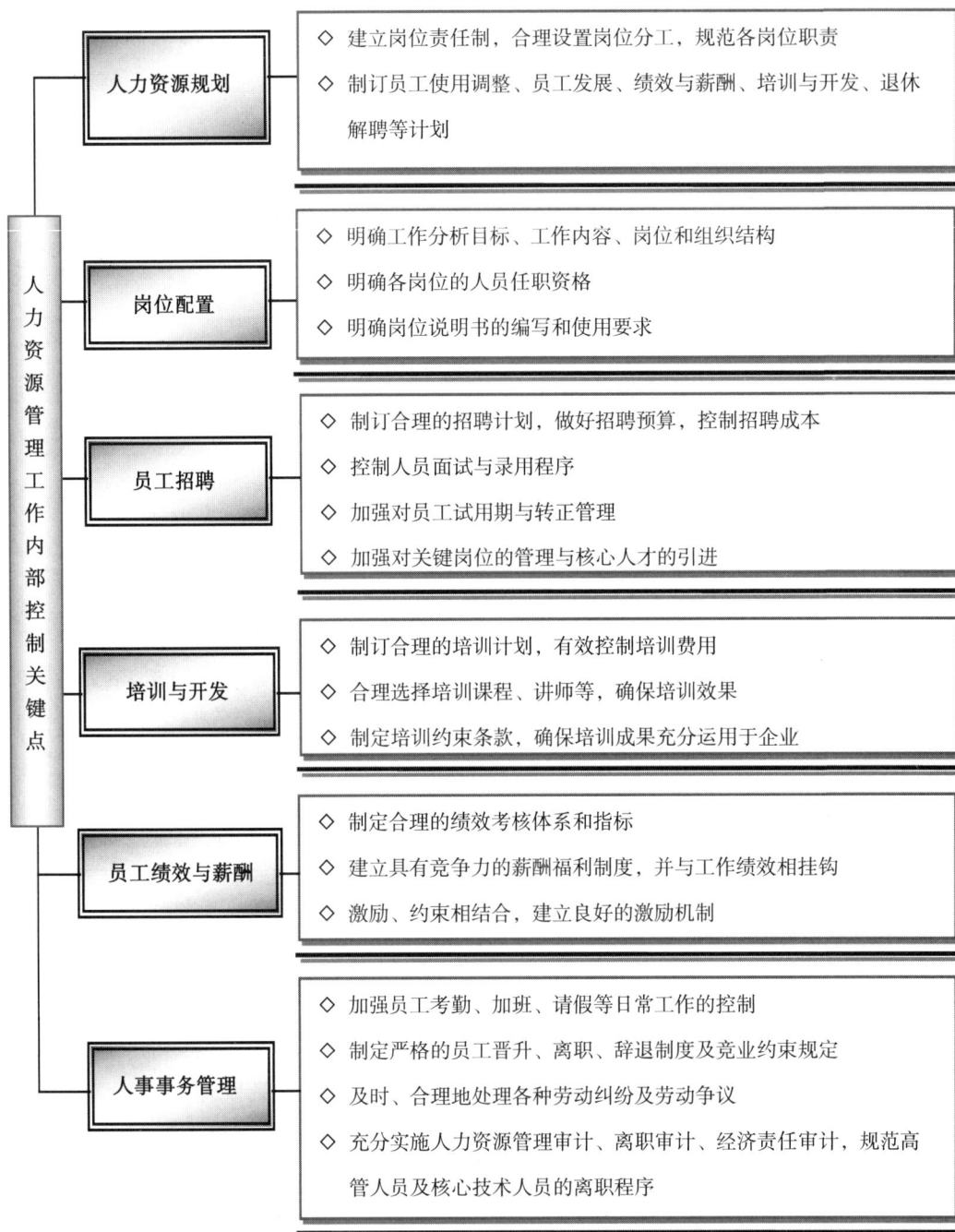

图1-4　人力资源管理工作内部控制关键点

3．人力资源管理工作内部控制流程

企业人力资源管理工作主要包括人力资源规划管理、招聘管理、培训与开发管理、绩效与薪酬管理、劳动合同管理等工作事项，其内部控制流程的设计主要围绕这些事项进行，如图1-5所示。

人力资源管理工作内部控制流程

人力资源规划管理流程
- 人力资源战略规划流程
- 人力资源需求预测流程、人力资源供给预测流程
- 人力资源计划编制流程、人力资源预算管理流程

工作分析管理流程
- 工作分析控制流程
- 工作岗位评价控制流程
- 岗位说明书编制控制流程

招聘管理流程
- 招聘计划编制控制流程
- 内部选拔控制流程、外部招聘控制流程
- 招聘费用预算控制流程
- 网络招聘控制流程、猎头招聘控制流程

面试与录用管理流程
- 面试试题开发流程、面试实施控制流程
- 员工录用控制流程、合同签订控制流程
- 员工使用控制制度、新员工转正控制制度

培训与开发管理流程
- 员工培训控制流程
- 培训计划编制流程、培训项目实施控制流程
- 培训项目评估流程、培训效果考核流程
- 培训课程设置流程、脱产培训控制流程

绩效与薪酬管理流程
- 绩效考核控制流程、考核申诉控制流程
- 绩效目标设定流程、绩效考核实施流程
- 薪资管理控制流程
- 薪资调整控制流程、薪酬福利发放控制流程

人事事务管理流程
- 岗位轮换控制流程、员工晋升控制制度
- 员工辞职控制流程、辞退员工控制流程
- 员工出差控制流程、员工加班控制流程
- 员工奖惩控制流程、人事档案管理流程

劳动合同管理流程
- 劳动合同管控流程
- 劳动纠纷争议处理流程

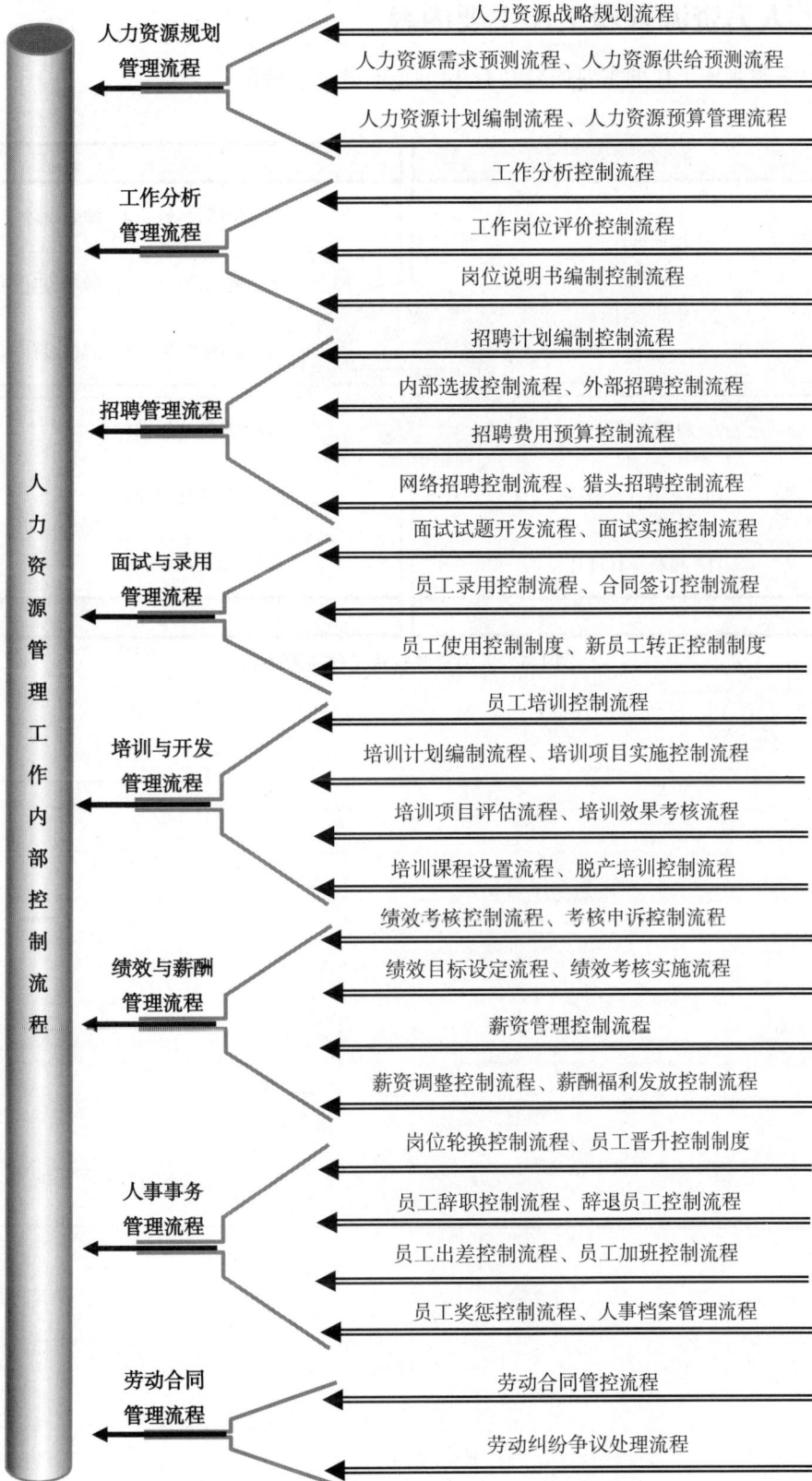

图1-5 人力资源管理工作内部控制流程示意图

1.6 人力资源管理工作主要内容

人力资源管理工作的主要内容共有 14 项，如图 1-6 所示。

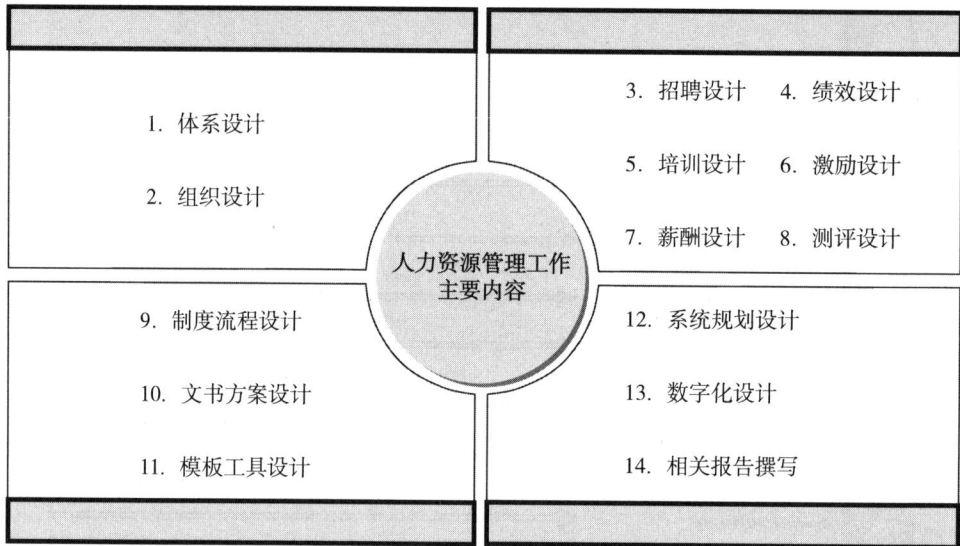

图 1-6 人力资源管理工作主要内容

第2章
体系设计

2．1　人力资源管理模块与体系

2．1．1　人力资源管理模块

人力资源管理是企业运用现代管理方法，对人力资源这种特殊资源的获取（选人）、开发（育人）、保持（留人）和激励等方面所进行的计划、组织、指挥、控制和协调等一系列活动，是为了最终实现企业发展目标的一种管理行为。

目前，人力资源管理正经历着前所未有的来自全球一体化的力量的冲击，面临着信息网络化的力量、知识与创新的力量、客户的力量、投资者的力量、组织的发展速度与变革的力量等各种力量的挑战。

为了更好地开展工作，人力资源管理人员需要了解并掌握人力资源管理模块的设计，这里将人力资源管理划分为八大模块，如图 2-1 所示。

2．1．2　人力资源管理体系

人力资源管理体系包括八大模块 13 个部分，具体如图 2-2 所示。

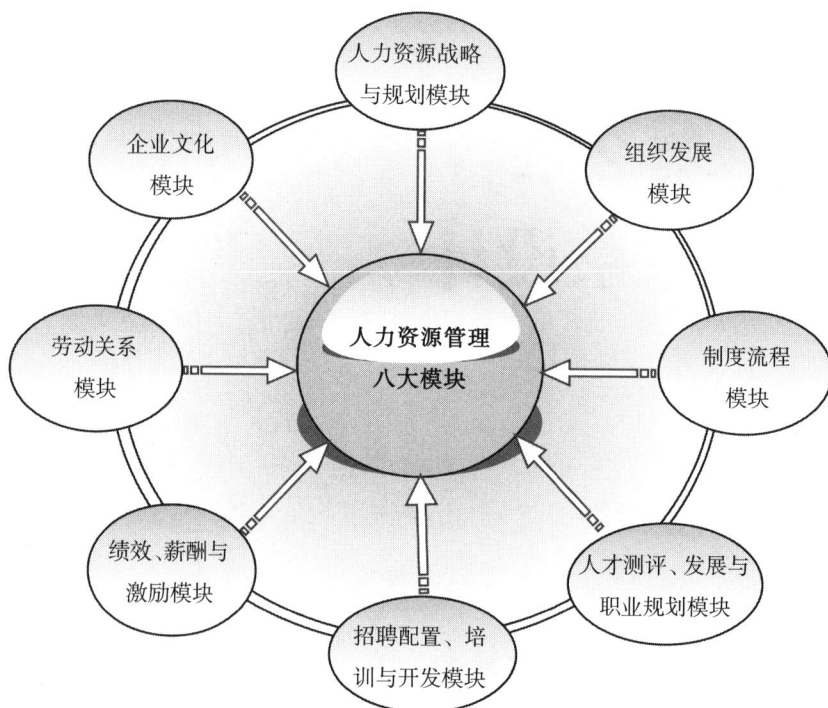

图 2-1　人力资源管理模块

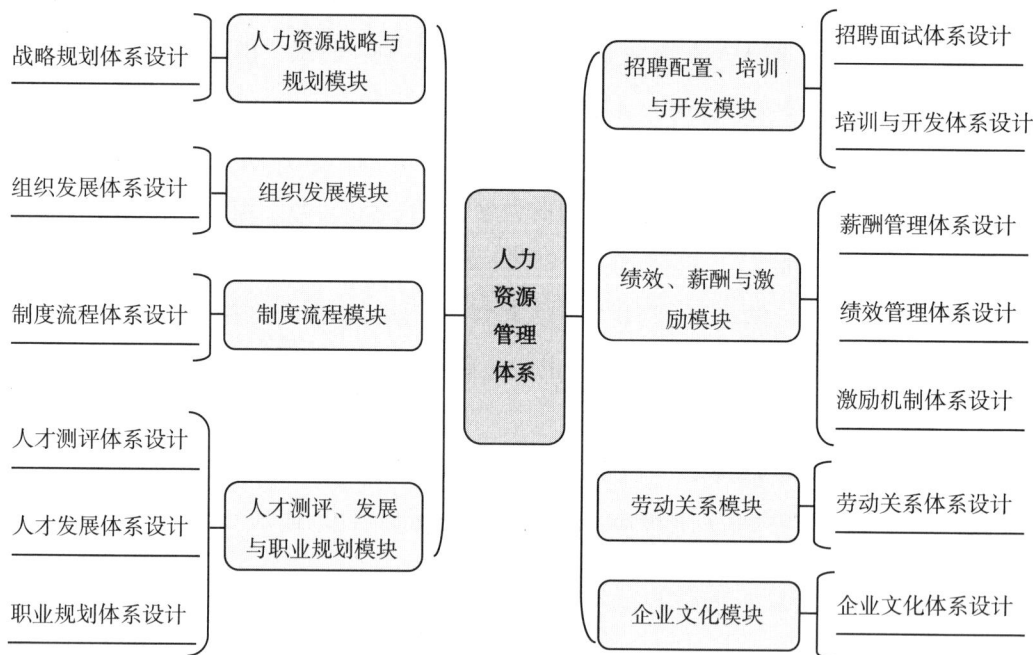

图 2-2　人力资源管理体系

2.2　人力资源管理体系设计

2.2.1　战略规划体系设计

人力资源战略规划源于企业战略规划，人力资源战略规划有广义和狭义之分。

广义的人力资源战略规划是指根据组织的发展战略、目标及组织内外环境的变化，预测未来的任务和环境对组织的要求，以及为完成这些任务、满足这些要求而提供人力资源的过程。

狭义的人力资源战略规划是指对可能的人员需求、供给情况做出预测，并据此储备或减少相应的人力资源。

企业人力资源战略规划是与企业的发展战略相匹配的人力资源总体规划，其制定是基于多方面获得的信息来开展的。

首先，通过企业人力资源信息调查和分析，可以了解与人力资源相关的基本信息。例如，企业组织结构的设置状况、岗位的设置情况；企业现有员工的工作情况、劳动定额及劳动负荷情况；企业未来的发展目标及任务计划，生产因素的可能变动情况等。

其次，需要对企业的外在人力资源进行基本的调查和分析，如劳动力市场的状况等。这些信息都是企业人力资源规划制定的基础。

最后，对企业的人力资源需求与供给情况进行预测。

企业人力资源战略规划体系设计要素如表 2-1 所示。

表 2-1　企业人力资源战略规划体系设计要素

设计维度	具体设计要素	设计维度	具体设计要素
岗位职责	人力资源战略规划主管岗位职责 人力资源战略规划专员岗位职责	制度	人力资源战略规划管理制度 人力资源管理预算制度
流程	人力资源战略规划管理流程 人力资源需求预测管理流程 人力资源供给预测管理流程 人力资源工作计划管理流程 人力资源费用预算管理流程	工具	人力资源外部环境分析模型 人力资源内部环境分析模型 人力资源投资回报分析模型 现有人力资源状况分析模型 人力资源供需状况分析模型
表单	人员需求预测表、人员编制调整表 人力资源规划表、人才储备登记表	方案	人力资源战略规划中期、长期执行方案 人力资源战略规划年度执行方案

2.2.2　组织发展体系设计

组织发展体系设计应包含组织架构设计、职能分解设计、定编定岗定员设计、工作分析设计、岗位评价设计、任职资格设计、岗位职责设计、管理权限设计、竞聘上岗设计九项内容。

组织发展体系设计要素如表 2-2 所示。

表 2-2　组织发展体系设计要素

设计维度	具体设计要素	设计维度	具体设计要素
岗位职责	组织发展主管岗位职责 组织发展专员岗位职责	制度	组织架构设计管理制度、职能分解管理制度 定编定岗定员管理制度、竞聘上岗管理制度
流程	三级职能分解流程、定编定岗 定员流程、岗位评价流程、 竞聘上岗流程	工具	职能分解模板、三级职能模板 岗位评价指南、任职资格标准
表单	工作分析表、岗位评价表、 任职资格分析表、岗位职责设 计表、竞聘上岗考核表	方案	组织架构设计方案、职能分解方案 定编定岗定员方案、任职资格设计方案 岗位职责设计方案、竞聘上岗设计方案

2. 2. 3　制度流程体系设计

制度流程体系是企业为规范员工的行为，加强成本控制，维护工作秩序，提高工作效率，增强运营能力，在其权限范围内制定的按一定程序办事的规程或行动准则。它是企业管理的依据。

制度流程体系设计要素如表 2-3 所示。

表 2-3　制度流程体系设计要素

设计维度	具体设计要素	设计维度	具体设计要素
岗位职责	制度流程主管岗位职责 制度流程专员岗位职责	制度	企业业务制度设计管理制度 企业业务流程设计管理办法 企业管理制度设计管理制度 企业管理流程设计管理办法
流程	企业业务制度设计流程 企业管理制度设计流程	工具	业务流程设计常用模型、管理流程设计常用模型、业务 制度编制模板、管理制度编制模板
表单	流程实施管理控制表 制度执行管理控制表	方案	业务流程落地方案、管理流程落地方案 业务制度执行方案、管理制度执行方案

2. 2. 4　人才测评体系设计

人才测评体系设计应包含确定测评目标和被测人员、成立测评小组、建立测评指标体系、拟定测评实施方案等部分的内容。

人才测评体系设计要素如表 2-4 所示。

表 2-4 人才测评体系设计要素

设计维度	具体设计要素	设计维度	具体设计要素
岗位职责	人才测评项目经理岗位职责 人才测评师岗位职责	制度	人才测评管理制度、测评方法选择规定
流程	人才测评管理流程 测评机构选择流程 人才测评实施流程	工具	营销人员测评模型、生产人员测评模型 财务人员测评模型、技术人员测评模型 高层管理人员测评模型 中层管理人员测评模型 基层管理人员测评模型
表单	测评技术汇总表 人格测评方法一览表 韦克斯勒成人智力量表	方案	副总经理人员素质测评方案 生产车间班组长素质测评方案 生产工艺工程师素质测评方案 项目经理项目管理能力测评方案 基于招聘的销售人员素质测评方案

2.2.5 招聘面试体系设计

企业构建招聘面试体系时，应结合自身所处的发展阶段、经济实力和用人规律等，通过多种渠道招聘人才，设计招聘面试体系，以期整个招聘面试过程实现规范化操作。

招聘面试体系设计要素如表 2-5 所示。

表 2-5 招聘面试体系设计要素

设计维度	具体设计要素	设计维度	具体设计要素
岗位职责	招聘主管岗位职责、面试主管岗位职责 招聘专员岗位职责、面试专员岗位职责	制度	招聘管理工作制度、网络招聘实施规定 猎头招聘实施规定、面试管理制度
流程	招聘计划编制流程、招聘广告编写流程 内部招聘管理流程、外部招聘管理流程 猎头招聘管理流程、招聘费用预算流程 面试方案设计流程、结构面试管理流程	工具	岗位评价模型、心理测评模型 胜任素质模型
表单	招聘方式汇总表、招聘成本分析表 招聘工作计划表、招聘评估指标表 招聘渠道评价表、面试试题评估表 面试工作计划表	方案	内部竞聘实施方案 校园招聘实施方案 招聘费用预算方案 招聘效果评估方案 面试设计执行方案

2.2.6 培训与开发体系设计

员工培训与开发是企业人力资源管理与开发的重要组成部分和关键职能。从某种意义上说，它是提高企业核心竞争力、增强企业竞争优势的重要途径。

培训与开发管理体系的建设要和组织的经营管理过程相融合，如果不能将培训与开发管理体系建设融合到组织经营管理过程中，就会导致组织培训效果大打折扣，甚至会起到相反作用。

培训与开发体系设计要素如表 2-6 所示。

表 2-6　培训与开发体系设计要素

设计维度	具体设计要素	设计维度	具体设计要素
岗位职责	培训开发主管岗位职责 培训开发专员岗位职责	制度	在职人员培训制度、外派员工培训制度 培训外包管理制度、销售人员培训制度
流程	培训需求调查流程 培训课程开发流程 员工培训管理流程 培训实施管理流程	工具	培训课程开发模型 培训课程体系设计模型 培训课程运营评估模型 E-Learning 课程建设模型
表单	新员工培训计划表 新员工培训评定表、员工培训申请表 员工培训档案表、员工培训评估表	方案	新员工培训方案 在职员工培训方案 员工外派培训方案

2.2.7　薪酬管理体系设计

薪酬管理体系设计需要满足对外具有竞争力、对内公平公正、对员工具有激励性、对成本具有控制性，以及符合国家、所在区域薪酬管理的相关规定和要求，同时要促使薪酬战略得以落实，即将薪酬战略转化为具体的薪酬制度、技术和薪酬管理流程等。

薪酬管理体系设计要素如表 2-7 所示。

表 2-7　薪酬管理体系设计要素

设计维度	具体设计要素	设计维度	具体设计要素
岗位职责	薪资主管岗位职责、薪资专员岗位职责	制度	员工薪酬管理制度、员工福利管理制度 员工奖金管理制度
流程	薪酬体系设计流程、薪酬调查管理流程 提薪审核管理流程、员工抚恤管理流程 员工保健管理流程	工具	工资体系设计模型 奖金福利设计模型 津贴设计模型
表单	员工工资汇总表 员工调薪登记表 员工奖金核定表	方案	生产人员薪酬设计方案 销售人员薪酬设计方案 技术研发人员薪酬设计方案

2.2.8　绩效管理体系设计

绩效管理体系设计涉及企业战略规划的分解，各级考核者和被考核者经充分沟通确定的目标责任和工作计划，通过绩效监控系统对企业各层级的绩效状况进行监控，并为各级管理者提供决策支持，这些任务由人力资源部门与其他部门合作完成。

其中，绩效监控体系为企业决策层提供决策依据，为其更好地监控企业管理与运营提供有力支撑和保障，同时也为各业务与管理部门的业绩评价提供依据。绩效监控体系设计需要明确的两点是：经营战略贯穿监控体系始终，监控重点放在关键业绩指标上。

人力资源部门应该定位于为组织的各级管理者提供相关的工具和方法，让各级管理者成为绩效管理的主角。

绩效管理体系设计要素如表 2-8 所示。

表 2-8　绩效管理体系设计要素

设计维度	具体设计要素	设计维度	具体设计要素
岗位职责	绩效主管岗位职责 绩效专员岗位职责	制度	员工绩效考核管理制度 绩效评议、公示、申诉管理制度
流程	绩效目标设定流程 绩效考核管理流程 绩效考核申诉流程	工具	目标管理考核模型 关键业绩指标模型 平衡计分卡模型、360 度考核模型
表单	员工月度考核表 员工年终考核表 员工绩效改进表	方案	销售人员绩效考核方案、技术研发人员绩效考核方案 客户服务人员绩效考核方案 生产车间班组长绩效考核方案

2.2.9　激励机制体系设计

激励机制是为了激励员工而采取的一系列方针政策、规章制度、行为规范以及相应的激励措施的总和，如激励计划、股权激励、合伙人、员工持股、项目激励等。

通过激励机制体系所形成的推动力和吸引力，可以使员工产生实现组织目标的动机，引起并维持实现组织目标的行为。

激励机制体系设计要素如表 2-9 所示。

表 2-9　激励机制体系设计要素

设计维度	具体设计要素	设计维度	具体设计要素
岗位职责	激励主管岗位职责 激励专员岗位职责	制度	激励计划管理制度、合伙人管理制度 员工持股管理制度、股权激励管理制度 项目激励管理制度
流程	合伙人管理流程、员工持股管理流程 股权激励管理流程、项目激励管理流程	工具	合伙人管理模型、员工持股管理模型 股权激励分配模型、项目激励管理模型
表单	合伙人等级考核表、员工激励考核表 项目激励考核表	方案	合伙人管理方案、员工持股方案 股权激励方案、项目激励方案

2.2.10 人才发展体系设计

人才是指具有一定的专业知识或专门技能，进行创造性劳动并对企业做出贡献的人。人才是人力资源中能力和素质较高的劳动者，是企业发展进步的第一资源。

人才发展体系设计包含人才发展战略和总体部署、人才盘点、人才梯队建设、重大人才工程、人才发展落地等内容。

人才发展体系设计要素如表2-10所示。

表2-10　人才发展体系设计要素

设计维度	具体设计要素	设计维度	具体设计要素
岗位职责	人才发展主管岗位职责 人才发展专员岗位职责	制度	人才盘点管理制度 ×× 重大人才工程管理办法
流程	人才盘点管理流程 后备人才储备管理流程 重大人才工程管理流程	工具	九宫格人才盘点模型 人力资源盘点填报模板 人才盘点表格大全
表单	人才盘点分析表、年度人才盘点表、人才盘点档案、人才盘点九宫格分析表	方案	人才盘点方案、人才梯队建设年度方案、关键人才储备方案

2.2.11 职业规划体系设计

职业规划也称职业生涯设计，是指企业和员工基于双方的需求共同制定的个人发展目标与发展道路的活动。职业规划一般包括两个方面，一是个人职业规划，二是组织职业规划。

职业规划体系设计要素如表2-11所示。

表2-11　职业规划体系设计要素

设计维度	具体设计要素	设计维度	具体设计要素
岗位职责	职业生涯规划主管岗位职责 职业规划师岗位职责	制度	职业生涯规划管理制度 职业发展通道管理制度
流程	职业生涯规划管理流程 职业生涯年度评审流程	工具	营销人员职业发展模型、生产人员职业发展模型、财务人员职业发展模型、技术人员职业发展模型
表单	员工职业生涯规划表、职业生涯规划调查表、员工能力开发需求表 职业生涯年度评审会谈表	方案	某企业职业生涯规划实施方案 某外资企业职业发展管理方案

2. 2. 12　劳动关系体系设计

劳动关系管理的总体目标是依据劳动关系管理的规范，缓解、调整企业劳动关系的冲突，创造良好的工作氛围和良好的人际关系环境，最大限度地促进劳动关系的和谐，以提高企业管理效率，实现组织战略目标。

其中，劳动合同关系是劳动法律关系最主要的形式，劳动争议处理制度是调整处于非正常状态的劳动关系的最重要的方式之一。

劳动关系体系设计要素如表 2-12 所示。

表 2-12　劳动关系体系设计要素

设计维度	具体设计要素	设计维度	具体设计要素
岗位职责	劳动关系主管岗位职责 劳动关系专员岗位职责	制度	劳动合同管理制度 劳动争议处理制度
流程	劳动合同管理流程 劳动争议处理流程 员工档案信息建立流程 员工档案信息查阅流程	工具	人事外包决策模型 劳务派遣工作模型 企业劳动保护工作模型 职业安全事故分析模型
表单	解除劳动合同申请表 劳动合同顺延登记表	方案	劳动争议预防方案 员工满意度调查方案

2. 2. 13　企业文化体系设计

企业文化是一个组织由其价值观、信念、仪式、标识、符号、管理制度、经营哲学、企业道德和处事方式等组成的其特有的文化形象。该文化形象构成员工活力、意见和行为的规范。在企业文化体系建设过程中，管理人员需要身体力行，全面推行。

企业文化体系设计要素如表 2-13 所示。

表 2-13　企业文化体系设计要素

设计维度	具体设计要素	设计维度	具体设计要素
岗位职责	企业文化建设主管岗位职责 企业文化专员岗位职责	制度	企业文化建设管理制度 企业文化活动管理办法
流程	企业文化建设管理流程 企业文化宣传管理流程 企业活动组织管理流程	工具	GREP 竞争力分析模型 丹尼森组织文化分析模型 企业文化模式的改进模型
表单	企业文化诊断调查问卷 丹尼森组织文化分析调查问卷 企业文化常用测评工具一览表	方案	企业文化宣传方案 年会活动策划方案 体育活动组织方案

第 3 章
组织设计

3.1 组织架构设计

3.1.1 组织架构设计考量因素

组织架构是组织存在和发展的形式，组织架构合不合理，对组织有非常大的影响。设计组织架构时需考量的因素有很多，包括但不限于组织现有业务、团队建设、组织效能、未来发展以及人力资源状况等。

组织架构设计的实质是从企业治理的角度对组织资源进行重新整合和分配，并通过组织架构实现利益的重新分配和组织目标。

1. 现有业务的适合度

现有组织架构是否能够满足业务的发展需要？当现有组织架构无法满足业务发展需要时、当现有组织架构无法适应新业务发展时、当现有组织架构下业务发展效能低下时，就需要考虑重新设计组织架构，以满足业务发展的需要，进而提升组织的效能。

2. 团队建设的适用度

在进行组织架构设计时，企业应该充分考虑让团队效能得到更好发挥的因素。团队建设是企业管理的一种手段，目的是增强凝聚力、提升融合力、倍增协助力，让人才为组织创造更多的效能。

组织架构可以使整个团队的协作更加系统化、规范化、效能化，从而提升团队的效率和效能，进而促进组织整体效能的提升，让组织各个部门之间能够快速、协调运转，最终提高组织的效率和效能。

3. 组织效能的优化度

组织架构是优化组织效能的最初形式，组织应在设计组织架构时就考虑让组织效能得以充分、有效发挥的因素。

效能是组织追求的目标，组织架构是组织为了实现组织效能而建立的相互关系，合理的组织架构设计不仅能够让组织架构中的各个单元各司其职、稳定输出效能，更有利于不同组织单元之间的高效协作，整体实现"1+1 > 2"的效应。

4. 未来发展的扩容度

组织未来的目标和战略的确定，影响着当下组织架构的设计。在设计组织架构时，企业应该充分考虑未来组织发展的可能性，结合组织未来发展的可能性来设计当下的组织架构，使组织架构的设计能够服务于未来，有可扩容性。

5. 人力供给的满足度

组织架构设计有赖于组织的人力资源现状及其未来发展情况和改善状况。人力资源是组织架构顺利实施的基础，组织架构设计得再好，如果组织的人力资源供给状况难以满足，组织架构也无法发挥应有的作用。因此，组织架构的设计要充分考虑组织现有和未来的人力资源供给情况。

3.1.2 组织架构发展趋势分析

组织架构是一个组织能否实现高效运转、能否取得良好绩效的先决条件。由于技术的进步、业态的发展、竞争的加剧，企业组织架构发展呈现出新的趋势。

1. 扁平化

组织架构的扁平化就是通过减少管理层次，压缩职能机构，裁减冗余人员，使组织的决策层和操作层之间的中间管理层级越少越好，从而建立一种紧凑、干练的组织架构方式。

组织架构的扁平化具有以下五个特点。

（1）围绕工作流程而非部门职能来建立机构，传统的部门边界被打破。

（2）加大管理跨度，减少中间层，形成最短、最快捷的指挥链。

（3）重心下移，强调灵活指挥，下层的管理决策权限增大。

（4）以客户为导向，部门间横向协作更加直接有效。

（5）管理者的影响力增大，组织运行效率提高。

2. 两极化

随着供求双方关系的变化和市场竞争形势的变化，企业经营的重点由过去的生产转向技术开发和市场销售，这就促使企业组织架构发生了相应变化：从"橄榄型"向"哑铃型"转变。

橄榄型组织是指企业中间生产能力大，而产品开发和市场营销这两头非常薄弱，形状上中间大、两头小，恰似橄榄状，故称为"橄榄型"。

哑铃型组织是指企业的产品开发和营销能力强，生产能力相对较弱的一种组织形式，形状上中间小、两头大，恰似哑铃状，故称为"哑铃型"。

3．动态化

组织架构的动态化是指企业为实现阶段性战略目标，围绕流程运转、管控关系、部门设置、职能划分、责权利资源配置等在一定时间段内调整组织形式的动态设计方式。

4．柔性化

组织架构的柔性化是指在组织架构设计时，根据环境的变化，有目标地调整组织架构，建立临时的以任务为导向的团队式组织方式。它的本质是保持变化与稳定之间的有效平衡，这就需要管理者具有很强的管理控制力和应对变化的能力。

组织架构柔性化最显著的优点是灵活便捷、富有弹性。

5．项目化

组织架构的项目化是指为了完成某项特定的项目任务而由不同部门、不同专业的人员组成的一个从事和承担项目的具有独立性的团队组织方式。

项目组织架构的基本形式分为职能式项目组织形式、项目式项目组织形式、矩阵式项目组织形式和混合式项目组织形式。

3.1.3　完善企业法人治理结构

法人治理结构是现代企业制度中最重要的部分，是企业决策、执行的制度性安排。它主要由股东会、董事会（包括总经理层）、监事会和经理四个部分构成。

在设计组织架构时，企业应该充分考虑企业制度的完善性、法人治理结构的有效性，解决权责不清、约束不够、缺乏制衡等突出问题，充分发挥董事会职能和作用，改进并不断完善企业法人治理结构，完善现代企业制度，控制企业运行风险。

要依法规范权责，根据功能分类，把握重点，进一步健全各司其职、各负其责、协调运转、有效制衡的企业法人治理结构，实现依法治企、合规治企。要想使企业法人治理结构真正发挥应有的效能，必须从以下六个方面进行规范和完善，如图 3-1 所示。

人力资源管理职位工作手册 第4版

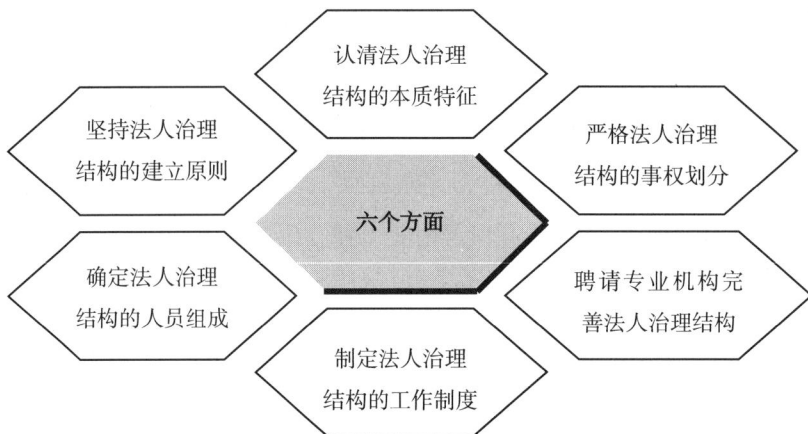

图 3-1　完善企业法人治理结构的六个方面

3．1．4　组织架构的风险点识别

从组织架构的内部机构层面看，组织架构主要存在以下风险。

1．职能交叉风险

职能交叉风险涉及的内容包括企业是否对内部组织架构设置、各职能部门的职责权限、组织的运行流程等有明确的书面说明和规定，是否存在关键职能缺位或职能交叉的现象。设计组织架构时应避免出现这样的问题，以提高资源的利用效率和工作效率。

2．权责不清风险

权责不清风险涉及的内容包括企业是否对董事、监事、高级管理人员及全体员工的权限有明确的制度规定，对授权情况是否有正式的记录，是否对岗位职责进行了恰当的描述和说明，是否存在不相容职务未分离的情况，是否对权限的设置和履行情况进行了审核与监督，对于越权和权限缺位的行为是否及时予以纠正与处理。

3．程序违规风险

程序违规风险是指企业内部程序制定时存在违规和企业的不合规操作会给企业带来风险甚至损失。企业不合规操作历史及违规行为次数在一定程度上可以反映未来再次发生风险的概率，会对投资决策、评级起到较大的负面影响。此外，较为严重的不合规操作甚至会影响企业的正常经营，造成不可逆伤害。

4．决策失误风险

决策失误风险是指决策过程中可能由于决策人员对于目标理解的不一致、决策者有限的经验和创新能力，以及决策参与者信息的不对称对决策过程造成不良影响。决策者的判断能力、业务经验及参与者信息获取能力、沟通能力和判断能力都是影响决策的重要

36

因素。

5．治理结构缺陷风险

对于治理结构缺陷风险，企业应当根据组织架构的设计规范，对现有治理结构进行全面梳理，确保本企业治理结构符合现代企业制度要求。在梳理治理结构的过程中，应当重点关注董事、监事、经理及其他高级管理人员的任职资格和履职情况，以及董事会、监事会和经理层的运行效果，治理结构存在问题的，应当采取有效措施加以改进。

6．子企业出资失控风险

对于子企业出资失控风险，企业（拥有子企业的）应当建立科学的投资管控制度，通过合法有效的形式履行出资人职责、维护出资收益，重点关注子企业特别是异地、境外子企业的发展战略、年度财务预决算、重大投融资、重大担保、大额资金使用、主要资产处置、重要人事任免、内部控制体系建设等重要事项。

3．2　职能分解设计

3．2．1　职能分解的要求

职能分解是指企业在组织架构设计的基础上，通过运用一系列的工具与方法，将已经确定的基本职能和关键职能逐层分解，最终细化为可以具体操作的单一性的业务活动的过程。职能分解的目的是将各项职能具体化，使之能够执行和落实。职能分解是企业组织架构设计的后续细化和完善工作。职能分解的要求如图 3-2 所示。

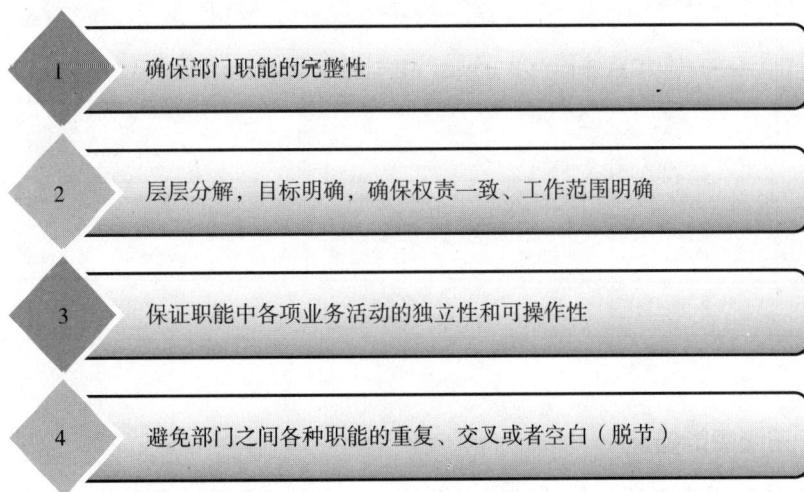

1	确保部门职能的完整性
2	层层分解，目标明确，确保权责一致、工作范围明确
3	保证职能中各项业务活动的独立性和可操作性
4	避免部门之间各种职能的重复、交叉或者空白（脱节）

图 3-2　职能分解的要求

3.2.2 职能分解中的问题

职能分解不仅要坚持标准化原则、以流程为中心原则、流程的搭接原则和权利委让而责任不委让的原则，而且要注意以下三个问题。

1. 各部门间的职能关系问题

当组织架构设计和职能分解工作完成后，除主导业务流程外，还要制定其他各项业务和管理流程。流程图会将各项工作完成的先后程序和各部门的业务职责分工表示出来，所以各部门的职能分解将是绘制流程图的依据。

2. 企业与下属部门的职能划分问题

企业在进行职能分解时应遵循从上到下划分的原则，了解有哪些权力是企业希望集中起来的，以及集权和分权对工作效率的影响。

3. 集团企业和子企业的职能划分问题

集团企业应该集中精力做发展战略的研究工作和投资工作，做生产经营的目标管理和考核工作，以及做制定大的政策、全集团员工遵守的规章制度的决策，不要过多干预子企业的生产经营。

3.2.3 职能分解模板

职能分解一般按照三级职能进行逐步分解，并最终形成职能分解表，如一级职能分解功能，二级职能分解业务模板，三级职能分解工作事项。职能分解模板如表3-1所示。

表3-1 职能分解模板

一级职能	二级职能	三级职能
	1.	（1）
		（2）
	2.	（1）
		（2）

3.2.4 三级职能描述

"一级职能"通常是用一句话描述本部门的主要业务和管理职能，不做具体直接操作性的描述。例如，人力资源部的"一级职能"就是"人力资源开发与管理"。

"二级职能"是在"一级职能"基础上分解的若干项子职能，其不是具体的工作事项，也不做具体直接操作性的描述。例如，人力资源部的"二级职能"是人力资源规划编制、员工日常管理、薪酬福利管理、员工培训管理、员工考核管理等。

"三级职能"是对"二级职能"的进一步细化，是一些具体的作业项目，该描述须具备直接操作性。例如，人力资源部的"二级职能"中的"员工日常管理"分解出的三级职能为员工招聘、员工录用、员工调转、员工晋升、员工考勤等多项作业项目。

3.2.5 职能分解设计案例

表 3-2 是某企业人力资源部职能分解示例，仅供参考。

表 3-2　人力资源部职能分解示例

一级职能	二级职能	三级职能
人力资源管理	1. 人力资源规划	负责制定人力资源规划并组织实施，为企业发展提供人力资源保证
	2. 招聘与配置	分析各部门的人员需求并制订可行的人员招聘计划，保证各部门人员的及时、有效配置
	3. 培训与开发	负责完善企业员工的培训与开发体系，制订切实可行的员工培训计划
	4. 绩效管理	（1）建立并完善绩效考核体系，负责绩效考核的组织实施
		（2）负责对员工的绩效考核情况进行评价与分析，制订有效的绩效改进计划
	5. 薪酬管理	（1）负责薪酬管理体系的构建与完善
		（2）负责薪酬福利总额的预算与控制
		（3）负责企业薪酬体系运行情况的分析与改进

3.3 定编定岗定员

3.3.1 定编

定编要求企业根据自己的业务方向和规模，在一定的时间内和一定的技术条件下，本着精简机构、节约用人、提高工作效率的原则，规定必须配备的各类人员的数量，以及他们之间的比例关系。

开展定编工作前，首先应进行定编分析，即在从微观分析到宏观分析的过程中，通过对各部门影响因素的分析，提炼并总结企业定编的主要影响因素；其次，通过确定影响部门定编的关键因素，分析人员编制与人工成本，确定企业整体定编原则；最后，结合实际人员情况，进行企业定编目的与效果分析，并且通过长期动态定编管理，确定分阶段达成的定编目标。具体的定编流程如图 3-3 所示。

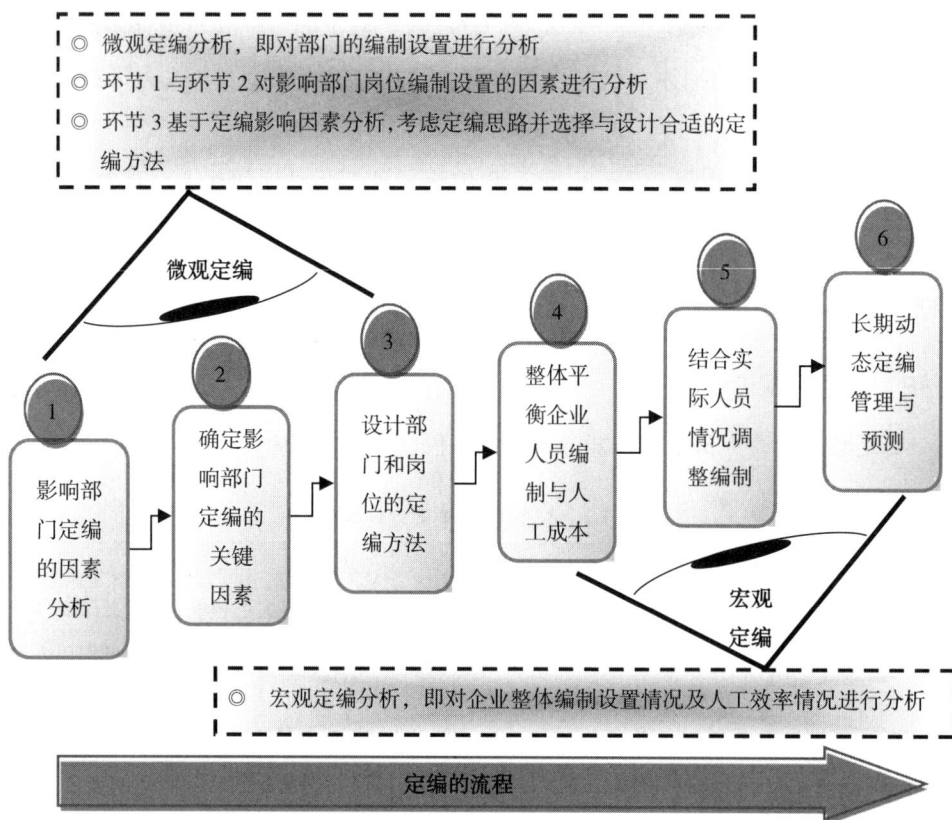

图 3-3　定编流程

3.3.2　定岗

1.定岗依据

（1）业务流程

业务流程是企业实现价值的过程，某一部门职责相同（即"事"相同），但由于流程的差异（即"做事"的方式），可能导致岗位设置不同。

（2）员工能力

岗位设置应考虑效率最优，但这种思路下的有些岗位设置只有"超人"才能胜任，因此定岗必须考虑员工能力水平。

（3）客户需求

客户需求对岗位设置会产生影响，尤其是对于第三产业而言，快速响应客户需求越来越成为企业岗位设置的重要因素。

（4）竞争对手的做法

关注竞争对手的岗位设置，学习优秀竞争对手的岗位设置经验。

2．定岗流程

开展定岗工作首先要明确战略目标，然后理顺主要的工作流程，最后设计组织架构。企业的定岗流程如图 3-4 所示。

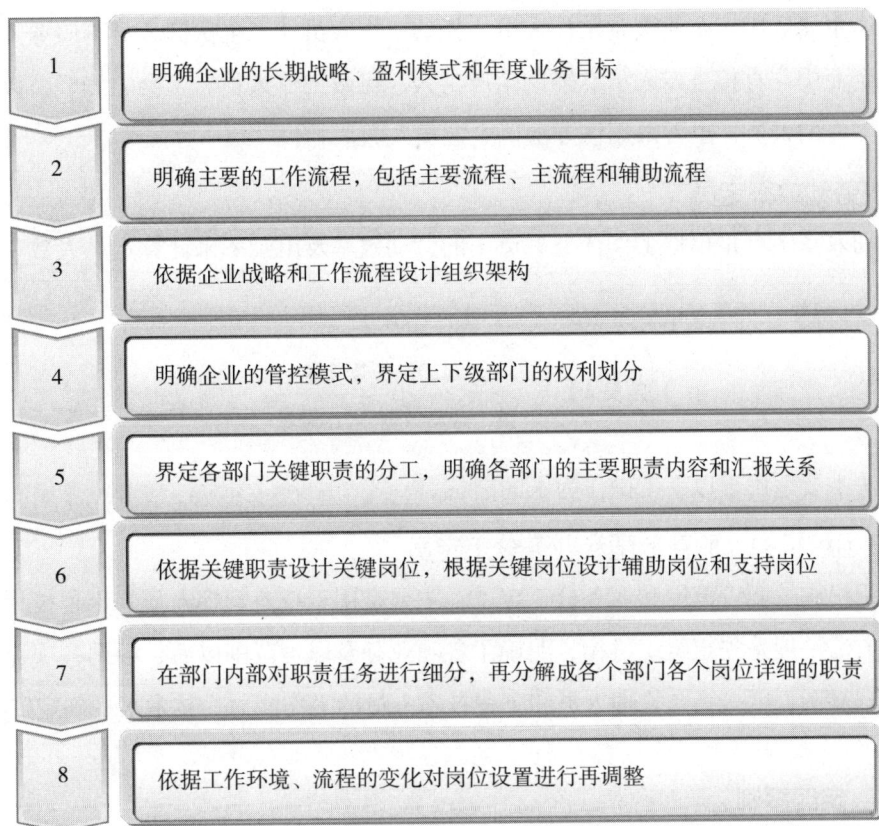

1	明确企业的长期战略、盈利模式和年度业务目标
2	明确主要的工作流程，包括主要流程、主流程和辅助流程
3	依据企业战略和工作流程设计组织架构
4	明确企业的管控模式，界定上下级部门的权利划分
5	界定各部门关键职责的分工，明确各部门的主要职责内容和汇报关系
6	依据关键职责设计关键岗位，根据关键岗位设计辅助岗位和支持岗位
7	在部门内部对职责任务进行细分，再分解成各个部门各个岗位详细的职责
8	依据工作环境、流程的变化对岗位设置进行再调整

图 3-4　企业的定岗流程

3.3.3　定员

在企业中，由于各类人员的工作性质、总工作任务量和个人工作（劳动效率）表现形式不同，所以影响定员的因素不同，定员的具体方法也不相同。下面是四种常见的定员方法，在确定定员标准时，企业应注意视具体情况灵活运用。

1．按岗位定员

按岗位定员，即根据岗位的多少，以及岗位的工作量大小来计算定员人数的方法。这种方法适用于连续型生产装置（或设备）组织生产的企业，如化工、造纸、电子仪表等各类企业中使用大中型联动设备的情况。此外，其还适用于一些既不操作设备又不实行劳动定额的情况。

2．按比例定员

按比例定员是按照与企业和员工总数或某一类人员总数的比例，来计算某类人员的定员人数。其计算公式如下。

$$定员人数 = 员工总数或某类人员总数 \times 定员标准（百分比）$$

该方法主要适用于企业食堂工作人员、托幼工作人员、卫生保健人员等服务人员的定员。对于企业中非直接生产人员、辅助生产工人、行政工作人员、工会、妇联，以及某些从事特殊工作的人员，也可采用该方法确定定员人数。

3．按劳动效率定员

按劳动效率定员是根据工作任务、员工的劳动效率及出勤率来计算定员人数。其计算公式如下。

$$定员人数 = \frac{计划工作任务总量}{员工劳动效率 \times 出勤率}$$

该方法主要适用于以手工操作为主的岗位。

4．按组织机构、职责范围和业务分工定员

按组织机构、职责范围和业务分工定员，主要是用于企业管理人员和工程技术人员的定员。该方法一般是先定组织机构，明确了各项业务及职责范围以后，根据各项业务工作量的大小、复杂程度，结合管理人员和工程技术人员的工作能力、技术水平确定定员。

3.3.4 定编案例

企业在人员定编中存在的问题会导致企业无法对员工进行合理的量化考核和评定，如人员工作忙闲不均、内部不公平现象严重等问题，从而会严重打击员工的工作积极性，影响组织的整体绩效。

因此，针对企业的现状问题进行科学有效的人员定编，实现量化考核，以清晰地鉴定各个岗位的工作饱和度。下面是 ×× 企业生产车间定编的案例。

1.企业简介

×× 企业成立于20×× 年，主要生产家居用品，企业下设办公室、生产部、后勤部、行政部四个部门，共有员工80人。

2.问题总结

（1）生产车间内部人员数量不足，导致工作任务繁重。

（2）各岗位之间人员数量设置不合理，导致忙闲不均，影响企业生产效率。

针对以上两个问题，企业决定进行定编工作。

3. 定编的公式

定编的计算公式如下。

定编 = 月生产量 × 换算系数 × 加工比例／（班产定额 × 设备综合完好率 × 出勤率 × 工作时间）

说明：

（1）牙轮钻头生产纲领、产品系列、规格换算系数、加工比例、班产定额等数据由生产安全部门提供；

（2）设备综合完好率数据由物资部门提供；

（3）考虑到员工请病事假等情况，出勤率按平均出勤率___％计算；

（4）工作时间分别以每月____天、____天及____天进行定编测算。

4. 定编对象

选取牙掌车间热前班、加工班及热后班为核定对象。

（1）热前班各工序、设备及人员配置如表 3-3 所示。

表 3-3　热前班各工序、设备及人员配置

岗位名称	工序名称	设备名称	设备台数	现岗位人数		班产定额	加工比例	设备综合完好率	理论定编		
				正式	劳务				___天	___天	___天
班长											
程控铣工											
打号工											
数控车工											
外圆车工											
合　计											

通过表 3-3 可知，目前热前班有____人，由于该班____岁以上____人，____岁以上____人，结合理论定编，拟补充____人进行培养储备，热前班拟核定定编____人。

（2）加工班各工序、设备及人员配置如表 3-4 所示。

表 3-4　加工班各工序、设备及人员配置

岗位名称	工序名称	设备名称	设备台数	现岗位人数		班产定额	加工比例	设备综合完好率	理论定编		
				正式	劳务				___天	___天	___天
班长											
车丝工											
铣焊缝工											
初检工											
钻孔工											

（续表）

岗位名称	工序名称	设备名称	设备台数	现岗位人数		班产定额	加工比例	设备综合完好率	理论定编		
				正式	劳务				___天	___天	___天
中频退火工											
合　计											

通过表 3-4 可知，目前加工班有____人，其中劳务用工____人，为保证生产适度弹性及人员储备的需要，核增____人编制。建议加工班拟核定定编____人。

（3）热后班各工序、设备及人员配置如表 3-5 所示。

表 3-5　热后班各工序、设备及人员配置

岗位名称	工序名称	设备名称	设备台数	现岗位人数		班产定额	加工比例	设备综合完好率	理论定编		
				正式	劳务				___天	___天	___天
班长											
程控铣工											
终检工											
抛毛工											
数控车工											
合　计											

通过表 3-5 可知，热后班理论测算值为____人，目前有____人，虽该班组____岁及以上人员有____人，但目前该班组劳务人员已占____%，不考虑增加人员，拟定编____人。

5.富余人员分流和人员补充

（1）达到离岗退养条件的，可办理离岗退养手续。

（2）对工作能力尚可的，按照"就近安置"的原则，安排到类似的工作岗位。

（3）对因个人能力不再适合业务岗位要求的，实行待岗学习，待岗学习后仍不适应岗位要求的，与其解除劳动关系，并按照国家有关规定给予经济补偿。

（4）拟定编制中空余出来的职位，由车间负责人统计整理，向人力资源部门提出人员补充申请，最终达到拟定编制的人数。

3．4　工作分析设计

3．4．1　工作分析的步骤

工作分析又称职位分析、岗位分析，它是对组织中某个特定工作职务的目的、任务或者职责、权力、隶属关系、工作条件、任职资格等相关信息进行收集与分析，以便对该职务的工作做出明确的规定，并确定完成该工作所需要的行为、条件、人员的过程。

工作分析是一项技术性很强的工作，它并不是由人力资源部单独完成的，人力资源部除了需要做好周密的准备工作外，还需要企业领导、各个部门甚至每一位员工的积极配合。

工作分析主要包括四个步骤，即准备阶段、实施阶段、描述阶段及运用阶段，具体如图 3-5 所示。

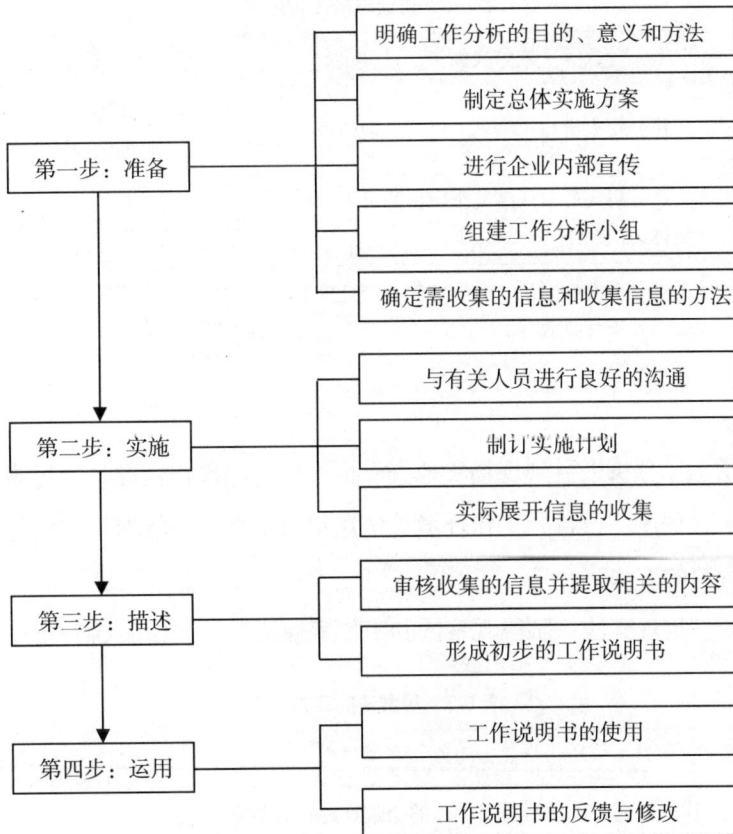

图 3-5　工作分析的步骤

3．4．2　工作分析的方法

工作分析的方法有多种，按照结果的可量化程度，分为定性分析法和定量分析法两种；按照所采用的方式不同，可分为访谈法、观察法、问卷调查法、关键事件法及工作日志法等。企业应根据实际情况选择适合的方法进行工作分析。

1．访谈法

访谈法又称面谈法，是指访谈人员按事先拟订好的访谈提纲，就某一岗位与访谈对象进行面对面的交流和讨论而收集岗位信息的一种方法。

访谈对象包括该职位的任职者、对工作较为熟悉的直接主管人员、与该职位工作联系比较密切的工作人员、任职者的下属等。

采用访谈法时，访谈人员应事先根据调查的目的、要求和受访者的特点，明确并充分熟悉访谈的内容和范围，确定调查方案或拟定访谈提纲。通常访谈法有以下三种形式，如表 3-6 所示。

表 3-6　访谈法的三种形式

形式	具体实施	适用范围
个别员工访谈法	工作分析人员与每个员工进行个别访谈	主要适用于工作差异较大的岗位且工作分析时间较为充足的情况
集体访谈法	工作分析人员对从事某个职位的员工进行集体访谈	适用于工作岗位性质比较相近的情况
主管人员访谈法	工作分析人员同某一岗位任职者的直接上级领导进行面谈	与以上两种方式结合使用，使得所获信息更加客观、准确

2．观察法

观察法是指工作分析人员到现场实地查看员工的实际操作情况，通过观察，将有关工作的内容、方法、程序、设备、工作环境等信息记录下来，并将取得的信息归纳整理为适合使用的文字资料的方法。

观察法分为直接观察法、阶段观察法和工作表演法三种，如表 3-7 所示。

表 3-7　观察法的三种方式

观察方式	具体实施	适用范围
直接观察法	工作分析人员直接对员工工作的全过程进行观察来收集信息	适用于工作周期短、规律性强的职位及流水线工人职位，不适用于周期长、非标准化的工作，也不适用各种户外工作及中高级管理人员的工作
阶段观察法	工作分析人员分阶段对某一职位的工作事项进行观察来收集信息	
工作表演法	工作分析人员要求被观察者当场表演某一工作事项并对该工作事项进行观察来收集信息	

3．问卷调查法

问卷调查法是指根据工作分析的目的、内容等，工作分析人员事先设计一套岗位调查问卷，由被调查者填写后，将问卷加以汇总，从中找出有代表性的回答，然后对工作相关信息进行描述的一种方法。

问卷设计是问卷调查法实施的关键环节，通常调查问卷有三种形式，如表 3-8 所示。

表 3-8　调查问卷的三种形式

问卷形式	操作说明	优缺点	问题提问次序
开放式问卷	设计的问卷只有问题而没有给出备选答案，由被调查人员根据自己的判断，自由地回答所提出的问题	调查者可自由回答问题，容易获得某些新的或更为全面的信息，但收集到的信息难以统计和对比分析	1．易于回答的问题放在前面 2．按逻辑顺序排列问题，如按时间先后、从外部到内部等顺序 3．先问范围广的、一般的甚至是开放性的问题，后问与职位相关性强的问题
封闭式问卷	调查人员事先设计好所要调查问题的备选答案，被调查人员从其中选择合适的答案即可	比较规范化、数量化，适合用计算机对结果进行统计分析，但设计比较费时，不易获得全面的信息	
混合式问卷	将封闭式问卷与开放式问卷有机结合，其问题既包括开放式问题也包括封闭式问题	二者有机结合，能够获得较为全面的信息，容易对调查结果进行分析	

4．关键事件法

关键事件法是指要求分析人员、管理人员或本岗位员工，详细记录工作过程中的"关键事件"，并在大量收集信息后对岗位的特征和要求进行分析与研究的方法。该方法适用于员工很多或者职位工作内容过于繁杂的工作。

（1）收集关键事件信息的方法

收集关键事件信息的方法有很多，常用的有访谈法、工作会议法等，具体操作如表 3-9 所示。

表 3-9　收集关键事件信息的方法

收集方法	具体操作
访谈法	通过访谈收集相关信息，让被采访者描述事件发生的背景、采取的行动、产生的结果等。尽量采用开放式的问题，如"您在工作中遇到的比较重要的事件有哪些""您认为解决这些事件的正确的行为是什么"等
工作会议法	由工作分析专家召集一部分相关人员（如岗位任职者及其直接领导），以会议讨论的方式收集关键事件信息的一种方法

（2）关键事件法操作注意事项

采用关键事件法进行岗位分析时，应注意调查期限不宜过短，关键事件的数量应足够说明问题；事件数目不能太少，正反两方面的事件都要兼顾、不得偏颇。

5．工作日志法

工作日志法又称工作写实法，是指让员工在一段时间内以工作日记或工作笔记的形式记录日常工作活动而获得有关岗位工作信息资料的方法。

工作日志法的优点是，如果这种记录记得很详细，会得到一些其他方法无法获得或者观察不到的细节；其缺点是，工作日志内容的真实性很难保证。

工作日志法对高水平、复杂工作的分析比较经济、有效。

3．4．3 工作分析设计案例

某企业是一家从事金属加工生产的企业，创业之初只有20多名员工，经过全体员工的努力，企业现已发展成为产、供、销一体化的集团。企业目前现有7个部门，拥有员工400多人。各部门经理主要是通过外部招聘引进的。员工整体知识水平较高。

随着业务扩张的需要，企业在经营的过程中，各种问题逐渐凸显出来，主要表现在以下四个方面。

首先，部门之间、职位之间的职责与权限缺乏明确的界定，有的部门抱怨事情太多而人手不够，任务不能按时完成；有的部门抱怨人员冗杂、人浮于事、效率低下。

其次，在人员招聘方面，招聘标准不明确。

再次，由于没有明确的工作任务要求，部分岗位员工按照自己的理解来工作。

最后，在激励机制方面，企业缺乏科学的绩效考核和薪酬制度，导致员工流失严重。

针对上述问题，企业决定实施一次全面的工作分析。

1．组织结构设计

在进行工作分析之前要先对企业的组织结构进行分析和探讨。对组织结构进行设计时，需考虑组织发展战略、组织所处环境、业务特点、发展规模、人力资源状况等，以确定组织结构设计的思路。

2．工作分析的实施主体

经过与高层管理者的沟通，企业决定组建工作分析小组，小组由企业一位副总、人力资源部工作人员及外部聘请的一位专家组成。

3．工作分析的实施流程

工作分析的实施流程及时间安排如表3-10所示。

表 3-10　工作分析的实施流程及时间安排

阶段	工作内容
准备阶段 ××月××日— ××月××日	◆ 明确工作分析的目的及主要工作任务 ◆ 前期的宣传、沟通 ◆ 工作小组人员的确定 ◆ 收集信息方法的确定 ◆ 工作分析过程中必要工具的准备 ◆ 企业现有资料的调研
实施阶段 ××月××日— ××月××日	◆ 分发调查问卷、工作日志表 ◆ 员工拿到问卷两天内填写完毕并交给部门负责人 ◆ 人力资源部与相关人员访谈或者去工作现场观察 ◆ 收集调查问卷表和工作日志表
描述阶段 ××月××日— ××月××日	◆ 对收集的信息进行审核、确认 ◆ 人力资源部工作人员与部门负责人、岗位任职者进行沟通，确认信息的真实性
应用阶段 ××月××日— ××月××日	◆ 形成初步的岗位说明书 ◆ 综合各方面的信息，对初步形成的岗位说明书进行修正，并存档保管

4. 工作分析前期资料的收集

工作分析前期资料的收集的具体内容略。

5. 工作分析方法

由于企业人员较多，为了高效率地完成工作分析，企业可以采用以问卷调查法为主，以访谈法、观察法、工作日志法为辅的方法。

6. 撰写岗位说明书

根据收集核实的信息，人力资源部展开岗位说明书的编写工作并对形成的岗位说明书进行存档与修正。技术管理专员岗位说明书示例，扫描下方二维码即可查看。

3.5　岗位评价设计

3.5.1　岗位评价指标

岗位评价是一种系统地测定每一岗位在其组织内部价值结构中所占位置的技术。它以岗位职责和任务在整个工作中的评估结果为标准，以某具体岗位在正常情况下对任职者的要求进行的系统分析和对照为依据，而不考虑个人的工作能力或在工作中的表现。

要进行岗位评价，必须有一套适用于企业生产经营特点的岗位功能测评指标体系。

岗位评价指标一般围绕"劳动责任、劳动技能、劳动强度、劳动条件和劳动心理"五个方面进行设计。从这五个方面进行岗位评价，能较全面、科学地反映岗位的劳动消耗和不同岗位之间的劳动差别。

在实际工作中，为了便于对五个方面进行定量评定或测定，可以根据企业生产岗位实际情况和管理状况，对每个方面进行分解，分解示例如图 3-6 所示。

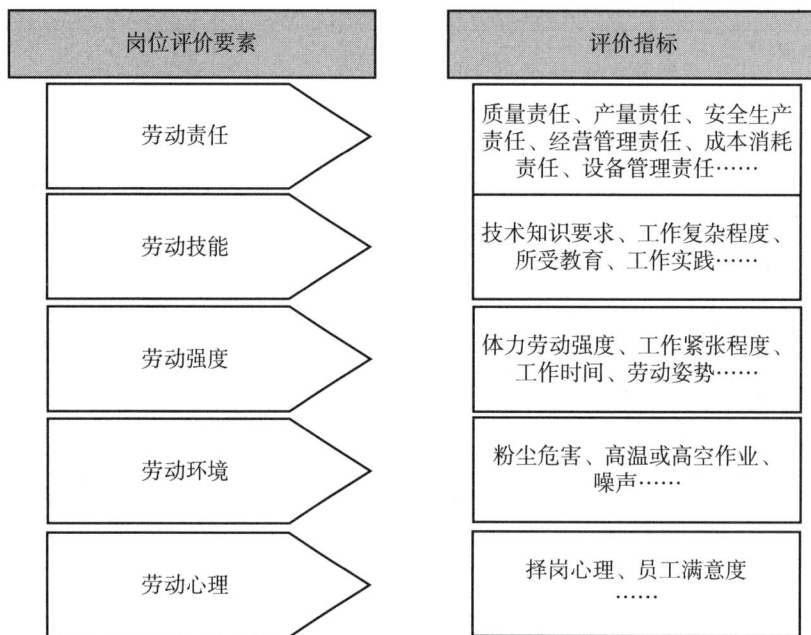

岗位评价要素	评价指标
劳动责任	质量责任、产量责任、安全生产责任、经营管理责任、成本消耗责任、设备管理责任……
劳动技能	技术知识要求、工作复杂程度、所受教育、工作实践……
劳动强度	体力劳动强度、工作紧张程度、工作时间、劳动姿势……
劳动环境	粉尘危害、高温或高空作业、噪声……
劳动心理	择岗心理、员工满意度……

图 3-6　岗位评价指标

3.5.2　岗位评价方法

1. 岗位排序法

岗位排序法是一种整体性的岗位评价方法。它是根据一些特定的标准，如工作的复杂程度、对组织的贡献大小等，对各个岗位的相对价值进行整体的比较，进而将岗位按照相对价值的高低排列出一个次序的岗位评价方法。

岗位排序法有两种方式，如图 3-7 所示。

岗位排序法的主要优点是简单、容易操作、省时省力，适用于规模较小、岗位数量较少、新设立岗位较多的情况。

岗位排序法

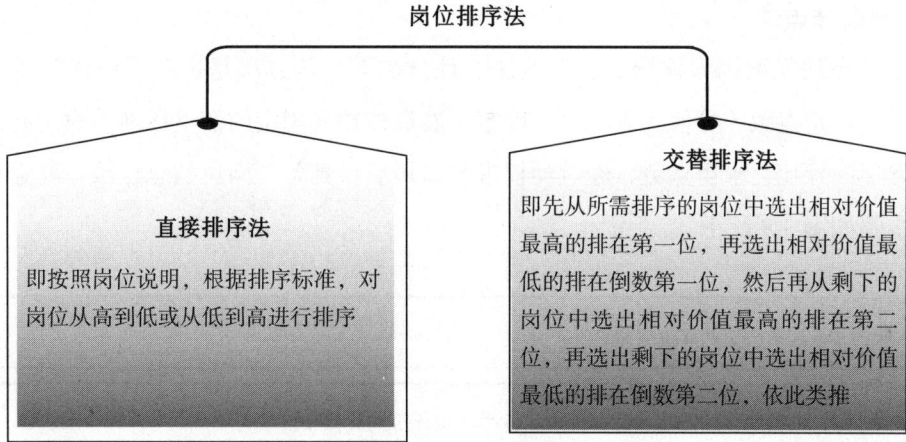

直接排序法

即按照岗位说明，根据排序标准，对岗位从高到低或从低到高进行排序

交替排序法

即先从所需排序的岗位中选出相对价值最高的排在第一位，再选出相对价值最低的排在倒数第一位，然后再从剩下的岗位中选出相对价值最高的排在第二位，再选出剩下的岗位中选出相对价值最低的排在倒数第二位，依此类推

图 3-7　两种岗位排序法

2．岗位分类法

所谓岗位分类法，就是通过制定一套岗位级别标准，将岗位与标准进行比较，并归到各个级别中去的一种岗位评价方法。

岗位分类法的关键是建立一个岗位级别体系。建立岗位级别体系包括确定等级的数量和为每一个等级建立定义与描述。

岗位分类法的操作步骤如图 3-8 所示。

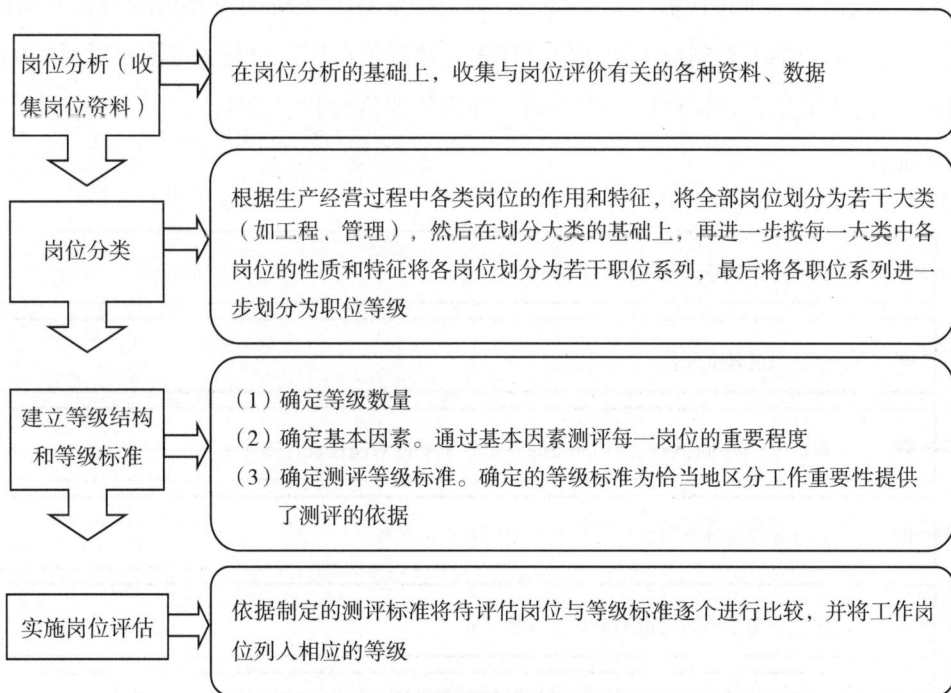

| 岗位分析（收集岗位资料） | 在岗位分析的基础上，收集与岗位评价有关的各种资料、数据 |

| 岗位分类 | 根据生产经营过程中各类岗位的作用和特征，将全部岗位划分为若干大类（如工程、管理），然后在划分大类的基础上，再进一步按每一大类中各岗位的性质和特征将各岗位划分为若干职位系列，最后将各职位系列进一步划分为职位等级 |

| 建立等级结构和等级标准 | （1）确定等级数量
（2）确定基本因素。通过基本因素测评每一岗位的重要程度
（3）确定测评等级标准。确定的等级标准为恰当地区分工作重要性提供了测评的依据 |

| 实施岗位评估 | 依据制定的测评标准将待评估岗位与等级标准逐个进行比较，并将工作岗位列入相应的等级 |

图 3-8　岗位分类法的操作步骤

3．要素计点法

要素计点法又称因素评分法、点数法、计分法等。该方法是选定岗位的主要影响因素，即采用一定点数（分值）表示每一因素，然后按预先规定的衡量标准，对现有岗位的各个因素逐一评比，求得点数，经过加权求和，最后得到各个岗位的总点数。要素计点法的操作步骤如图 3-9 所示。

```
1．选择岗位的评价要素

2．根据岗位的性质和特征，确定各类岗位评价的具体项目

3．对各评价要素区分出不同级别

4．确定各要素的权重、点数（分值）

5．实施岗位评价，计算出各岗位的总点数
```

图 3-9　要素计点法的操作步骤

4．要素比较法

要素比较法是一种量化的工作评价方法。它是在确定关键岗位和付酬因素的基础上，运用关键岗位和付酬因素制成关键岗位排序表，然后将待评岗位与关键岗位就付酬因素进行比较，以此来确定待评岗位的工资率的一种岗位评价的方法。要素比较法的操作步骤如图 3-10 所示。

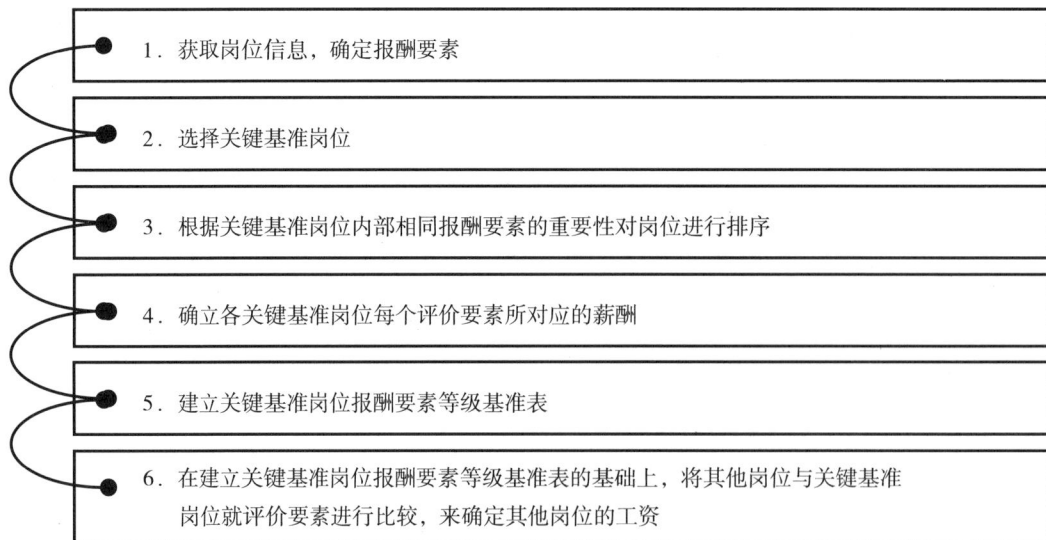

```
1．获取岗位信息，确定报酬要素

2．选择关键基准岗位

3．根据关键基准岗位内部相同报酬要素的重要性对岗位进行排序

4．确立各关键基准岗位每个评价要素所对应的薪酬

5．建立关键基准岗位报酬要素等级基准表

6．在建立关键基准岗位报酬要素等级基准表的基础上，将其他岗位与关键基准
　　岗位就评价要素进行比较，来确定其他岗位的工资
```

图 3-10　要素比较法的操作步骤

5．海氏工作评价系统

海氏工作评价系统又称指导图表——形状构成法，是由美国薪酬设计专家艾德华·海于 1951 年研究开发出来的。它有效地解决了不同部门的不同职务之间相对价值的相互比较和量化的难题。

海氏工作评价系统将所有职务所包含的最主要的付酬因素分为三种，即技能水平、解决问题的能力和责任。根据这三个要素及相应的标准进行评估打分，可得出每个岗位评估分，即岗位评估得分＝专业理论知识得分＋解决问题能力得分＋责任得分。其中，专业理论知识得分和责任得分及最后得分都是绝对分，而解决问题能力得分是相对分（百分比）。

海氏工作评价系统中的每一个付酬因素又细分为不同的子因素，具体内容如表 3-11 所示。

表 3-11 海氏工作评价系统中的付酬因素

付酬因素	因素解释	子因素
技能水平	工作所需的知识和技能	专业知识技能
		管理技能
		人际技巧
解决问题的能力	发现并解决工作中出现的问题的能力	环境
		难度
责任	任职者的行为给工作带来的结果	行动的自由度
		职务对结果的影响
		职务责任

3．5．3 岗位评价设计案例

某企业为生产制造型企业，该企业人力资源部经调查发现，该企业的薪酬结构设计不合理，管理岗位员工的薪酬水平与市场水平相比偏低，且薪酬差异较小，薪酬调整的随意性较大。

上述薪酬方面问题的产生主要源于缺乏科学的岗位价值评价体系，导致企业在确定管理岗位薪酬水平时，缺乏科学依据。因此，该企业需针对管理岗位的特点，建立一套科学的岗位价值评估体系。

1．建立管理岗位评价指标体系

该生产制造型企业根据管理岗位的特征设计岗位评价要素，并对要素分级，同时根据要素及要素不同等级的重要程度，设计分值，对管理岗位进行科学评价，具体内容如表 3-12 所示。

表 3-12 管理岗位评价指标体系

要素	子要素	要素等级	评价标准	分值	意见
岗位工作技能（25%）	文化素质要求（35%）	一级	中专学历	20	
		二级	大专学历	45	
		三级	本科学历	70	
		四级	本科以上学历	100	
	工作能力要求（65%）	一般能力	需完成日常事务性工作	30	
		专业管理能力	能够独立进行企业某方面的管理工作	60	
		全面管理能力	全面指导企业各项工作	100	
岗位工作责任（40%）	效益责任（40%）	较小	对企业效益影响较小	35	
		较大	对企业效益影响较大	55	
		重大	对企业效益影响重大	100	
	决策责任（60%）	业务决策	为提高日常工作的生产效率所做的决策	40	
		战术决策	企业内部范围贯彻执行的决策	80	
		战略决策	直接关系到企业生存和发展的决策	100	
劳动强度（25%）	工作负荷（50%）	一般	工作量适中，工作负荷较小	45	
		较重	工作量较大，工作时间超过 8 个小时	70	
		很重	工作时间超过 10 个小时，50% 的节假日时间用于工作	100	
	难易程度（50%）	小	处理、协调、解决问题的难度较小	50	
		一般	处理、协调、解决问题有一定难度	70	
		很难	处理、协调、解决问题的难度很大	100	
工作条件（5%）	工作条件（100%）	较差	工作不规律，经常加班，且加班时间较长	45	
		一般	工作有规律，偶尔加班	80	
		较好	工作有规律，任务不枯燥，办公环境好	100	
岗位流动率（5%）	岗位流动率（100%）	稳定	岗位流动率低，岗位易于招聘	40	
		较高	岗位流动率较高，岗位招聘困难	80	
		高	岗位流动率较高，岗位招聘十分困难	100	

2．管理岗位评价的实施

岗位分值的具体计算公式如下。

岗位分值 = 25%×（文化素质分值 ×35%＋工作能力分值 ×65%）+40%×（效益责任分值 ×40%+

决策责任分值 ×60%）+25%×（工作负荷分值 ×50%＋难易程度分值 ×50%）+5%×

工作条件分值 +5%× 岗位流动率分值

该生产型企业岗位评价委员会按照上述计算公式对管理岗位进行评分，计算管理岗位的分值，并进行汇总，然后填写管理岗位的岗位评价分值表。岗位评价分值表示例如表 3-13 所示。

表 3-13　岗位评价分值表示例

岗位	分值
生产总监	
财务总监	
市场总监	
采购总监	

3．管理岗位评价的应用

（1）岗位之间相对价值确定

通过岗位评价，企业可以进一步明确该制造企业内部各岗位的价值，不同岗位对企业发展的贡献大小，以及岗位存在与否对企业发展带来的影响等。

（2）明确员工晋升通道

通过岗位评价，确定各岗位在企业内部的价值大小，从而确认各岗位职责权限大小和薪酬水平高低，这也为员工晋升提供了明确的依据。

（3）改善企业的劳资关系

通过岗位评价，明确各岗位人员对企业的贡献价值，可以更好地对岗位内容、薪酬等进行设计，改善企业与员工之间的关系。

3．6　任职资格标准体系设计

3．6．1　任职资格标准

任职资格标准体系设计是在对工作进行合理分析的基础上，制定任职资格标准的过程。它以提高工作效率、规范工作行为为目的，同时指引员工不断学习，为人力资源规划、员工招聘、培训与开发等人力资源管理工作提供重要的决策依据。

任职资格标准由胜任标准、工作标准和绩效标准三部分组成，国家职称或国家有关资格证书仅作为任职资格的参考。

（1）胜任标准

胜任标准的基本条件由学历和任职领域相关工作经验年限组成，它是任职资格的门槛之一，是每一个职种不同级别的任职基本条件。

（2）工作标准

工作标准描述的是每一个职种不同级别员工的工作行为规范，员工据此开展工作更容易取得较好的绩效。

（3）绩效标准

绩效标准是根据各岗位制定的绩效目标分解要求与相应指标。

任职资格标准的具体内容如表3-14所示。

表3-14 任职资格标准

任职资格标准	内容
胜任标准	1. 强调员工在专业领域中所处的位置 2. 从必备的学历、知识、经验、能力、素养五个方面进行衡量 3. 邀请专家小组确定各岗位的关键工作要素 4. 确定每个工作要素衡量的等级标准 5. 收集在职人员信息和本行业类似岗位信息 6. 根据测评对象的各关键要素设计测评方法
工作标准	1. 是判断一个人能否胜任某项工作的起点 2. 包括核心能力素质和专业能力素质 3. 界定各类岗位绩效优劣的标准 4. 选取业绩优秀的员工获取岗位能力素质数据 5. 分析获取的资料，记录各能力素质特征出现的频次，找出共性和差异特征 6. 将初步建立的素质模型与相应岗位匹配的员工进行分析、对比和检验，进一步完善素质模型
绩效标准	1. 根据企业生产、经营的既定目标分解绩效要求 2. 规范各个岗位的绩效要求及相应的指标 3. 主要包含德、能、勤、绩四个方面 4. 制定具体岗位的绩效考核项目（工作职责描述中归纳、工作业务流程中提取、组织发展要求中总结） 5. 为各绩效项目设定计算公式，量化所有业绩考核指标，增强考核针对性

3.6.2 任职资格标准体系设计流程

任职资格标准体系的设计必须遵循一定的流程，具体流程如图3-11所示。

3.6.3 任职资格标准体系的应用

1.人员招聘与选拔

（1）基于任职资格标准体系的人员招聘与选拔

基于任职资格标准体系的人员招聘与选拔流程如图3-12所示。

```
任职     ┌──────────┐   ┌──────────┐   ┌──────────┐   ┌──────────┐
资格     │组建项目小组│→ │明确组织结构│→ │信息传递与沟通│→ │  职位分析  │
标准     └──────────┘   │与管理流程 │   └──────────┘   └──────────┘
设计                    └──────────┘                        │
                        ┌──────────┐   ┌──────────┐         │
                        │业务活动分析│ ← │明确设置标准│ ←───────┘
                        │   模型    │   └──────────┘
                        └──────────┘

绩效     ┌──────────┐
考核     │梳理关键活动和│
制度     │  关联点    │
建立     └──────────┘
         ┌──────────┐   ┌──────────┐
         │修正标准、完善│→ │培训课程设计│
         │管理制度    │   └──────────┘
         └──────────┘

绩效     ┌──────────┐   ┌──────────┐
结果     │与人力资源管理│   │  培训实施  │
的       │相关领域对接│   └──────────┘
应用     └──────────┘        │
         ┌──────────┐   ┌──────────┐
         │标杆岗位测评│   │  效果评估  │
         └──────────┘   └──────────┘
         ┌──────────┐   ┌──────────┐
         │沟通与宣贯 │   │  动态调整  │
         └──────────┘   └──────────┘
```

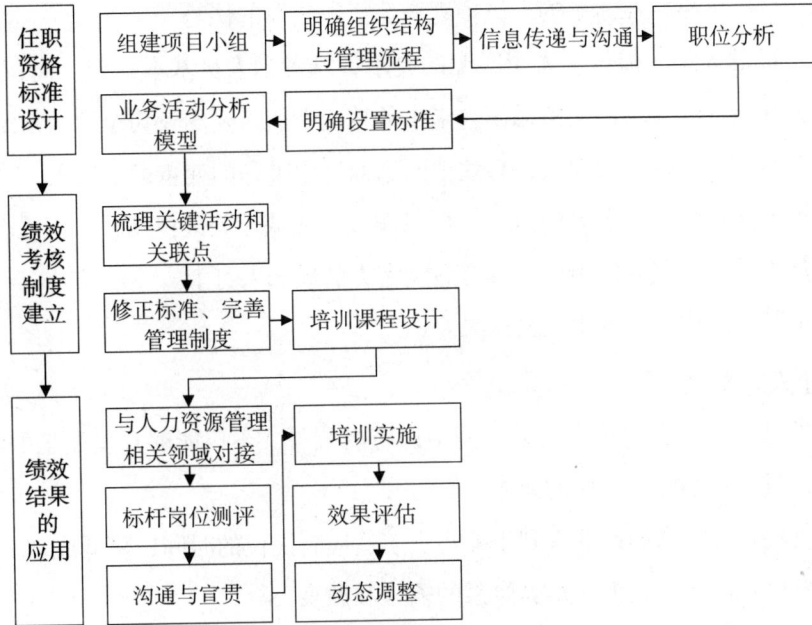

图 3-11　任职资格标准体系设计流程

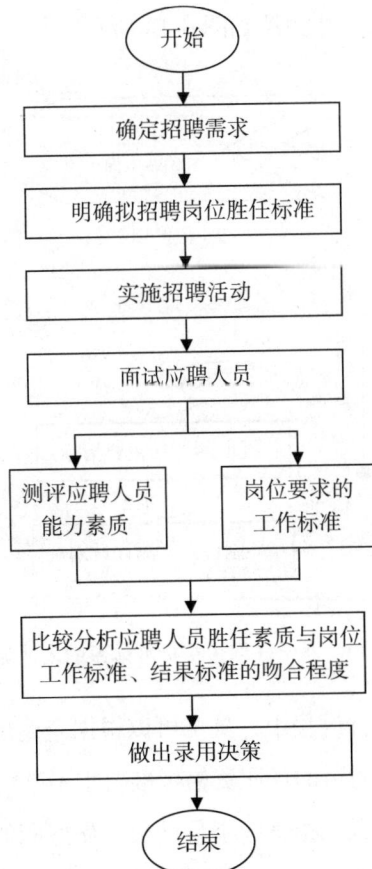

```
              ( 开始 )
                 │
         ┌──────────────┐
         │  确定招聘需求  │
         └──────────────┘
                 │
         ┌──────────────────┐
         │ 明确拟招聘岗位胜任标准 │
         └──────────────────┘
                 │
         ┌──────────────┐
         │  实施招聘活动  │
         └──────────────┘
                 │
         ┌──────────────┐
         │  面试应聘人员  │
         └──────────────┘
            │        │
  ┌──────────────┐  ┌──────────────┐
  │ 测评应聘人员  │  │  岗位要求的   │
  │  能力素质    │  │  工作标准    │
  └──────────────┘  └──────────────┘
            │        │
  ┌──────────────────────────────┐
  │ 比较分析应聘人员胜任素质与岗位 │
  │ 工作标准、结果标准的吻合程度    │
  └──────────────────────────────┘
                 │
         ┌──────────────┐
         │  做出录用决策  │
         └──────────────┘
                 │
              ( 结束 )
```

图 3-12　基于任职资格标准体系的人员招聘与选拔流程

（2）基于任职资格标准体系的人员招聘与选拔所具有的优势

①给出全面的人员、岗位、人岗匹配的要求，既考虑人员基本称职、岗位胜任特征、完成工作任务和活动的要求，又考虑作为未来的绩优者所需要的较为全面的系统要求。

②保证针对性、系统化的面试，有效地甄选面试中唯一的变量即候选人。

③更有可能选拔到具有潜力的员工，可以淘汰那些缺乏关键技能、知识或个性特点的候选人，将焦点放在那些胜任岗位又具有后续潜力的候选人身上。

④降低招聘选拔成本，减少人员流失。

2．企业人才发展

有针对性地培养员工的核心技能，使培训有的放矢，不仅能够开发员工的潜在素质，更为企业积蓄具备核心能力素质的人才。

①任职资格标准体系的设计有利于缩短员工适应新岗位的时间，降低成本。

②任职资格标准体系是人才培养体系的输入和源泉。

③人才培养体系是任职资格标准体系的支持和保障。

3．测评与职业发展

基于任职资格标准体系的人才测评如图3-13所示。

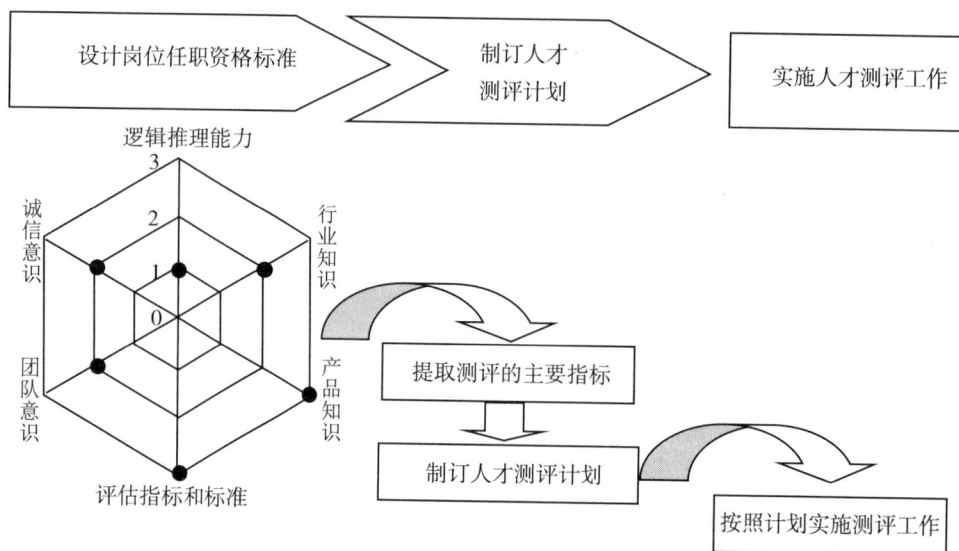

图3-13　基于任职资格标准体系的人才测评

在任职资格标准体系的推行过程中，员工可以根据企业规划设计的职业发展通道来规划个人的发展路径，并依据该通道的任职资格标准要求不断提升自己的任职资格水平。

与此同时，企业各级管理者也担负起了帮助员工做好职业生涯发展规划的任务，这样不仅能帮助员工实现自身的发展目标及职业潜能，而且能促使员工努力开发提高组织绩效的关键技能和行为，实现个人目标与组织经营战略之间的协同，达到员工和企业共同成长与发展的目标。

因此，可以肯定的是任职资格标准体系的应用，为企业员工的职业发展奠定了良好的基础和保障。

3.6.4 任职资格标准体系的调整

任职资格标准体系的设计不是一劳永逸的，不能一成不变，需要定期测试、评估，以发现问题，适时调整。

1．调整周期

根据动态调整原则，企业每年依据员工过去一年的年度绩效考核结果对任职资格标准进行一次升级、保级和降级评定，可与新的任职资格标准评定一同进行。

2．调整条件

任职资格标准调整要与年度绩效考核结果挂钩。企业应为员工月度绩效考核等级设计相应的分值，考核等级与分值相对应，然后将员工各月度的得分汇总求平均值即获得该员工的年度绩效考核结果或年度绩效评分。对于不满一个绩效考核年度的员工，按实际参加考核的月数求平均值得到该员工年度绩效评分，但参加考核月数少于6个月（不含）的，不计算年度绩效，也不参加该年度任职资格调整。

3．任职资格标准升级（含破格）、保级和降级

（1）升级

年度绩效考核评分符合升级或保级要求的，即可升级或保级。对于升级，只要满足更高一级别任职资格其他申请条件的，经本人申请，审核通过，可以向上晋升一级。绩效考核评分符合降级条件的，任职资格等级自动降低一级。

（2）破格升级

对于在所任职领域有特殊贡献或给企业带来较大的经济效益者，可申请任职资格破格升级，经任职资格管理委员会评审批准即可破格晋升。

（3）降级

对企业重大事故负有直接责任或对企业造成重大经济损失并受到留企业察看以上处分的员工，任职资格等级自动降低一级。

3.6.5 任职资格标准体系设计案例

进行岗位任职资格标准体系设计时，企业应将岗位人员的学历、经验、技能等因素

作为主要考量因素。下面以产品研发经理岗位为例，进行任职资格标准体系设计（见表 3-15）。

表 3-15 产品研发经理任职资格标准体系设计

胜任项	胜任子项	具体要求			
学历	学习形式	☑ 全日制	□函授	□自考	□夜大
	学历层次	□博士研究生	□硕士研究生	☑本科	□专科　　□中专
知识	专业知识	工业设计、电气工程等行业相关专业知识			
	业务知识	企业新产品研发程序及产品的技术标准			
	基础知识	精通与相关产品有关的法律法规和行业标准			
经验	工作经验	10 年以上相关专业工作经验，5 年以上研发项目管理经验			
	培训经历	参加过企业愿景、企业发展战略规划、产品研发项目管理培训			
能力	基础能力	1. 能熟练运用中英文阅读、撰写技术文档 2. 熟练使用 AutoCAD、Photoshop 等软件			
	通用能力	1. 具有良好的问题分析与解决能力、逻辑分析能力，能够及时解决产品研发过程中的技术难题 2. 具有很强的计划管理能力、组织协调能力、团队协作能力，能够带领团队			
	管理能力	具有良好的战略管理能力、决策能力、目标管理能力、团队建设能力、激励能力、授权控制能力、督导能力			
技能	上岗技能	取得项目管理师职业资格证书			
	业务技能	技术指导能力强，能够指导员工顺利进行产品研发			
素养	自身素养	责任心强，能承受琐事带来的工作压力			
	职业素养	认同企业文化，具有较高忠诚度、自律性、敬业精神			

3.7 岗位职责设计

3.7.1 岗位职责设计的基础

岗位职责设计是根据劳动分工与协作的要求，规定员工在本岗位范围内所承担的各种责任及要求。岗位职责设计需要具备以下三个基础。

1.了解企业战略、业务流程、管理流程及组织结构

岗位职责设计主要源于企业战略、业务流程、管理流程及组织结构，最终把战略实施的责任分解落实到员工个人身上。因此，在进行岗位职责设计前，应了解透彻这四项内容。

2.部门职责的确定

部门定责是指根据确定的企业组织结构以及部门设计和具体的职能分解，对部门责

任、职责进行细分描述。部门定责是岗位职责设计的前提和基础。因此，在设计岗位职责前，一定要先了解整个部门的职责，以便更有效地定位岗位职责和工作范围。

3．进行岗位分析

（1）全面收集岗位信息，详细描述岗位职责。

（2）明确各工作之间的关系（上下级、服务、协作等），界定岗位职责。

（3）明确各岗位的任职条件与工作权限。

（4）统一企业岗位说明书的格式与内容，为岗位职责设计工作的开展打下坚实的基础。

3.7.2　岗位职责设计中的要点

岗位职责设计是基于企业、部门的目标对岗位目标和所承担的责任进行界定，具体来说是根据业务流程，通过目标分解得到岗位职责的具体内容，然后界定岗位角色和拥有权限的过程。岗位职责设计要点主要有以下五点。

1．确定岗位目标

根据组织目标和部门职能，确定岗位目标，说明设置该岗位的总体目标，即该岗位为什么存在，它对组织的贡献是什么。岗位目标的编写格式为"工作依据＋工作内容（岗位核心职责）＋工作成果"。

2．分解关键成果领域

通过对部门职能的分解和岗位分析，得到该部门岗位的关键成果领域。关键成果领域（Key Result Areas，KRA）是指一个岗位需要在哪几个方面取得成果来实现岗位目标，具体内容包括以下几方面。

（1）工作的主要领域，即为了取得尽可能好的结果，要在这些领域做出良好的成绩。

（2）工作任务成功的关键。

（3）目标管理的主要课题。

（4）管理人员必须取得成功结果。

（5）在工作中不是完全成功就是彻底失败的那些领域。

（6）要取得目标阶段性成果，应优先考虑课题所在的领域。

3．确定职责目标

岗位职责设计最终要说明工作持有人所负有的职责以及工作所要求的最终结果，因此可以从成果导向出发，明确岗位在关键成果领域要达成的最终成果目标，从而确定该岗位的职责目标。

4．明确工作职责

在确定职责目标的基础上，确定任职者到底要进行什么样的活动，承担什么样的职责才能达到这些目标。岗位工作职责可以通过两种方法进行确定。

（1）根据业务流程落实到岗位的一项或几项活动，来确定该岗位在业务流程中扮演的角色，进而确定工作职责。

（2）根据信息的流入流出来确定岗位的工作职责。信息传递至该岗位表示流程责任转移到该岗位；信息流程表示责任传至业务流程中的下一个岗位。

5．进行职责描述

通过以上步骤明确了岗位的职责目标和主要工作职责后，需要对岗位职责进行描述，内容包括岗位基本信息（岗位名称、岗位定员、所属部门、主要工作关系等）、设置目的、责任范围、主要工作职责及职权、工作成果和衡量标准，形成岗位责任书。岗位责任书是岗位职责设计的最终工作成果。

3．7．3 岗位职责模板设计

岗位职责模板是企业用来说明任职者应该做什么、怎么做以及在什么条件下去做的一种书面文件。通过岗位职责描述，可以清晰地展现各岗位的工作目标、职责范围、主要工作任务，以及管理人员的职级、责任程度、上级与下辖员工、工作沟通关系等项目。

模板设计人员在进行模板设计时，可根据岗位职责描述的内容，设计相应的岗位职责模板，具体示例扫描右侧二维码即可查看。

3．7．4 岗位职责设计案例

某企业人力资源部招聘主管岗位的职责设计案例，扫描下方二维码即可查看。

3.8 竞聘上岗设计

3.8.1 内部竞聘标准的设计

1. 竞聘资格标准设计

（1）根据岗位设定资格标准

企业可根据竞聘岗位的要求设定内部竞聘的标准，即从竞聘人员胜任竞聘岗位所需的素质模型方面把控胜任程度。企业从岗位层面设定资格标准需要从以下三个方面展开，如图 3-14 所示。

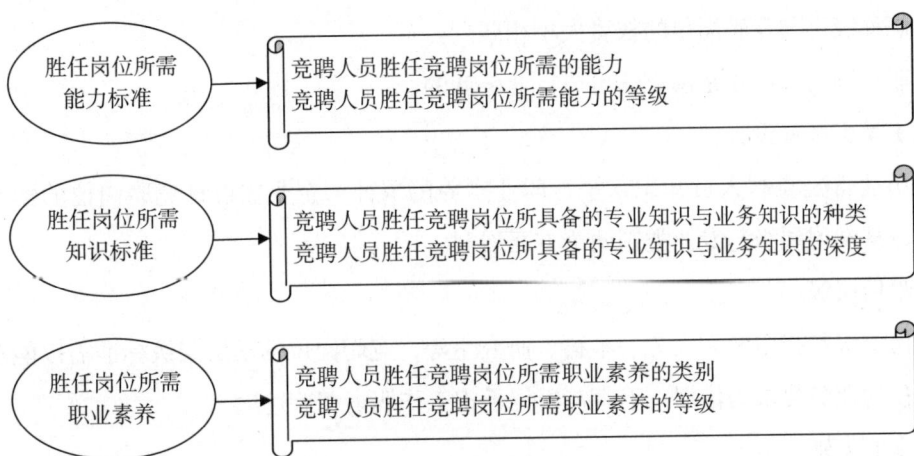

胜任岗位所需能力标准	竞聘人员胜任竞聘岗位所需的能力 竞聘人员胜任竞聘岗位所需能力的等级
胜任岗位所需知识标准	竞聘人员胜任竞聘岗位所具备的专业知识与业务知识的种类 竞聘人员胜任竞聘岗位所具备的专业知识与业务知识的深度
胜任岗位所需职业素养	竞聘人员胜任竞聘岗位所需职业素养的类别 竞聘人员胜任竞聘岗位所需职业素养的等级

图 3-14 岗位胜任资格标准

（2）根据现状设定竞聘资格标准

根据现状设定竞聘资格标准是指企业在组织内部竞聘时，对企业的管理、生产、销售和客户等方面的实际情况进行分析，并根据企业各方面的现状，设定相应的竞聘资格标准。具体的标准制定程序如下。

①分析企业现状，明确企业目前存在哪些问题。

②分析竞聘岗位涉及的业务范围，明确竞聘岗位同企业现状存在的问题间的关系。

③根据竞聘岗位与企业间的对应关系，确定解决问题所需的人员资格及标准。

2. 竞聘业务标准设计

（1）从业背景标准设计

从业背景是指竞聘人员曾经的工作履历，包括从业年限、所属行业、职业类别、经管业务范围等内容。

（2）从业业绩标准设计

从业业绩标准是竞聘人员参与岗位竞聘时，在工作业绩方面须满足的最低要求。企业在设计竞聘岗位的从业标准时，可根据竞聘岗位的职能范围，从企业资源管理情况、生产目标达成情况、技术成果情况、安全管理情况、销售获利情况、财务管理情况、客户维护情况七个方面展开。

3．竞聘能力标准设计

（1）职称标准设计

职称是企业员工技能水平的象征，反映出员工技能水平，而技能职称标准则反映出竞聘岗位对竞聘人员在技能方面的要求。因此，企业在设计职称标准时，需对竞聘岗位进行深入分析，了解竞聘岗位任职者所需掌握的技能种类及相应水平，具体设计要求如下。

①职称须与竞聘岗位及企业业务相关。

②职称级别与竞聘岗位的权责大小相匹配。

③职称颁发部门须是国家认可或行业公认的。

（2）学历标准设计

学历通常是竞聘人员知识水平、职业素养的象征。企业在设计竞聘岗位的学历标准时，可以从学习层级与专业类别两个方面展开。

①学历层级

学历层级是指中专、大专、本科、研究生等，竞聘岗位的学历层级标准需以能够胜任竞聘岗位的业务要求为依据，不宜与岗位承担工作职责相差过远。

②专业类别

专业类别是指竞聘人员所学的专业。竞聘人员所学的专业必须是竞聘岗位业务直接对口专业或与竞聘岗位业务相关的专业。

（3）奖项标准设计

竞聘人员曾经获得过的奖项是考察竞聘人员与竞聘岗位匹配度的标准之一，通常获得与岗位业务相关奖项越多的人员，其与相关岗位的匹配度就越高，其胜任该岗位的可能性就越大。企业在设计竞聘岗位奖项标准时要遵循以下要求。

①奖项类别需与竞聘岗位当前业务或岗位未来发展的业务相关。

②奖项的获得时间需要有年限的约束。

③奖项名次的设计，符合企业的实际情况。

（4）岗位标准设计

企业在设计竞聘人员职位标准时，应先分析竞聘岗位的业务性质、职责权限等，然后从岗位类别和岗位级别两个方面具体展开设计。

4．竞聘素质标准设计

（1）态度标准设计

工作态度是反映竞聘人员在竞聘岗位上能否处理好日常工作的主观因素，考察的出发点是员工的心态。企业在设计竞聘岗位的态度标准时应围绕纪律性、责任感、工作积极性、服务态度、团队意识、忠诚敬业、服从性七个方面展开。

（2）责任标准设计

责任是指企业中各岗位任职者在其职权范围内，对各项工作负有的义务。在内部竞聘标准设计中，对责任标准的设计需从责任内容、责任程度、责任权重三个方面展开。

（3）品德标准设计

品德标准是衡量竞聘人员道德品质水平的重要标准，是内部竞聘标准体系的重要组成部分。企业通过品德标准的设计与实施，可衡量竞聘人员的道德品质，并以此判断是否符合竞聘岗位的要求。企业中常见的品德标准通常包括社会公德、政治品德、职业道德、家庭美满四个方面。

企业在设计竞聘岗位品德标准时，需遵循以下程序，如图 3-15 所示。

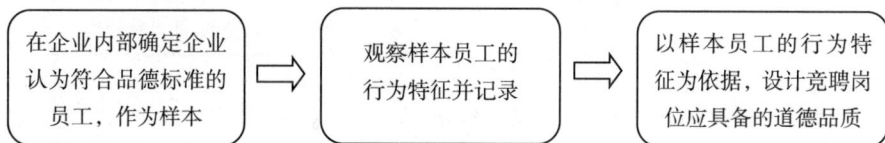

图 3-15　品德标准设计的程序

（4）敬业标准设计

敬业标准用于衡量竞聘人员在日常工作中严格遵守企业职业道德、尽职完成工作任务的情况。企业在设计敬业标准时，需要从畏业、爱业、研业、精业和创业五个方面展开。

3．8．2　内部竞聘流程的设计

内部竞聘流程设计的目的主要是让竞聘者在相同的竞争规则面前，充分展现自己的综合素质，进而可以选拔到适合该岗位的优秀人才。因此，内部竞聘流程的设计应遵循程序公正、过程公开、结果公平的设计原则。

1.内部竞聘流程示意图

内部竞聘流程示意图如图 3-16 所示。

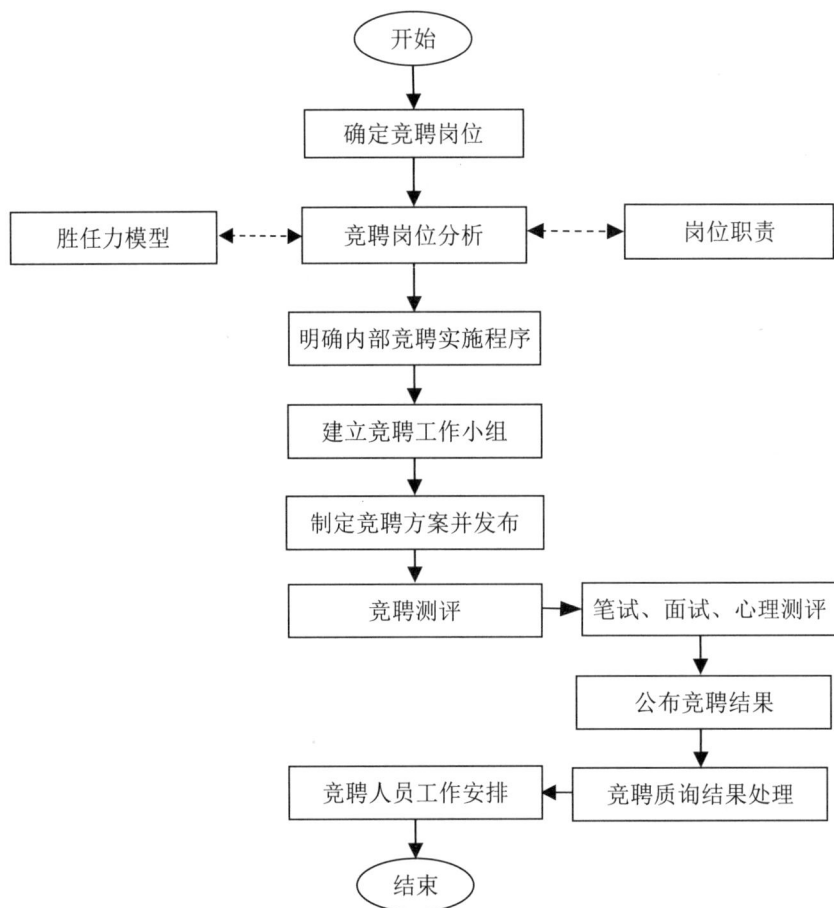

图 3-16　内部竞聘流程示意图

2.内部竞聘流程说明

（1）确定竞聘岗位。分析企业内部竞聘的实施环境及要求，并结合企业实际情况，选择适合以内部竞聘方式招募人员的岗位，从而为企业招聘到合适的人才。

（2）竞聘岗位说明书编写。竞聘岗位确定后，须对竞聘岗位进行分析，明确各竞聘岗位的胜任素质要求、工作能力要求等。

（3）明确内部竞聘实施程序。对竞聘岗位进行分析，明确各竞聘岗位的胜任素质要求、工作内容要求、工作能力要求等，从而建立竞聘人员的任职资格标准体系。

（4）组建竞聘工作小组。竞聘工作小组主要负责竞聘工作的组织实施，其构成人员一般由企业高管、人力资源管理人员、外部相关专家、竞聘岗位相关人员组成。竞聘工作小组负责内部竞聘工作的前期准备、实施过程的监督、竞聘后期的工作安排。

（5）制定竞聘方案并发布。竞聘工作小组根据竞聘岗位分析及企业实际情况，编制竞聘方案，用于指导、规范企业内部竞聘工作的展开。竞聘方案制定后需及时发布，告知员工内部竞聘工作的开展流程，鼓励和指导员工积极参加竞聘，并对竞聘工作进行监督，确保竞聘工作的公平公正。

（6）竞聘测评。根据竞聘岗位的任职资格标准体系，对参聘人员进行初步资格审查，通过笔试、面试、心理测评等判定其是否符合竞聘岗位要求。

（7）公布竞聘结果。在内部竞聘进行的过程中有不同的竞聘阶段，竞聘工作小组要根据竞聘阶段在规定时间内公布竞聘结果，结果公布的时间应遵循尽快公布、提前告知公布时间、预留质询处理期三个原则。

（8）员工质询结果处理。企业须对岗位内部竞聘建立竞聘结果质询管理机制，若员工对竞聘结果存在异议，可在公示期内提出质询，竞聘相关人员须在规定时间内进行处理与答复，以增强竞聘结果的公平性与公正性。

（9）竞聘人员工作安排。企业岗位内部竞聘结果公示无误后，人力资源部需对竞聘成功者进行工作安排，具体程序如图 3-17 所示。

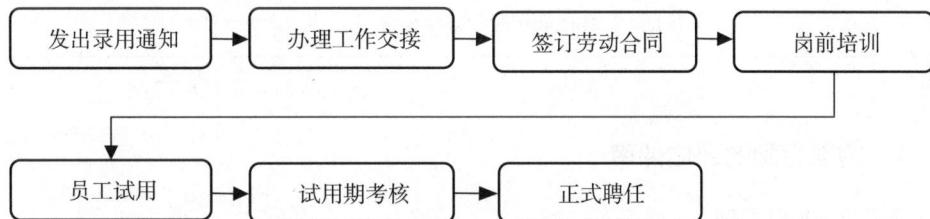

图 3-17　对竞聘成功者的工作安排程序

3.8.3　内部竞聘方法的设计

企业的性质不同，竞聘环境不同，内部竞聘方法的设计也会有所不同，应根据企业的性质和竞聘环境分析结果选择适合的竞聘方法。

外资企业、国有企业和民营企业的内部竞聘常用方法如表 3-16 所示。

表 3-16　内部竞聘方法

企业性质	方法	具体说明
外资企业	心理测验	通过一定的操作程序对员工的行为、情感、任职等活动进行量化，从而确定员工的情绪特征、行为模式及人格特点
	情景模拟	企业根据竞聘岗位的实际工作内容及要求，设计一套与该岗位某项工作的实际情况相近的测试题目，并对该岗位此项工作的具体情景进行模拟
国有企业	撰写论文	在规定时间内提交一篇或多篇论述性文章，以此来了解竞聘者对竞聘岗位的期望、了解及设想等各方面的内容

（续表）

企业性质	方法	具体说明
国有企业	演讲	要求竞聘者结合自身情况，通过语言、动作、表情等方式向评审人员表达对岗位的意愿
	答辩	竞聘评审人员向竞聘者提出问题，让竞聘者当场回答，以此来判断评审竞聘者的理解能力、应变能力、逻辑思维能力、问题分析与解决能力等
	无领导小组讨论	将一定数量的竞聘者组成一个临时性的工作小组，此工作小组可针对某一问题展开无指定决定的自由讨论，并做出决策，以此来考察竞聘者的领导能力、组织协调能力、洞察力、说服力及决策能力
民营企业	试卷考试	根据内部竞聘的要求，编制考试试卷，并组织竞聘者进行答题测试。试卷考试侧重于对竞聘者业务及理论知识掌握情况的考核
	公文筐测验	竞聘者扮演岗位任职者这一角色，在规定的时间内处理面前的文件和信息，以此来考察竞聘者的授权能力、控制能力、计划能力、分析能力、判断能力及对工作环境的理解与敏感程度

3.8.4 内部竞聘的评估评审

1.评审团队的组建

内部竞聘评审团队一般是企业在内部竞聘实施期间临时成立的，负责内部竞聘评审工作的组织，其组建标准如表3-17所示。

表3-17 内部竞聘评审团队组建标准

序号	评审团队标准	具体说明
1	数量标准	○ 评审团队一般由3~7个评审人员组成，成员总数通常为单数
2	团队成员来源标准	○ 内部竞聘评审团队评审者应为企业高管、人力资源部负责人、竞聘岗位资深员工或竞聘岗位部门负责人，必要时可以聘请外部资深人力资源专家
3	评审者任职资格标准	○ 有良好的个人修养与道德品质 ○ 公平、公正、客观 ○ 了解竞聘岗位的任职资格条件及竞聘岗位的工作特征 ○ 熟练运用各种面试技巧 ○ 具有较强的人际沟通能力和观察判断能力 ○ 具备相关专业知识

2.评审标准的确定

（1）根据岗位确定评审标准

企业根据岗位设计竞聘评审标准时，应体现岗位对竞聘人员的具体要求。

（2）根据竞聘形式确定评审标准

企业选择的内部竞聘形式不同，竞聘评审要求也不同。

①笔试：企业选用笔试形式竞聘时，可根据竞聘者的测试成绩，选择合适的竞聘者。

②演讲：企业以演讲的形式进行内部竞聘时，评审标准的设计工作需围绕图 3-18 所示的内容进行。

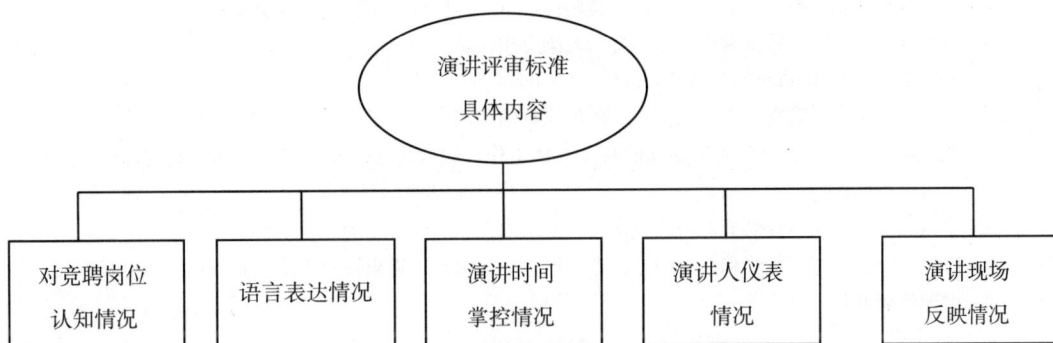

图 3-18　演讲评审标准具体内容

（3）根据业务发展确定评审标准

业务发展是指企业的主营业务随着市场经营环境或客户需求的变化而不断变化的一种状态。企业根据业务发展要求设置评审标准，其依据一般可参考以下四点内容。

①企业经营规模扩大对竞聘岗位任职者的要求。

②企业业务重心转移对竞聘岗位任职者的要求。

③企业运营模式变化对竞聘岗位任职者的要求。

④技术更新对竞聘岗位任职者的要求。

3.8.5　内部竞聘的实施方案

方案名称	内部竞聘的实施方案	编　号	
		执行部门	

一、目的

1. 满足部分管理岗位的人力需求。
2. 规范公司内部竞聘工作，提高公司员工的工作积极性和主动性。
3. 通过内部竞聘活动发现有潜力的员工，建立公司人才梯队。
4. 为有上进心的员工提供锻炼的机会。
5. 使员工通过不断学习，提高自身修养、提升工作能力。

二、适用范围

本方案适用于公司全体员工。

（续）

三、内部竞聘管理小组

公司设内部竞聘小组专门负责整个竞聘活动的策划、组织实施、信息统计汇总和报告事项，确保内部竞聘活动有计划、高效、有秩序地开展。

1. 小组成员设置

（1）组长1名，由人力资源部经理担任。

（2）执行副组长2名，由人事主管、竞聘岗位部门经理担任。

（3）小组成员2名，招聘专员1名、内部竞聘岗位所在部门经理指派部门人员1名。

（4）特约评价人，由分管竞聘岗位所在部门的副总担任。

2. 内部竞聘管理小组成员的责任

（1）组长：签署内部竞聘公告，主持有关内部竞聘的会议。

（2）执行副组长：落实内部竞聘活动的各项具体工作，包括统计内部竞聘结果和编制内部竞聘结果报告等。

（3）小组成员：收集和提供笔试与面试问卷，参与内部竞聘评价活动。

（4）特约评价人：评审笔试和面试问卷，参与面试评价活动，提出针对内部竞聘活动的意见和建议。

四、内部竞聘原则

1. 定向原则

同类普通工作岗位应竞聘与之相同或关联程度高的管理岗位。

2. 逐级原则

员工参加内部竞聘，只能逐级报名。

3. 适合原则

通过内部竞聘产生的合适人选应满足岗位要求。

五、收集整理岗位说明书

1. 资料收集

在内部竞聘公告发布前，内部竞聘小组成员应先落实内部竞聘岗位的岗位说明书。

2. 岗位说明书的作用

（1）资格审查时进行对照验证。

（2）指导员工参加适合自己发展的岗位内部竞聘活动。

（3）作为编制笔试和面试问卷的参照基础。

六、发布内部竞聘公告

确定采用内部招聘时，人事工作人员在落实岗位说明书后，发布企业内部竞聘公告书（扫描右侧二维码可查看公告书范例），同时成立内部竞聘管理小组。

1. 符合条件且有内部竞聘意愿的员工在公告要求的报名时间内，自备个人近照一张、学历和资历证明一份，到人力资源部签字报名并领取员工内部竞聘申请表。

2. 员工内部竞聘申请表填写完毕，交由部门经理签字，然后转交内部竞聘小组审查。

七、内部竞聘员工资格审查

1. 员工所在部门审查的内容

（1）该员工在部门内的长期工作表现是否符合参加内部竞聘的条件。

（2）是否同意该员工参加本次内部竞聘活动，并承担可能由于内部竞聘成功而产生的岗位空缺和补充新人形成的工作风险。

2. 内部竞聘小组审查的内容

（1）员工提供资料和资历证明是否真实（查验员工提供的学历和资历证明）。

（续）

（2）根据有关资料，该员工的长期工作表现是否具备参加内部竞聘的条件。

（3）审查其基本条件是否符合岗位说明书要求。

八、笔试管理

为考察内部竞聘人员的专业知识、管理思路和技能、逻辑思维能力、整体规划能力等，内部竞聘设笔试环节，笔试占竞聘考核的比例为 50%。

1．笔试问卷的资料收集和形成过程

（1）内部竞聘管理小组成员收集资料，执行副组长统一汇总、增删，形成笔试问卷（含标准答案）初稿，报公司总经理评审，最终确定问卷内容。

（2）笔试问卷是保密资料，在进行笔试前由执行副组长保管。

2．笔试时间

笔试时间为 1 个小时左右（视实际情况而定）。

3．测试内容大体分布

（1）基本知识和专业技能，权重为 50%。

（2）案例分析，权重为 25%。

（3）有关工作思路的阐述和分析，权重为 25%。

4．笔试流程

（1）竞聘小组按资格审查后的报名名单通知内部竞聘员工在指定时间参加笔试。

（2）笔试开始前，签到、组织人员讲解考试注意事项。

（3）考试过程。

（4）笔试结束，收取试卷并密封。

（5）竞聘小组阅卷。

（6）统计得分，复核无误后填报考核成绩统计表。

（7）内部竞聘管理小组确定进入面试的人选，同时向未进入面试的人选发考核信息反馈表。

九、面试管理

只有经过笔试后选定的内部竞聘人员才能参加面试，面试成绩占竞聘考核成绩的 50%。

1．面试问卷的资料收集和形成过程

面试问卷的资料收集和形成过程与笔试问卷的资料收集和形成过程相同。

2．面试的形式和时间

（1）工作思路讲解 15 分钟。

（2）接受面试小组提问 15 分钟。

3．面试流程

（1）通知参加面试人员撰写工作思路讲解大纲。

（2）通知参加面试人员在指定时间参加面试。

（3）面试开始前，签到、抽签、组织人员讲解面试注意事项。

（4）面试开始，依抽签次序进行。

（5）自我介绍 2 分钟。

（6）工作思路讲解 13 分钟。

（7）接受提问 15 分钟。

（8）面试小组讨论 3 分钟，并进行评分，填写面试评定表。

（9）所有人员面试完毕，面试小组汇总并填写内部竞聘面试评价表。

（10）内部竞聘小组统计得分并排名，填报考核成绩统计表。

十、内部竞聘考核信息反馈面谈

公司须进行内部竞聘考核信息反馈面谈，竞聘人员填制考核信息反馈表。

（续）

1. 内部竞聘考核信息反馈面谈可由内部竞聘考核管理小组成员执行，面谈时，应同时向员工发放内部竞聘反馈表。

2. 将内部竞聘反馈表留存一份，附在员工内部竞聘考核资料中存档。

十一、最终确定竞聘岗位人选

1. 内部竞聘管理小组根据笔试和面试排名统计出综合排名，初步确定人选，并编制内部竞聘考核报告，连同员工内部竞聘考核资料一起报公司总经理审批。

2. 根据审批结果，内部竞聘管理小组发布关于内部竞聘结果的公告进行公示，接受员工评价。

3. 公示完毕，确定最终人选。

十二、最终确定人选的工作安排

1. 最终确定人选所属部门提交离岗补充人员需求申请，由人事相关人员招聘补充。

2. 最终确定人选按规定办理调动审批手续和调动手续。

3. 新部门安排到岗见习。

十三、竞聘资料的处理

1. 内部竞聘资料

内部竞聘资料主要包括员工内部竞聘申请表、笔试答卷、工作思路讲解大纲、内部竞聘面试评价表、考核信息反馈表、考核成绩统计表及其他相关资料。

2. 资料存档

所有在内部竞聘考核活动中产生的员工考核资料由综合管理部统一存档、分类保管。

编制人员		审核人员		批准人员	
编制日期		审核日期		批准日期	

第4章

招聘设计

4.1 招聘规划

4.1.1 招聘需求的确定

当企业存在自然减员，或是面临现有人员无法满足业务量的变化、现有人力资源配置情况不合理的情况时，招聘负责人和用人部门的领导应对招聘需求进行确定。

1．确定各部门人员需求

确认人员需求数量是招聘需求确定的第一步，各职能部门根据业务需要向人力资源部提出人员需求申请，填写招聘需求申报表。招聘需求申报表示例，扫描右侧二维码即可查看。

2．汇总企业招聘需求

根据各部门的人员需求申请情况，人力资源部应对人员需求申请情况进行审核，具体审核内容如表4-1所示。

表 4-1　人员需求申请审核内容

人员需求背景	招聘必要性分析
拟招岗位是常态的重要岗位	部门内部每个人的工作量是否饱和
	部门内部人员是否忙闲不均
	部门所负责的业务和工作是否能够优化组合或在跨部门间进行调整
拟招岗位是暂时性的人员需求岗位	是否可以通过内部人员的工作调配来解决
	是否可以通过跨部门人员之间的配合来解决
	是否可以通过优化人员结构来补充暂时性的人员缺口

对人员需求申请进行审核后，人力资源部将各部门的招聘需求申报表进行汇总，形成企业招聘需求汇总表（扫描左侧二维码即可查看），并据此确定企业招聘需求。

4．1．2　招聘标准的制定

招聘标准的制定要通过工作分析的结果来明确，通过工作说明书来确定。

工作分析是一项技术性很强、复杂而细致的工作，它为人力资源管理活动提供有关岗位方面的信息，从而进行一系列岗位信息的收集、分析和综合的人力资源管理基础性活动。工作分析主要包括工作描述和任职资格两方面的内容。

1．工作描述

工作描述是对工作基本信息的确定和描述，主要包括以下六个方面的内容。

（1）工作名称

工作名称指从事的是什么工作。

（2）工作任务和内容及权限

工作任务和内容是指具体的工作职责、任职者需达到的工作目标和工作标准，以及任职者为完成其工作任务所需开展的具体工作活动。

企业可根据工作所需完成的任务，按照责权对等的原则，赋予岗位任职者相应的工作权限。

（3）工作流程

工作流程是指如何从事或者要求如何从事此项工作，主要有以下两个方面的内容，即工作程序规范、展开该项工作所必备的各种软硬件设施。

（4）工作时间安排

工作时间安排主要包括两个方面的内容：工作时间的安排、该项工作每日（每周、每月）的工作进程安排。

（5）工作环境

工作环境主要包括工作所处的自然环境和社会人文环境两个方面的内容。工作所处的自然环境包括工作的地理位置、室内的温度、采光度、通风设备、安全措施等。工作所处的社会人文环境包括企业内部各部门之间的关系、当地的社会经济状况、文化氛围等。

（6）工作关系

工作关系是指从事该工作与企业内外其他部门、组织发生的相互关系，主要包括两方面的内容：纵向的与负责该工作的部门直接领导（即请示汇报的对象）的联系，横向的与组织内外部其他人员的联系。

2．任职资格

任职资格是指胜任此项工作的人员必备的资格与条件，主要包括以下五个方面的内容。

（1）身体素质要求

身体素质主要指身体健康程度等因素。

（2）知识技能和工作经验要求

知识技能和工作经验主要包括专业知识水平、所掌握的工作技能及工作经验。

（3）教育培训经历要求

教育培训经历是指个人所受的教育、学习和参加各类培训的经历。

（4）个人能力要求

个人能力是指顺利完成某种活动所必须具备的个性心理特征。它是顺利完成某种活动的必要条件。

（5）个性特质要求

个性特质即个体的气质、性格、价值观等。

4．1．3　对拟招聘人员进行画像

在招聘工作中，人员画像是指根据岗位需求，将适合的人才所具备的特性以画像的形式描绘出来，让企业清楚地知道自己需要什么样的人，通过这样的指向性手段帮助招聘人员更有针对性地开展招聘等相关工作。

1．人员画像数据采集类别

为了更完整地对招聘人员进行画像，通常要采集两个层面的数据。

（1）关于岗位和人才的基本画像数据

这类数据是对岗位胜任基本素质和人才素质基本要求的描述，如技能要求、经验要求、知识要求、素质要求、教育背景、个人价值观、性格特征、外在形象、求职动机等。

（2）内部历史沉淀数据

历史沉淀数据，或者说绩优人才画像数据，这是对在某类岗位工作上获得了突出价值和高绩效的员工所做的记录数据。通过记录这些表现优秀的员工，可以了解、分析是哪些因素帮助他们获得了在该类岗位上的突出成就。

通过不断地挖掘历史沉淀数据，总结共性特征，可以做出该类岗位的绩优人才画像，从而可以帮助企业建设特有的且不断优化的人才画像模型，塑造更为精准的招聘筛选标准。

2．人员画像数据采集

对于人员画像数据的采集，一般有以下四种常见的方式。

（1）员工管理

这一方式包含对员工档案、员工培训、绩效考核、薪酬奖金等员工日常管理数据的采集。

员工入职后提交的信息中，包含基本的个人信息、教育背景、工作经历等，构成了员工档案，员工档案库也是人员画像最基本的数据采集渠道。同时，员工入职后的培训记录、绩效考核、薪酬奖金也是重要的画像数据采集依据。

（2）人才测评

通过不同的人才测评，可以深入挖掘员工的领导风格、批判性思维、管理实践能力、职业人格、组织忠诚度等非直观显性的素质，这些可以形成人员画像的重要标签。

（3）员工访谈

对关键员工进行访谈，如选择中高层管理者、绩优员工、关键岗位在职员工及他们的同事、上级、下级进行访谈，与收集到的人员画像数据进行交叉验证。对员工的知识、技能、性格、素质、价值观进行更加详尽的了解，以获得更客观、立体的人员全息画像参考。

（4）数字化信息系统

通过第三方提供的人才数字化平台系统自动提取人员画像数据。例如，在线人才测评数据直接输入；与员工进行线上访谈等，通过这些线上数据，可以生成直观的数据化人员画像。

4．1．4 招聘计划的制订

招聘计划是企业人力资源部根据各部门提交的用人申请，结合企业人力资源规划和岗位说明书，明确招聘人员的数量、质量等因素，并制定具体招聘活动的执行方案。

1．招聘计划的主要内容

一份翔实完整的招聘计划应该包括以下九项内容。

（1）人员需求清单，包括招聘的职务名称、人数、任职资格要求等内容。

（2）招聘信息发布的时间和渠道。

（3）招聘小组人员，包括小组人员姓名、职务，以及各自的职责。

（4）应聘者的甄选方案，包括考核的场所、时间、题目。

（5）招聘的截至日期。

（6）新员工的到岗时间。

（7）招聘费用预算，包括资料费、广告费、人才交流会费用。

（8）招聘工作时间安排。

（9）招聘广告样稿。

2．招聘计划的制订流程

关于招聘计划的制订流程，扫描右侧二维码即可查看。

4．1．5　招聘费用预算

招聘活动的实施必然会产生一定的成本费用，这就需要在实施招聘之前编制好招聘费用预算。编制招聘费用预算，可以防止招聘过程中某一环节过多地占用资金，也可以防止因费用不足而影响招聘工作的顺利进行。

招聘费用视招聘对象、招聘渠道的不同而有所不同。一般来说，招聘费用预算不仅包括参与招聘的人员的工资、福利成本，还包括企业宣传广告费、差旅费、材料费等，具体招聘费用预算内容如表 4-2 所示。

表 4-2　招聘费用预算

招聘渠道		现场招聘	网络招聘	猎头中介
费用预算	招聘准备	1．宣传广告费 2．宣传材料费 3．场地、展位租用费 4．差旅费 5．交通费 6．通信费 7．其他	1．平台会员费 2．通信费 3．招聘套餐费 4．流量推广费 5．其他	中介服务费
	笔试	1．试卷印刷费 2．场地租赁费 3．人工成本 4．其他	1．笔试网站维护费 2．其他	
	面试	1．面试人员的工资成本 2．差旅费 3．其他	1．面试人员的工资成本 2．网络面试流量费 3．其他	

4.2 招聘的实施

4.2.1 招聘说明书的撰写方法、技巧及案例

招聘说明书又称招聘JD（Job Description），是为了使应聘者清楚地了解招聘企业的详细信息的载体，是给应聘者留下第一印象的"门面"。招聘说明书的质量直接关系到企业所招聘人才的数量和质量。

1．招聘JD撰写方法

撰写招聘JD应重点关注六大部分，即职位名称、岗位职责、任职资格、薪资待遇、工作地点和企业情况。

（1）职位名称

确定职位名称是撰写招聘JD的第一步，职位名称的确定首先要与企业职位设置保持一致，同时充分考虑从应聘者的角度如何解读职位名称。

一般应做到职位名称准确无误、通用、便于理解，职位名称突出、符合字数限制等。

（2）岗位职责

岗位职责是指一个岗位所要求的需要去完成的工作内容及应当承担的责任。

对于应聘者来说，他考量的是岗位是否适合自己，其能够胜任的关键信息之一就在于岗位职责的描述。

要撰写岗位职责，招聘人员应先充分了解岗位职责的内容，然后用简洁精练的语言对岗位职责进行描述，并强调岗位的价值和成长属性。

（3）任职资格

任职资格是从基本胜任或称职的角度出发，对员工履行工作职责需要具备的任职能力进行横向分类、纵向分级，建立能够创造关键绩效的、结果导向的、可以衡量的各项资格标准。

所撰写的任职资格的内容不要过多、过杂，要突出核心要求。同时，对资格标准要描述清晰，不可过分强调"高精尖"，避免使人望而却步。

（4）薪资待遇

薪资待遇是应聘者考察职位时的重要参考要素。所撰写的薪资待遇应在符合企业相关信息保密规定的前提下，向应聘者传达积极的信号，不可做虚假描述。

（5）工作地点

工作地点一般包含三个部分，即实际工作地点、企业地点、面试地点，要注意区分，并对其进行完整清晰的描述。

（6）企业情况

企业情况是对企业自身信息的介绍，是帮助应聘者快速了解企业的渠道。

所撰写的企业情况要突出企业自身的特色，如企业文化、企业成就等，充分展示企业的发展前途和工作优势。

2．招聘 JD 撰写技巧

（1）引人注意

企业相关重点标识突出明显，职位描述信息呈现清晰，招聘 JD 整体版面设计新颖。

（2）引发兴趣

招聘 JD 叙述语言生动，企业优势展示全面，职位的比较优势显而易见。

（3）激起愿望

针对目标招聘群体的需求进行重点渲染，突显职位最吸引他们的优势，激发应聘者的求职热情。

（4）促使行动

善于运用充满激情和情感鼓励性的语言对目标招聘群体进行刺激，促使他们积极申请职位。

××工厂的招聘 JD 案例，扫描下方二维码即可查看。

4．2．2　招聘渠道、方式的选择

招聘渠道和方式决定了应聘人员的来源、数量、质量和范围等，招聘工作的效果很大程度上取决于招聘渠道和方式的选择。

常见的招聘渠道有网络招聘渠道、现场招聘渠道、校园招聘渠道、传统媒体广告招聘渠道、员工推荐招聘渠道、猎头招聘渠道、人才机构介绍招聘渠道和内部招聘渠道。

1．影响招聘渠道选择的因素

对于企业而言，影响招聘渠道选择的因素如表 4-3 所示。

表 4-3　影响招聘渠道选择的因素

影响因素	详细说明
企业因素	企业因素是指从企业整体上影响招聘渠道选择的因素，包括企业业务性质、企业地理位置、企业季节特点和企业规模等

（续表）

影响因素	详细说明
招聘因素	招聘因素是指与招聘工作密切相关的因素，具体包括招聘的职位类型、招聘的紧急程度、招聘费用预算、招聘时间长短等

2．不同渠道中的招聘方式

内部招聘渠道中的招聘方式包含内部竞聘、内部晋升、工作调换、工作轮换、人员重聘等。

现场招聘渠道中的招聘方式一般包含招聘会、人才市场等。

网络招聘渠道中的招聘方式包含自建网络招聘系统、与专业招聘平台合作等。其中与专业招聘平台合作是当下较为热门和普遍的网络招聘方式，如智联招聘、前程无忧、BOSS直聘等综合性招聘平台。

校园招聘渠道中的招聘方式一般体现为各类宣讲会、交流会、沟通会等。

传统媒体广告招聘渠道中的招聘方式包含报纸、杂志、电视、电台等。

3．招聘渠道和方式的选择流程

招聘渠道和方式的选择流程如图4-1所示。

图4-1　招聘渠道和方式的选择流程

4．2．3　招聘简历的选择与邀约

1．简历选择

（1）简历选择方法

企业招聘人员每天需筛选大量简历，因此其应寻找一定的方法利用较短的时间挑选出适合岗位需要的人员，以提高工作效率。

①系统自动筛选法。为提高简历筛选效率，很多企业都通过计算机程序设计，实现对接收简历的初步评价和选择。

其中，院校类别、所学专业、学习成绩、英语和计算机能力、工作经验、期望薪酬等均可成为自动筛选的指标。

②人工筛选法。人工筛选简历是招聘人员的重要工作之一，也是执行招聘活动的重要前提。对那些硬性条件不符合要求但综合能力素质较好的应聘者来说，其简历经机器筛选

时很容易被过滤掉，而经人工筛选时却有可能获得面试机会。

因此，人工筛选法仍是目前大多数企业所采取的主要筛选方法。如何从大量的简历中筛选出企业所需要的人才，是招聘人员必备的技能之一。人工筛选简历的技巧如图 4-2 所示。

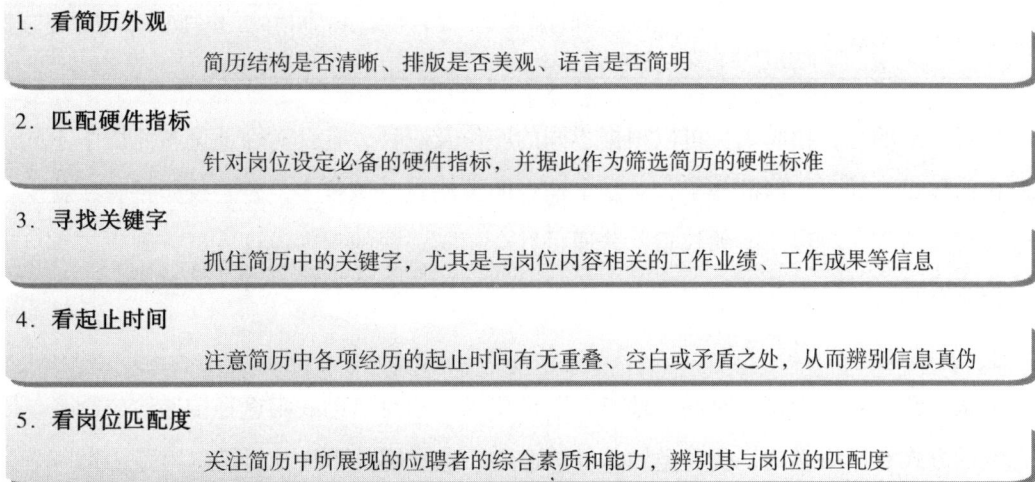

1. 看简历外观
简历结构是否清晰、排版是否美观、语言是否简明

2. 匹配硬件指标
针对岗位设定必备的硬件指标，并据此作为筛选简历的硬性标准

3. 寻找关键字
抓住简历中的关键字，尤其是与岗位内容相关的工作业绩、工作成果等信息

4. 看起止时间
注意简历中各项经历的起止时间有无重叠、空白或矛盾之处，从而辨别信息真伪

5. 看岗位匹配度
关注简历中所展现的应聘者的综合素质和能力，辨别其与岗位的匹配度

图 4-2 人工筛选简历的技巧

（2）简历筛选内容

企业对简历的评估既包括对简历整体效果的评估，也包括对简历各分项目的评估。为确保简历筛选的准确性和有效性，企业对简历的各项筛选内容均有一定的衡量标准。

①简历整体筛选评估。简历的整体筛选评估主要包括简历的完成情况、简历的风格、简历的逻辑性等方面，具体内容如表 4-4 所示。

表 4-4 简历的整体筛选评估维度

筛选评估维度	筛选内容
简历的完成情况	应聘者是否认真填写了简历的每一个项目，如认真填写则反映了应聘者认真严谨的特质；太多的空白及非常粗略的填写则反映了应聘者并不太重视或是散漫的特质
简历的风格	简历的表述是否简洁、是否有错别字，若语言简洁切中实质，则反映了应聘者良好的语言表达能力和逻辑思维能力，若长篇大论、阐述华而不实则反映了应聘者的归纳思维能力较弱，出现的错别字较多则反映了求职者不太细致的特点
简历的逻辑性	简历前后有无逻辑矛盾，是否有夸张成分的工作描述，工作时间是否有间歇、是否合理等

②各分项目筛选评估。一份完整的简历应包括个人基本信息、教育和培训经历、工作经验和行业背景等信息。

招聘人员除对简历进行整体分析外，还应对简历的各分项目进行分析，具体内容如

表 4-5 所示。

表 4-5　简历各分项目分析

筛选维度	筛选内容
个人基本信息	应聘者的年龄、工作经验、身体状况等是否与招聘岗位要求相符合
教育和培训经历	应聘者毕业院校、学历、在校所参与的活动、参加的培训和学习等是否与招聘岗位要求相符合，或有助于招聘岗位工作的开展
工作经验和行业背景	应聘者以往的工作经验和行业背景，是否有助于招聘岗位工作的开展，应聘者工作的连贯性、稳定性如何

值得注意的是，招聘人员可以根据不同的职位及职种，有针对性地调整简历中不同内容所占的权重，如是一般的普工，对基本信息的关注就应该较多；若是校园招聘，就应该给予教育及培训背景以较大的权重；若通过社会招聘资深的程序设计人员，则应该重点考虑工作背景和行业经验。

2．面试邀约

面试邀约就是将面试的时间、地点、面试要求等信息借助一定途径传递给应聘者。面试邀约的方式有网络邀约、现场邀约、电话邀约、电子邮件邀约及短信邀约等。

在通知面试时，企业应安排应聘者分批到达面试场所，切勿一次性通知很多应聘者在同一个面试时间点参加面试。若很多应聘者拥挤在面试场所周围排队等待，不仅浪费应聘者的时间，也会对正在参加面试的人员造成一定的压力和影响。

（1）网络邀约

网络邀约是指企业通过各类网络招聘渠道向应聘者发送面试邀约。网络邀约功能一般由招聘平台或者网络招聘服务商开发并提供，企业使用此功能，填写邀约内容后可发送给相关应聘者。

（2）现场邀约

现场邀约是指当企业进行现场招聘活动时，如果应聘者简历达到企业招聘岗位的任职要求，且企业对应聘者感到满意，现场招聘人员可当面向应聘者发放进一步面试的邀约，如"面试（复试）通知单"。

（3）电话邀约

电话邀约是面试邀约中最常用的邀约方式，其优点主要包括信息传达及时、能够与应聘者协商沟通一些基本问题、对应聘者有初步了解等。

企业招聘人员在电话通知应聘者的过程中，需要注意几个细节问题。

①说话的语气应舒缓，有张力，且吐字清晰。

②电话时间应避开吃饭时间和休息时间。

③通话要简明扼要。

④电话旁准备好笔和纸，根据需要做好记录。

（4）电子邮件邀约

由于使用电话邀约面试，不便于应聘者记录时间和地点，很多企业直接将面试邀约以邮件的形式发给应聘者。以电子邮件的形式邀约面试，要将面试时间、地点及相关注意事项一一注明，以方便应聘者前来参加面试。

（5）短信邀约

考虑到应聘者不方便通过电话记录面试时间、地点等相关信息，或不能随时上网接收邮件，企业可以手机短信的形式通知应聘者参加面试。

一般的面试邀约模板，扫描下方二维码即可查看。

4．2．4　面试设计与录用的决策

1．面试设计

（1）自由面谈提问设计

自由面谈的核心就是面试官的提问、应聘者的回答及面试官对回答的反应。

但是，在现实的自由面谈过程中，因为提问的随意性较强，许多面试官缺乏提问方面的技能训练，经常提出与岗位职责无关的问题，导致提问无效性较高，招聘人员质量低下。因此，企业有必要对自由面谈提问进行设计。

①按题目类型进行自由面谈提问的设计。自由面谈提问的类型有很多，从不同的角度可以进行不同的设计。

通常自由面谈提问被分成基本理论知识、实际操作能力、服从意识、领导能力、综合素质、创新意识等不同的模块，提问类型及具体要求如表4-6所示。

表 4-6　自由面谈提问类型及具体要求

提问类型	具体要求
基本理论知识提问	这种提问主要是根据拟招聘岗位的需求及应聘者学历、专业等因素，对其进行发问，主要考查其理论知识掌握水平

（续表）

提问类型	具体要求
实际操作能力提问	根据应聘者以往的工作经验及岗位职责，对其进行提问，需要应聘者详细说明以往工作的具体操作流程，以便考核其实际操作能力
服从意识提问	应聘者的服从意识对于一个企业至关重要，如果员工处处与领导相悖，将严重影响工作进程。因此，面试官在自由面谈的过程中应对应聘者的服从意识进行了解
领导能力提问	也许某些应聘者只是应聘一普通岗位，但是其能力水平较高、能担重任，有成为领导者的实力，面试官可以就其领导能力进行提问，考查其领导能力或发展潜力，进而为企业储备更多管理人才
综合素质提问	对于应聘者的考查，不能仅仅局限在工作能力、技术水平上，还应该注重其综合素质，因为员工的综合素质较高，有助于形成良好的工作环境、制造愉快的工作氛围、提高团队合作能力等，进而为企业的可持续发展奠定基础
创新意识提问	创新是企业长远发展的核心，如果企业不具备创新意识，必将被市场淘汰。因此，在自由面谈中，要就创新意识及理念向应聘者提问，以考查其创新能力

②常见的自由面谈问题。在自由面谈过程中，大多数面试官会提出以下问题，具体内容如表 4-7 所示。

表 4-7 自由面谈问题示例

序号	问题示例	题目类型
1	你上一份工作的主要内容是什么，具体怎样操作	实际操作能力提问
2	在上一份工作中，你认为自己取得的最大成绩是什么	实际操作能力提问
3	请谈一下你对 ×× 理论的认识	基本理论知识提问
4	假如你的部门领导给你安排一项任务，你不喜欢，你会不会做	服从意识提问
5	你怎样看待 ×× 事件	综合素质提问
6	你对过去的工作有何改进意见	创新意识提问

（2）结构面谈提问设计

结构面谈由多名面试官按照预先设计的一套包括各种测评要素在内的试题向应聘者提问，并根据应聘者的回答，对其进行打分。在面试的过程中，一个题目可能包括一个或者几个测评要素，面试官应按照考评要素进行打分，并将应聘者的成绩汇总。

①结构面谈提问的设计流程。结构面谈的提问具有严谨的结构，其设计流程包括确定测评要素、针对测评要素设计题目、对设计题目进行排序，具体内容如图 4-3 所示。

确定测评要素	对招聘岗位要求的素质进行分析，确定测评要素 一般来讲，测评要素包括生理素质、心理素质和职业技能
针对测评要素 设计题目	针对每个测评要素设计问题，力求全面、准确地测试应聘者的素质 针对重点考查的测评要素，设计多个相关题目 一般来讲，关键事件行为题和情景题较多
对设计题目 进行排序	根据面谈的时间要求，将问题进行排列，以免面谈提问次序混乱 题目一般应先易后难，循序渐进，先熟悉后生疏，先具体后抽象，从 应聘者能够预料的问题出发，让其逐渐适应，展开思路

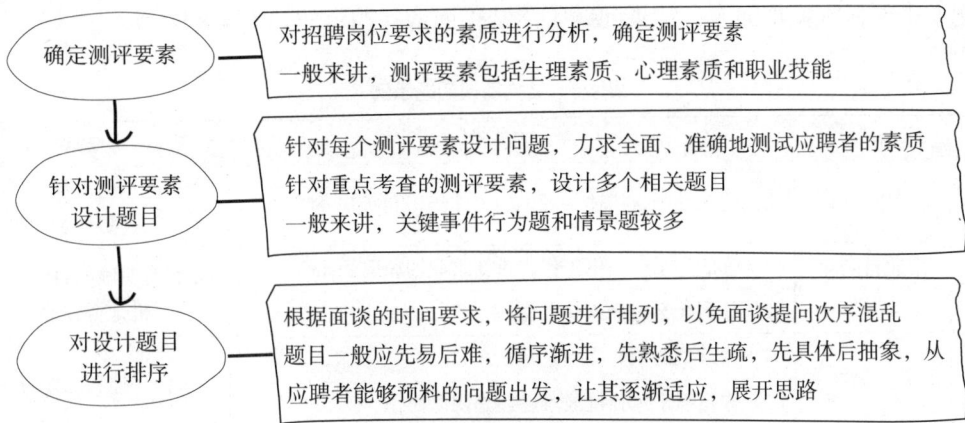

图 4-3 结构面谈提问的设计流程

②结构面谈问题的常见类型。一般来说，结构面谈问题的类型主要有背景性问题、逻辑思维性问题、知识水平考查性问题、工作经验性问题、情景模拟性问题、行为性问题和压力性问题，具体如图 4-4 所示。

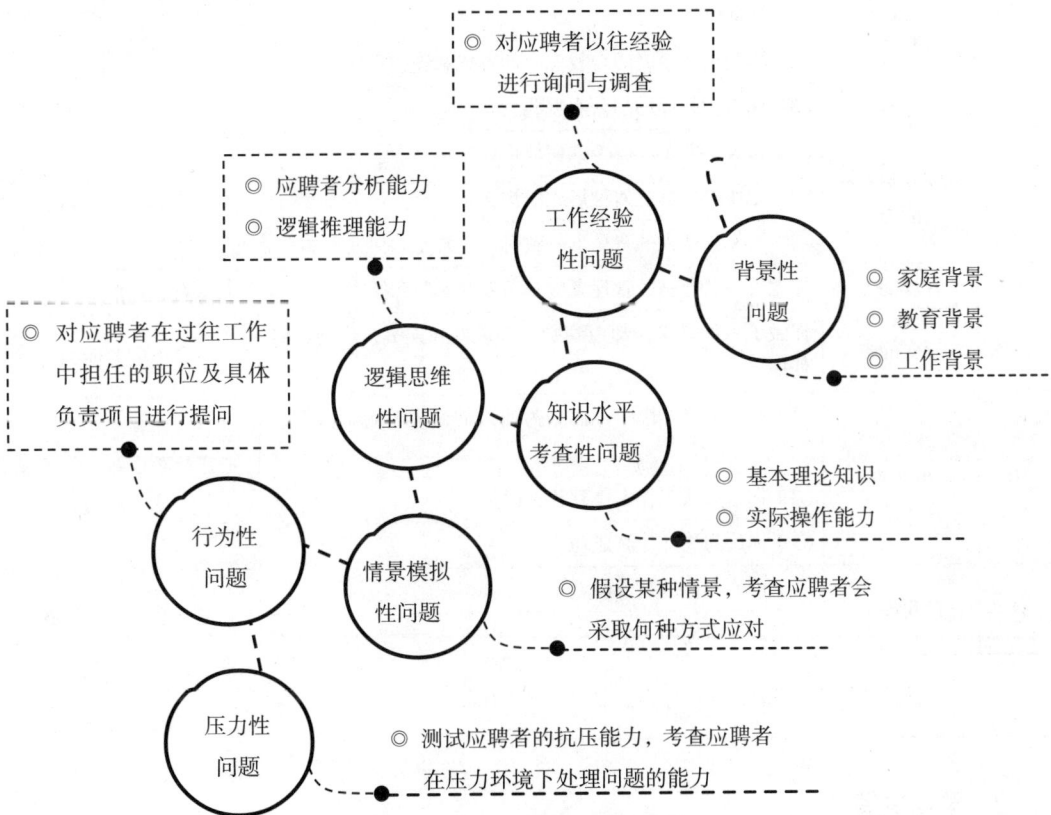

图 4-4 结构面谈问题的常见类型

③常见的结构面谈问题及考核点说明。企业结构面谈问题包括工作要求问题、工作知

识问题、工作样本模拟问题、情景问题等。结构面谈问题示例如表4-8所示。

表4-8　结构面谈问题示例

序号	类型	问题	考核点
1	工作经历	请用简练的语言描述一下你的工作经历和所获成绩	语言组织的流畅性、准确性、连贯性和逻辑性
2	求职目的和动机	（1）你放弃了上一份工作，重新求职的原因是什么	是否有明确的目的，动机是否合理
		（2）你为什么选择这份工作	
3	职业偏好	（1）你喜欢的职业类型是什么	工作兴趣和工作习惯
		（2）你习惯于单独挑战难题还是团队协作	
4	岗位胜任能力	（1）你有什么专长或擅长的技能	对比应聘者之间的优势及差异
		（2）应聘本岗位，你的优势是什么	
5	时间计划和管理	（1）你是如何准备本次面试的	时间安排的计划性和分配使用习惯
		（2）举例说明工作中如何安排事情的轻重缓急	
		（3）描述一个典型的工作日程安排	
6	自我学习	（1）如果企业打算开展一期培训工作，你希望得到哪方面的培训	工作进取心
		（2）你利用业余时间自我学习的方式和途径是什么	
		（3）你喜欢阅读的书籍有哪些	
7	人际关系处理能力	（1）家人、朋友和同事如何评价你	人际沟通能力
		（2）工作中你喜欢何种形式的沟通	
		（3）当你与他人的意见不一致时，通常是如何处理的	
8	管理能力	你觉得一名合格的管理者应具备哪些素质和能力	对综合管理能力的理解
9	应变能力	你做了一件好事，却遭到别人的讥讽和误解，你会如何处理	灵活应变能力
10	事业观	（1）在生活或工作中，你认为遇到的最失败的一件事是什么	心态是否成熟、价值观取向如何
		（2）你希望从工作中得到什么回报	
		（3）你认为怎样才算成功	
11	自我评价	（1）请说出你的三个优点	能否客观认识自我
		（2）请说出你的三个缺点	
12	个性特征	你平时都喜欢什么活动，有哪些业余爱好	是否能权衡工作与生活的关系

2．录用决策

（1）录用决策标准

在运用笔试、面试、评价中心等多种测试方法对应聘者进行选拔评估后，企业招聘人员应对应聘者在甄选过程中的表现进行综合评价和分析，判断每位应聘者所具备的素质和能力，然后根据预先确定的人员录用标准做出录用决策。

企业的录用标准不同，最终得出的录用结果也存在差异。一般的录用决策标准如表 4-9 所示。

表 4-9　录用决策标准

录用决策标准	相关说明
以人为标准	从人的角度，按每人得分最高的一项给其安排职位，这样做可能出现同时多人在该项职位上得分都最高，结果因只能选择一个而将优秀人才拒之门外
以职位为标准	从职位的角度出发，每个职位都挑选最优秀的人来担任，但这样做可能导致一个人同时被几个职位选中
以双向选择为标准	以人为标准和以职位为标准结合使用，因平衡了两方面的因素，所以现实可行，总体效果较好

（2）录用决策方法

在完成对应聘者的对比分析后，企业招聘人员应对照录用标准与录用计划，初步做出录用决策。常用的录用决策方法包含以下两种。

①诊断法。诊断法主要根据录用决策者对某项工作和承担者资格的理解，在分析应聘者所有资料的基础上，凭主观印象做出决策。此方法简单易行，成本较低，但主观性强。

②统计法。采用统计法时，要事先评价指标的重要性并赋予权重，然后根据评分的结果，用统计方法进行加权运算，分数高者即获得录用。此方法较诊断法更为客观、准确。

在采用统计法做录用决策时，应注意四点：招聘小组成员事先要形成统一的评价标准；在职位人选问题上有分歧时，应尊重用人部门的意见；因岗定人，即录用标准不应设定得太高，而应根据岗位说明书制定合适的录用标准；留有后备人选名额。

一般来说，企业做出初步录用决策的人选要多于实际需要的人数。因为企业做出初步的录用决策后，还要对初步确定的录用者进行背景资料调查和薪资待遇等问题面谈，这就有可能导致其中的一部分候选人最终被排除。

4．2．5　背景调查与录用通知书的发送

企业做录用决策前的员工背景调查是招聘工作中的重要环节之一，及时、全面而科学的背景调查有助于企业招聘目标的顺利达成。

1．背景调查

（1）背景调查的内容

①身份验证。对拟录用者的合法身份证明进行验证，如居民身份证、外籍人士居住

证等。

②学历、学位验证。对拟录用者的学历、学位信息进行验证。调查的主要目的是确认拟录用者的教育信息与其讲述的是否一致，是否存在虚假证件、虚假信息情况，一般通过教育部认证的查询网站进行验证。

③过往履历核实。拟录用者的过往工作经历包括拟录用者的离职原因、在职期间的工作表现、工作可靠度和尽责程度、曾经成功或表现出色的案例等，通过调查了解这些信息，及时将潜在的不合适人选排除在外。

④职业资质证书验证。对拟录用者的职业、技能等资质证书进行验证，如职业资格证书和专业资质证书等。

⑤社会记录查询，如法院民事诉讼及失信记录查询、负面社会记录查询、工作履历中的违规处罚记录查询等。

（2）背景调查的方法

①问卷调查法。问卷调查法又称"书面调查法"或"填表法"，是指企业以书面形式搜集有关拟录用者背景资料和信息的一种调查方法。

通过向被调查者（拟录用者背景信息相关的企业或个人）发出简明扼要的调查问卷，请求填写与拟录用者相关的问题，从而获得拟录用者背景调查资料和信息。

②电话调查法。电话调查法是指以通话的方式向了解拟录用者背景信息的相关人员咨询，以了解拟录用者实际情况的一种调查方法。

③网络调查法。网络调查法是指通过互联网的交互式信息沟通渠道来搜集与拟录用者相关的信息和资料的方法。网络调查法一般包含两种形式，即网络问卷调查和信息搜集统计。

④委托调查法。委托调查法是指企业通过与第三方专业背景调查机构合作，将拟录用者背景调查任务委托出去的方法。第三方背景调查机构完成拟录用者背景调查工作后出具调查结果报告，企业据此判断拟录用者背景信息的真实情况。

（3）背景调查的注意事项

①应多渠道、多角度调查拟录用者提交资料内容的真实性，切忌轻信片面之词。

②若拟录用者还未离职，向其所在企业进行调查时，应注意讲话的技巧和方式。

③调查要有针对性，应明确调查与工作相关的信息，并以书面形式保存记录下来，作为将来录用或辞退员工的依据。

④要选择在确定录用人选和拟录用人员上岗前的时间段进行员工背景调查，调查过早，会浪费招聘人员的精力，调查过晚，则会引起不必要的用工麻烦。

2．录用通知书发送

录用通知书是企业向拟录用人员发出的通知书，告知其已被录用的情况，是用人单位与拟录用人员签订正式劳动合同的"要约"，所以用人单位在发出录用通知书时应谨慎行事。

录用通知书一般是通过信函、电子邮件或电话等方式告知，并记载录用人员的职务、工作职责、薪资待遇等内容。

企业确定录用人选后，人力资源部应及时发出"员工录用通知书"。在录用通知书中，应该说明什么时候报到、到什么地点报到，以及如何到达报到地点和需要携带的资料等。

以电子邮件方式发放录用通知书的示例，扫描右侧二维码即可查看。

4．3 招聘复盘

4．3．1 招聘问题分析

招聘问题分析主要是对招聘结果、招聘成本和招聘方法等进行评估，并从中发现问题。一般在一次招聘工作结束之后，要对整个招聘工作做一次总结和评价，目的是提高下次招聘工作的效率。

1．招聘结果问题分析

招聘结果问题一般包括招不到人、招不到合适的人、招到的人不合适等。

招聘结果问题出现的原因可能存在于招聘过程的任一环节中，如对招聘计划的理解不准确、招聘方案实施有偏差、招聘标准执行不严格、招聘条件过于严格或宽松等。

2．招聘成本问题分析

招聘成本问题包含两个部分，即显性成本和隐性成本。

（1）显性成本

显性成本即为渠道成本、录用成本和附加成本。

①渠道成本，如招聘网站的套餐、猎头和人才机构的介绍费、校园招聘会成本、招聘广告投放成本、内推员工奖励等。

②录用成本，如人力成本、测评笔试成本、背景调查成本、办公用品损耗等。

③附加成本，如招聘安置成本、培训成本、招聘重置成本等。

（2）隐性成本

隐性成本即为时间成本和风险成本。

①时间成本，如简历筛选、沟通邀约、初试复试、评估反馈、背调签约等过程中花费的时间。

②风险成本，如机会成本、离职异动成本、错招带来的用工风险、岗位空置带来的业务损失等。

3. 招聘方法问题分析

招聘方法问题一般包括招聘方法不适用、招聘方法过于单一或过于复杂等。

招聘方法问题的出现大多是由于招聘人员对实际招聘工作的把握不够准确，专业性不足，知识、认识等欠缺导致的。

4.3.2 招聘能效评估

1. 招聘计划评估

招聘计划评估主要是参考事先制订的招聘计划来评估招聘各项工作的完成情况，这是招聘评估中最直接、最基础的工作。

招聘计划评估的核心内容主要包括以下四个方面：实际招聘人员数量和质量与计划预期的比较；各渠道招聘数量和质量与计划预期的比较；招聘实施程序与计划预期的比较；招聘工作指标完成情况与计划预期的比较。招聘计划评估示例，扫描右侧二维码即可查看。

2. 招聘费用评估

招聘费用是招聘能效评估中一个重要的评价指标。招聘费用评估是指对招聘中的费用进行调查、核实，并对照预算进行评价，找出其中科学的部分和不合理的部分，分析原因，以便今后制定更加合理的费用预算。

（1）招聘费用评估中的项目

招聘费用评估需要由企业人力资源部门主导，财务部门提供数据配合来完成。招聘费用评估主要是对招聘和录取新员工过程中的招募成本、选拔成本、录用成本、安置成本及适应性成本等进行评估，具体内容如表4-10所示。

表 4-10　招聘费用评估中的项目

评估项目	相关说明	相关评估指标
招募成本	在整个招聘活动中，企业为吸引应聘者而产生的成本，是随着招聘活动开始实施必然要发生的费用	直接劳务费、直接业务费、间接管理费、各类预付费用
选拔成本	在笔试、面试阶段对应聘者进行甄选、鉴别，以确定录用人选所发生的费用	选拔面谈的时间费用、汇总申请资料费用、考试费用、体检费等

（续表）

评估项目	相关说明	相关评估指标
录用成本	经过招聘选拔，最终确定合适人员而发生的费用	录取手续费、调动补偿费、搬迁费、旅途补助费等
安置成本	安置被录用员工到具体的工作岗位所发生的费用	各种安置行政管理费用、必要的装备费、安置人员时间损失成本等
适应性成本	适应性成本是企业在新员工正式上岗前对其进行企业文化、规章制度、基本技能等的培训所发生的费用	新员工培训期间机会成本、培训者培训期间机会成本、教育管理费、资料费、培训设备折旧费等

（2）招聘成本效用评估

招聘成本包括招聘活动所发生的各项费用。经过核算，如果招聘成本超出了招聘预算的合理范围，则企业应进一步分析超出预算的具体原因，制定相应对策，并在以后的招聘活动中对成本进行严格控制，以有效降低招聘的成本费用。

成本效用评估是对招聘成本产生的效果进行的分析。招聘成本效用评估常用指标及计算公式如表 4-11 所示。

表 4-11　招聘成本效用评估指标及计算公式

序号	指标	计算公式
1	总成本效用	$总成本效用 = \dfrac{录用人数}{招聘总成本}$
2	招募成本效用	$招募成本效用 = \dfrac{应聘人数}{招聘期间费用}$
3	选拔成本效用	$选拔成本效用 = \dfrac{被选中人数}{选拔期间费用}$
4	录用成本效用	$录用成本效用 = \dfrac{正式录用人数}{录用期间费用}$

（3）招聘成本收益分析

招聘成本收益分析既是一项经济评价指标，也是对招聘工作的有效性进行考核的一项指标。招聘成本收益越高，则说明招聘工作越有效。招聘成本收益评估指标及计算公式如表 4-12 所示。

表 4-12　招聘成本收益评估指标及计算公式

序号	指标	计算公式
1	招聘收益成本比	$招聘收益成本比 = \dfrac{所有新员工为企业创造的总价值}{招聘总成本} \times 100\%$

（续表）

序号	指标	计算公式
2	招聘投资收益率	$招聘投资收益率 = \dfrac{员工招聘净收益}{员工招聘总成本} \times 100\%$

3. 人员入职评估

招聘是一个双向选择的过程。企业最终确定的录用人员，有可能出于某些原因选择不入职。人员入职评估就是根据最终确定进入企业的人员相关资料所进行的招聘能效评估。人员入职评估的常用指标如表4-13所示。

表4-13　人员入职评估的常用指标

序号	指标	计算公式及相关说明
1	招聘完成率	公式：$招聘完成率 = \dfrac{实际招聘到岗的人数}{计划招聘人数} \times 100\%$ 说明：主要衡量招聘人员的到位情况，指标值越高越好
2	招聘录用比	公式：$招聘录用比 = \dfrac{录用人数}{应聘人数} \times 100\%$ 说明：招聘录用比越小，相对来说，录用者的素质越高；反之，录用者的素质越低
3	应聘比	公式：$应聘比 = \dfrac{应聘人数}{计划招聘人数} \times 100\%$ 说明：应聘比越大，说明招聘信息发布的效果越好，同时，也说明人员的素质可能比较高
4	录用成功比	公式：$录用成功比 = \dfrac{录用成功人数}{录用人数} \times 100\%$ 说明：录用成功比越大，说明录用人员的质量越高，企业用于招聘所投入的人、财、物获得了较好的回报
5	入职比	公式：$入职比 = \dfrac{入职人数}{录用人数} \times 100\%$ 说明：入职比越大，说明招聘甄选手段和方法越好，招聘效果也越好

某企业招聘评估报告案例和招聘工作总结案例，扫描下方二维码即可查看。

招聘评估报告　　　　招聘工作总结

4.4　招聘团队

4.4.1　团队职责分工

招聘团队是由为了实施企业人力资源战略规划、完成企业招聘任务而临时组合在一起的、积极协同配合、共同高效完成招聘工作的人员组成的。

招聘的成功实施，需要企业用人部门和人力资源部门的密切配合，尤其是招聘专业性较强的任职人员时，仅仅依靠人力资源部门很难招聘到合适人选。因此，一般情况下，招聘团队的成员应包括人力资源部门招聘人员、用人部门招聘负责人，以及企业中高层管理人员等。

1. 明确招聘团队成员的职责

招聘工作的关键环节主要是招聘前准备环节与招聘实施环节。人力资源部门在组建好招聘团队后，必须明确团队成员在这两个环节的职责分工，并明确相应的责任人，具体说明如表 4-14 所示。

表 4-14　招聘团队成员及其招聘职责

招聘团队成员	招聘职责	
	招聘准备环节	招聘实施环节
招聘专员	发布招聘信息 组织现场宣讲会 筛选应聘简历 通知候选人参加面试	组织笔试 记录面试过程 通知应聘者面试结果 应聘资料整理及归档
招聘主管	统计各部门招聘需求 确认招聘岗位及任职要求 编制招聘预算 拟订招聘计划	负责招聘初试 对应聘者表现进行评估
招聘经理	制订年度招聘计划 组织实施招聘活动 对招聘团队成员进行培训	负责招聘复试 为用人部门提供录用建议 确定各部门录用结果
用人部门负责人	提出本部门招聘需求 编写本部门专业笔试题	负责本部门应聘者的笔试、面试 确定本部门人员录用结果
企业高层管理人员	提出本企业招聘需求 编写笔试题	审核招聘计划 负责招聘的最终面试 确定最终录取人选

2. 明确招聘中人力资源部门与用人部门的分工

招聘团队的主要组成成员分别来自人力资源部门与用人部门，在招聘实施的整体过程中，这两个部门的人员各自分工且又有协调合作，具体分工说明如表 4-15 所示。

表 4-15　招聘中人力资源部门与用人部门的分工说明

人力资源部门招聘人员	用人部门负责人
分析招聘的外部环境因素，帮助用人部门分析招聘的必要性与可行性	确定本部门业务发展计划、人力规划与人力需求，负责招聘计划申请和报批
制订招聘计划，设计招聘中选拔、测试、评价的方法和工具，以及测试内容	编写招聘职位的工作说明书
策划制作招聘宣传或宣传海报，并联系各个合作院校，安排宣讲会进程	对应聘者的专业技术水平进行评判、甄选
负责简历等求职资料的登记、甄选和背景调查	负责编写专业笔试题
负责实施宣讲、通知面试、主持面试等工作	参与测试内容的设计和测试工作
为用人部门的录用决策提供咨询服务	做初步录用决策
负责试用期员工个人资料的核查，并确定其薪酬	参与新员工培训并负责其基本技能的辅导与训练
寄发录用通知书并为新员工办理体检、档案转移、签订三方协议等手续，组织新员工参加岗前培训	负责被录用员工的绩效评估并参与招聘评估
负责招聘效果评估以及招聘计划的修订	参与招聘计划的修订

4.4.2　完善招聘规范

招聘规范的构建与完善如表 4-16 所示。

表 4-16　招聘规范的构建与完善

事项	制度名称	制度内容		负责人
招聘计划管理	招聘计划管理制度	1. 市场人才需求调研制度 2. 招聘计划管理制度 3. 企业应急招聘工作制度	4. 年度用人需求预测制度 5. 招聘费用预算管理制度	人力资源部经理
招聘广告管理	招聘广告管理制度	1. 招聘广告设计工作制度 2. 招聘广告审核管理制度	3. 招聘广告发布制度 4. 招聘广告费用控制制度	招聘主管
招聘渠道管理	招聘渠道管理制度	1. 招聘渠道选择管理制度 2. 内部竞聘工作制度 3. 推荐介绍管理制度 4. 网络平台招聘管理制度 5. 校园招聘管理制度 6. 委托培养管理制度	7. 招聘渠道评估管理制度 8. 竞聘评审工作制度 9. 现场招聘管理制度 10. 网络社群招聘管理制度 11. 猎头招聘管理制度	招聘主管
简历筛选管理	简历筛选与通知管理制度	1. 简历筛选管理制度 2. 简历评估管理制度 3. 面试通知管理制度	4. 简历识别管理制度 5. 招聘通知制作制度	招聘主管
面试评审管理	面试评审管理制度	1. 笔试试题编制管理制度 2. 笔试考核管理制度	3. 面试试题设计管理制度 4. 面试实施管理制度	招聘主管

事项	制度名称	制度内容		负责人
人才录用管理	人才录用管理制度	1．背景调查管理制度 2．试用期考核管理制度	3．新员工入职引导管理制度 4．新员工转正管理制度	人力资源部经理

4.5　灵活用工

4.5.1　组织变革下的灵活用工

随着数字信息化技术的不断发展，国际市场上的"舞台聚光灯"正在逐步转向涌现出的新生数字化企业。

1．组织逻辑困境

数字信息化技术给企业带来的首要挑战是传统组织的思维逻辑的困境。

工业化时代，企业成功的要素由企业内部主导，产品的产量与生产效率取决于生产整体规模和生产分工，产品的生产成本与产量规模决定了生产绩效，进而很大程度上影响着企业利润与发展进程。

数字信息化技术对工业时代产生冲击。信息的传播加速，信息的获取变得更加容易，企业的生产和发展逐渐转向多方协同，非内部要素在企业发展进程中发挥的作用越来越大。

数字信息化改变着世界的运行模式，促使企业不断进行数字化变革。

2．数字化变革

企业的数字化变革不是短期、一次性的，而是全方位的、多层次的、立体性的，从人力资源管理到业务经营管理，从产品生产的起点至到达消费者手中，从"闭门造车"到全面协同，等等。

成立时间短、更年轻的企业数字化转型的难度低；成立时间长、相对传统的企业数字化转型困难。

服务型、平台型企业的数字化变革更加迅速；传统制造业、农业等数字化变革的速度相对缓慢。

3．灵活用工的发展

人力资源是企业的核心资源之一，这是企业组织发展中的重要部分。在数字信息化技术推动企业进行组织变革的当下，人力资源的运营和管理逻辑同样面临着变革。

企业的人力资源需求在数字化变革的潮流中出现了新的需求和发展要求，人力资源领域的边界发生了重大变化，人力资源需求外化逐渐发展成为一条产业链。

灵活用工的发展是除了全日制用工的标准劳动关系以外的适应数字信息化组织变革时代的自然产物，互联网平台的外卖员、快递员就是灵活用工的一种发展形式。

4.5.2 灵活用工现状与趋势

《劳动报》曾经对"灵活用工"做了一个综合性的定义，即"包含以非全日制用工为代表的时间上的灵活、以劳务派遣为代表的雇佣形式上的灵活、以业务外包为代表的服务形态上的灵活，以及以平台型用工为代表的就业形式上的灵活的用工方式"。

1．灵活用工的现状

从上面的定义可以得知，在当下，除全日制用工之外，其他用工关系都可以统称为"灵活用工"，如劳务派遣、非全日制用工、退休返聘、劳务外包、业务外包、业务合作、平台用工等。

灵活用工最为活跃的领域集中在大型互联网平台企业，主要分为两大部分。

（1）互联网平台经济模式

大型外卖平台的配送体系、直播电商平台的销售体系、知识付费平台的生产体系等，这些互联网平台经济模式中的相关员工本来就不是劳动关系的用工体系，灵活用工是更利于平台费用结算、转移相关义务、降低税负的用工手段。

（2）平台业务外包服务商

业务外包服务商是互联网平台的灵活用工业务的承接商，可以实现从员工招聘、培训、交付、管理到结算的一体化。

2．灵活用工的发展趋势

数字信息化推动了企业的变革，也一定程度上加速了灵活用工的发展。随着企业组织变革的进一步发展，灵活用工的未来发展将进入一个新阶段。

同时，中国的人口红利正在逐渐消失，老龄化问题的出现也进一步推动了产业转型升级，灵活用工有了更多的市场端需求和个人端需求。

随着经济的发展，人力资源成本不断上升，与全日制用工相比，灵活用工成为一种成本低且高效的模式。

灵活用工具备的优点，如降低企业成本、提升企业效率等，使其更加符合企业的人力资源市场需求。而这种非传统的"雇佣关系"，又进一步推进了灵活用工的快速发展。

灵活用工的模式已经被劳动市场接受，并且获得了广泛应用。但灵活用工并非一个法律概念，法律上并无明确定义，除"全日制用工"以外，法律只规定了"劳务派遣"和

"非全日制用工"用工方式的管理规范。灵活用工过于宽泛的概念和迅速发展带来的管理问题需要有关部门进行规范化管理。

4．5．3　企业灵活用工的岗位

灵活用工的模式被广泛应用于很多行业、很多企业中。以下是 12 种典型企业的灵活用工岗位，如表 4-17 所示。

表 4-17　12 种典型企业的灵活用工岗位

序号	企业	灵活用工岗位
1	外卖平台	骑手、配送员、维修员等各类业务员
2	直播平台	网络主播、UP 主（内容上传人）等各类内容生产者
3	培训机构	普通讲师、名师等培训人员
4	传媒公司	自媒体的招商人员、营销人员等
5	教育平台	线上教师、兼职教师等
6	医疗平台	在线问诊的医生等
7	物流平台	司机、配送员等
8	电商平台	推广返佣人员等
9	微商平台	推广返佣人员等
10	O2O 平台	线下接单人员等
11	支付平台	POS 机支付等各类支付方式、支付广告推广人员等
12	广告公司	美工、设计人员、中介人员等

4．5．4　企业灵活用工的管理

灵活用工目前已经成为一种常见的用工形式，可以帮助企业有效应对季节性、临时性、周期性的发展变革挑战，可以有效解决企业在发展过程中面临的用工成本问题。

但是，灵活用工中多变的用工时间和复杂的用工角色，同样给灵活用工的管理带来了一定的挑战。

1．管理规范

根据《中华人民共和国劳动合同法》和《关于非全日制用工若干问题的意见》等，企业可以参考法律规定的非全日制用工规范总结本企业的灵活用工管理规范，具体内容如表 4-18 所示。

表 4-18　非全日制用工规范总结

项目	规范内容	信息来源
概念	非全日制用工，是指以小时计酬为主，劳动者在同一用人单位一般平均每日工作时间不超过四小时，每周工作时间累计不超过二十四小时的用工形式	《中华人民共和国劳动合同法》第六十八条
合同形式及兼职规定	非全日制用工双方当事人可以订立口头协议。从事非全日制用工的劳动者可以与一个或者一个以上用人单位订立劳动合同，但是，后订立的劳动合同不得影响先订立的劳动合同的履行	《中华人民共和国劳动合同法》第六十九条
试用期规定	非全日制用工双方当事人不得约定试用期	《中华人民共和国劳动合同法》第七十条
劳动合同解除及补偿	非全日制用工双方当事人任何一方都可以随时通知对方终止用工。终止用工，用人单位不向劳动者支付经济补偿	《中华人民共和国劳动合同法》第七十一条
工资标准及支付周期	非全日制用工小时计酬标准不得低于用人单位所在地人民政府规定的最低小时工资标准。非全日制用工劳动报酬结算支付周期最长不超过十五日	《中华人民共和国劳动合同法》第七十二条
社会保险	1. 从事非全日制工作的劳动者应当参加基本养老保险，原则上参照个体工商户的参保办法执行。对于已参加过基本养老保险和建立个人账户的人员，前后缴费年限合并计算，跨统筹地区转移的，应办理基本养老保险关系和个人账户的转移、接续手续。符合退休条件时，按国家规定计发基本养老金 2. 从事非全日制工作的劳动者可以以个人身份参加基本医疗保险，并按照待遇水平与缴费水平相挂钩的原则，享受相应的基本医疗保险待遇。参加基本医疗保险的具体办法由各地劳动保障部门研究制定 3. 用人单位应当按照国家有关规定为建立劳动关系的非全日制劳动者缴纳工伤保险费。从事非全日制工作的劳动者发生工伤，依法享受工伤保险待遇；被鉴定为伤残 5~10 级的，经劳动者与用人单位协商一致，可以一次性结算伤残待遇及有关费用	《关于非全日制用工若干问题的意见》
劳动争议	1. 从事非全日制工作的劳动者与用人单位因履行劳动合同引发的劳动争议，按照国家劳动争议处理规定执行 2. 劳动者直接向其他家庭或个人提供非全日制劳动的，当事人双方发生的争议不适用劳动争议处理规定	

2．管理风险

近年来，我国灵活用工形式呈现迅速发展的趋势，特别是在外卖餐饮、超市配送、物流快递、社区服务等领域，使用灵活用工形式的用人单位越来越多。但是，灵活用工形式也存在一定的风险，用人单位应该采取适当对策加以规避。

灵活用工在日、周小时用工时上可能会突破标准，而在稍长的周期内却未超过上限标准，同时用人单位管理也可能不规范。这些给界定灵活用工的性质带来了困难，很多劳动者可能迫于就业压力而订立非全日制劳动合同。

灵活用工一般表现为松散型的劳动合作关系，劳动者对用人单位很少有归属感，用人单位也不会公平地对待劳动者。

目前灵活用工劳动关系法律规制较少，劳资双方对劳动关系的证据意识都比较淡薄。同时，如果政府部门对灵活用工劳动关系的监管力度不强，也会导致不规范行为的产生，劳资矛盾不断增加。

3．规避对策

（1）规范灵活用工时间标准的浮动上限和因素，既不能突破劳动者每日、月度内总的灵活用工劳动时间，同时也要适应用人单位实际用工需要。

（2）适度规范灵活用工行为，如签订书面合同和离职前的告知义务。

（3）加强证据管理。劳动者手握证据是对维护权益的有效支撑，用人单位手握证据则是避开法律纠纷的必要之举。

（4）劳动执法机构在实施监管职能时，应重点关注灵活用工员工名册、工资支付、出勤记录和工伤保险等信息，杜绝不切实际、不符规范的灵活用工劳动关系。

4.6 招聘外包

4.6.1 招聘合作方选择

为了提高招聘效率，企业在选择招聘合作方时，需要注意以下五个方面的内容。

1．查看招聘合作方是否具备开展人才服务的资质

只有具有营业执照的招聘合作方，才具备开展人才服务的资质。目前很多小型的招聘合作方都不具有开展人才服务的资质，它们要么是挂靠的，要么没有资质，这样的合作方很难找到企业要求的合适人选。

2．查看招聘合作方是否具有专业规范的操作流程

招聘合作方只有具备专业规范的操作流程，才能确保完成整个招聘过程。

3．查看招聘合作方是否在行业中具有竞争优势

通常情况下，招聘合作方具有的竞争优势包括专注行业优势、拥有人才数量优势等，如表 4-19 所示。

表 4-19　招聘合作方具有的竞争优势

竞争优势	相关说明
专注行业优势	从行业角度看，招聘合作方所开展的业务有专注一个行业的，如房地产合作方、酒店合作方、IT 合作方、金融合作方等，也有面向多个行业的。但不管哪种情况，优秀的招聘合作方对专注行业的企业的业务流程和关键职位的任职要求、业内薪酬水平等都有比较全面、深刻的了解

（续表）

竞争优势	相关说明
拥有人才数量优势	招聘合作方拥有越多的人才资源，越有利于帮助企业找到优秀的人才。例如，如果招聘合作方对行业内的精英如数家珍，对行业中的优秀企业都非常了解，那么可以作为候选对象；如果招聘合作方提供不真实的数据，建议企业尽量不要与其合作

4．考察招聘合作方是否能做到诚信和保守秘密

诚信和保守秘密是合作方行业最基本的行业准则，也是合作方从业人员最起码的职业道德。招聘合作方保守秘密的表现如表 4-20 所示。

表 4-20　招聘合作方保守秘密的表现

保守秘密的表现	相关说明
保守企业秘密	招聘合作方是否诚信的重要表现为是否会按照约定保守企业的猎取计划和其他相关的商业机密。即使不进行约定，招聘合作方也应该尽量防止企业信息外漏，这样做既是一种职业道德，也可以避免给企业和自身带来麻烦
保守被猎人才秘密	合作招聘人才大多数属于企业的高级管理人才或高级技术人才，如果招聘合作方不能够保守招聘人才的秘密，很可能会对招聘人才造成极大的伤害。优秀的招聘合作方能够很好地处理猎取和保密的关系，尽量减少猎取过程中可能出现的负面影响

5．考察合作方顾问是否有经验和能力

合作方顾问是合作方招聘的实践者，招聘合作方的相关情况会从整体上影响人才数量和素质，而招聘顾问的能力和经验则能够直接影响合作方招聘的效果。

优秀合作方顾问应具有以下六个特征：能够准确理解职位的需求；能够熟练使用各种网络工具并迅速找到人才线索；善于沟通和表达；有很强的人才甄别能力；有资深的人力资源背景和良好的教育背景；有过良好的成功案例和工作业绩。

4．6．2　招聘外包实施方案

某企业招聘外包实施方案的案例，扫描右侧二维码即可查看。

4．6．3　招聘外包流程管理

招聘外包流程管理如图 4-5 所示。

4．6．4　招聘外包绩效评估办法

关于招聘外包绩效评估办法，扫描右侧二维码即可查看。

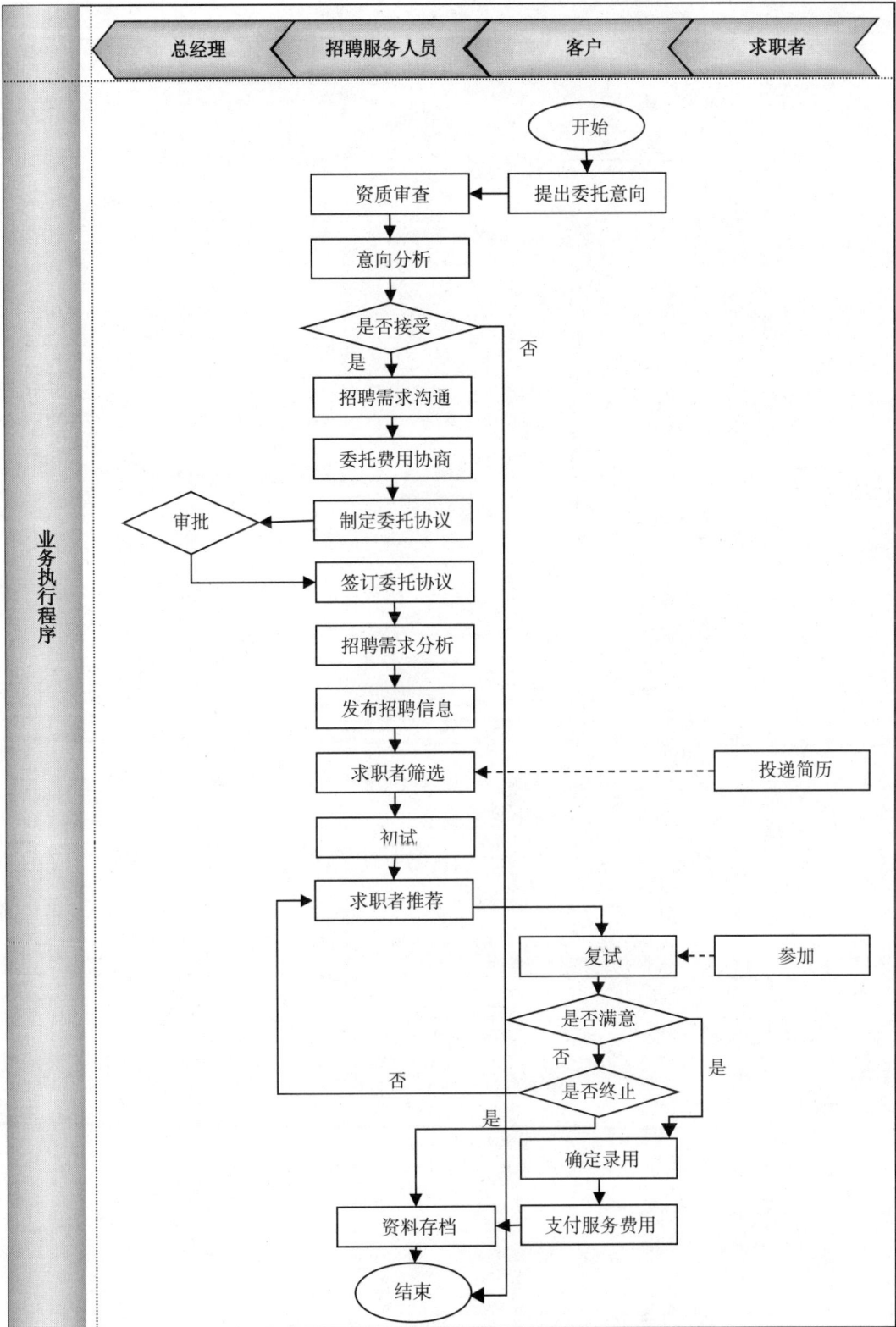

图 4-5　招聘外包流程管理

第5章
培训设计

5.1 培训计划

5.1.1 培训计划的制订

1. 培训计划的类型

培训计划是指对未来一定时间内将要进行的培训工作所做的事先安排。培训计划是做好培训工作的前提条件。按照不同的划分标准，培训计划有着不同的分类方式，常见的分类如下。

（1）按层次划分，培训计划可分为整体培训计划、部门培训计划和培训管理计划。

（2）按时间长短划分，培训计划可分为长期培训计划、中期培训计划和短期培训计划。

（3）按时间段划分，培训计划可分为年度培训计划、季度培训计划和月度培训计划。

2. 培训计划的内容

培训计划的内容包括培训目标、培训时间和地点、培训内容、培训负责人、培训对象、培训讲师、培训方法、培训场所和设备、培训考评方式、培训经费预算等。

3. 培训计划制订的步骤

培训计划直接影响着培训效果，其制订步骤如图5-1所示。

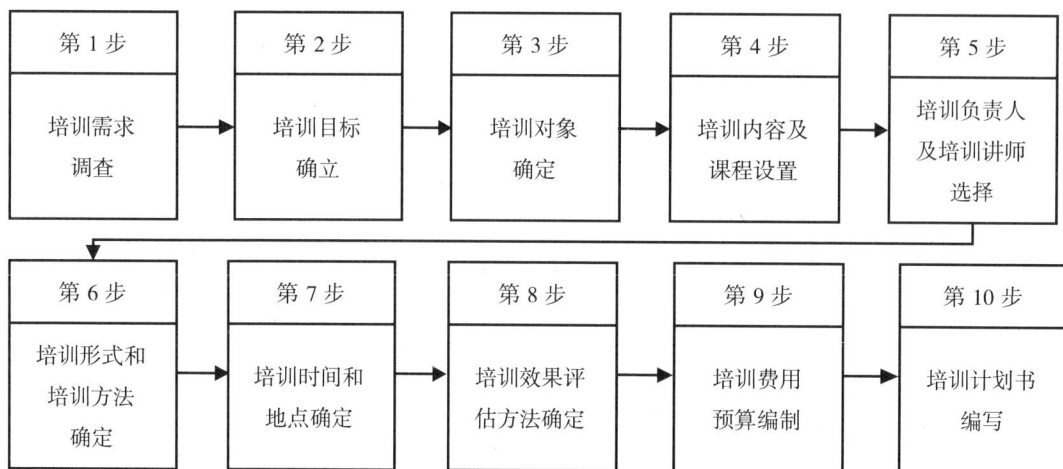

图 5-1　培训计划制订的步骤

5. 1. 2　培训费用预算

1. 培训费用的构成

培训费用构成分析是编制培训费用预算的基础。培训费用的构成及预算说明如表 5-1 所示。

表 5-1　培训费用的构成及预算说明

项目名称	费用具体内容	预算说明
场地费	休息室、培训教室、活动室、会议室、参观场地等费用	企业若有自己的培训场地，则分摊当年的折旧费用即可；若培训场地是租来的，则可能包括场地附带的培训设备费用
食宿费	住宿费、餐饮费等	企业下属单位和业务场所分散的情况下，由各下属单位或业务机构分摊
人工费	培训讲师酬劳、培训辅助人员工资、培训咨询费、培训设计费等	包括本企业培训讲师、培训运营管理人员及聘请的外部培训组织等相关人员的工资及酬劳
交通差旅费	乘坐公共交通工具产生的费用等	特指在培训期间发生的与培训运营相关的人员的交通差旅费
培训器材及教材费	培训讲义、练习册、培训课题横幅、白板笔、荧光笔、打印用纸等费用	在确定该部分费用预算时，主要需要考虑能预见的、有助于提升培训效果且不可缺少的部分

在人力资源部门的实践工作中，培训工作人员须根据本企业的实际情况和培训费用控制目标，尽可能地挖掘每一项培训费用支出，以便使费用预算尽可能贴近现实。

2. 培训费用预算总额确定方法

在确定培训费用预算的总额度时，人力资源部门需要考虑企业发展现状、发展潜力、培训需求、支付能力、竞争者的培训状况等因素，并选择合适的费用预算总额确定方法。

常用的培训费用预算总额确定方法有比例法、推算法、费用总额法、同行业比较法、人均预算法等，具体内容如表 5-2 所示。

表 5-2 培训费用预算总额确定方法

方法	说明
比例法	根据企业预期的销售额、工资总额、利润额及总费用预算等指标，从中核算出一定的比例作为培训费用预算
推算法	根据上一年度培训费用使用情况对本年度的培训费用进行推算，即针对上一年度的培训费用总额和企业的发展情况、人力资源开发情况等进行一定额度的增减
费用总额法	费用总额是指企业单独划定人力资源部门全年的费用支出总额，包括招聘费用、培训费用、社保费用、体检费用等，其中培训费用所占的额度由人力资源部门根据本企业培训情况自行确定
同行业比较法	参考同行业或优秀企业的培训费用预算情况，结合本企业的实际情况，估算出本企业的培训费用预算总额
人均预算法	事先确定企业内所有员工的人均培训费用预算额，再乘以在职员工总数，即可得出本企业的年度培训费用预算总额

3．培训费用预算编制步骤

企业培训费用预算编制步骤如图 5-2 所示。

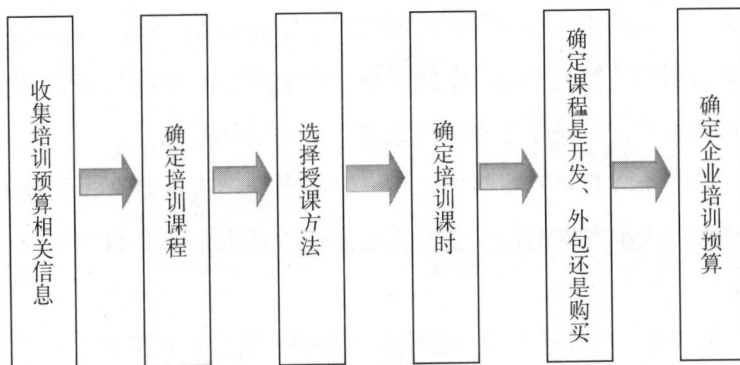

图 5-2 企业培训费用预算编制步骤

5．1．3 培训计划的执行

1．培训计划执行前的准备

（1）确定培训时间

企业一般会在新员工入职、企业技术革新、销售业绩下滑、员工升职、引进新技术、开发新项目、推出新产品时对员工进行培训。因为这些时间段是员工培训需求最为明显且非常需要培训的时候。

在具体培训日期的确定上，企业以不影响正常的业务开展为前提，一般会选择在销售淡季或生产淡季进行。对于新员工的培训，则选择在上岗前进行集中培训。

在确定好了培训时间以后，培训部还要对学员的培训日程做好安排，并形成正式文件发放给学员。表 5-3 是某集团信息部全体经理培训日程安排。

表 5-3　某集团信息部全体经理培训日程安排

培训日期	议题	报告人或讲师
___年___月___日（全天）	信息部经理预备会议	信息部总经理
	信息系统流程讲解	信息部总经理
___年___月___日（9：00—11：30）	信息系统与财务系统接口流程讲解	财务部经理
___年___月___日（13：30—17：30）	大客户导入工作回顾及讨论	外聘讲师
___年___月___日（9：00—11：30）	开店流程及各项工程验收标准讲解	外聘讲师、资深门店经理
___年___月___日（13：30—17：30）	各地区经验及技术交流讨论	各地区信息部经理
___年___月___日（全天）	信息部经理述职报告	各地区信息部经理

（2）选用培训场所

对培训讲师和学员来说，选择好培训场所是十分重要的。舒适的环境会令员工学习的效果更好。培训场所的选择要遵循一定的原则，即保证培训实施的过程不受任何干扰。企业在选择培训场地所时，需要综合考虑以下三个方面的因素。

①因素 1：培训场所空间要足够大，能够容纳全部学员并备有相关设施。一般来说，每个学员至少需要 2.3 平方米的活动空间，按照这个标准，一个 50 平方米的房间大约能容纳 22 名学员。

②因素 2：培训场所的电子设备、音响等条件应当符合培训的要求。

③因素 3：培训场所的室内环境和气氛会影响学员的情绪，继而影响培训效果。

（3）设计培训课程

企业应根据需要，选择设计出适合不同培训对象的专业培训课程。

（4）确定培训讲师

企业培训讲师既包括内部讲师，也包括外部讲师。为确保培训质量，无论是外部讲师还是内部讲师均应做好以下准备（见表 5-4）。

表 5-4　培训讲师准备项目

个人仪表设计	培训讲师的穿着应根据培训环境、内容、学员特点和要求等因素进行选择,避免标新立异,但要保证与培训对象有所区别
授课技巧和方法	好的授课技巧和方法是成功培训的一半,它能够吸引培训对象的兴趣和注意力。培训讲师常用激情讲解、幽默讲解、提问、与学员利益挂钩等方式来吸引培训对象
克服心理的焦虑	培训讲师站在学员面前,紧张和焦虑在所难免,通常情况下,培训讲师可通过深呼吸、自我介绍、事先预想潜在问题、了解学员信息等方式消除培训前的紧张和焦虑情绪

(5)选择培训方法

①企业应综合考虑培训目标、培训内容、学员的接受能力、学员的现有水平等诸多因素,选择合适的培训方法。企业常用的培训方法包括课堂讲授法、演示操作法、多媒体教学法、角色扮演法、游戏训练法等。

②针对不同的培训对象和不同的培训课程,培训者应采用不同的培训方法。表 5-5 对不同培训方法在培训目标的达成效果、学员接受能力方面做了简单比较。

表 5-5　不同培训方法所达到的培训效果比较一览表

方法	让学员获得知识	让学员改变态度	提高学员解决问题的能力	提高学员人际关系的处理能力	提高学员的接受能力	让学员记忆一些知识
课堂讲授法	效果良好	效果差	效果一般	效果差	效果差	效果很好
演示操作法	效果良好	效果差	效果一般	效果一般	效果差	效果很好
多媒体教学法	效果一般	效果一般	效果差	效果一般	效果一般	效果一般
小组讨论法	效果很好	效果良好	效果一般	效果一般	效果一般	效果良好
案例研究法	效果一般	效果一般	效果很好	效果一般	效果很好	效果一般
角色扮演法	效果良好	效果良好	效果良好	效果很好	效果良好	效果一般
游戏训练法	效果一般	效果一般	效果良好	效果良好	效果良好	效果差

(6)培训辅助设备的准备

培训辅助设备可以增强授课的效果,方便讲师讲解和通过不同的方式展示授课内容。在实际工作中,经常用到的辅助设备包括投影仪、电视录像、白色书写板、粘贴展板、磁性展板、图表、海报等。

（7）培训规定与纪律

培训的具体实施过程是一个教与学互动、讲师与学员相互沟通的过程。在这里讲师虽然发挥主导作用，但学员也是主角，学员是否积极地配合和响应讲师，营造互动的课堂气氛，在某种程度上影响着培训效果的好坏。

为了营造良好的互动气氛，需要对学员做出一些约束，制定一些培训规章。某企业培训记录及考勤规定示例，扫描下方二维码即可查看。

2．培训计划问题分析

培训计划问题分析如表 5-6 所示。

表 5-6　培训计划问题分析

序号	主要问题	解决措施	使用工具
1	培训场所选择与布置不恰当，可能使培训效果大打折扣，不能实现预定的培训目标	在培训场所选择与布置前，相关人员要先对培训对象的数量、特征、培训主题特点等进行分析，然后根据分析得出的结果进行选择与布置培训场地	培训对象特征分析表
2	企业培训预算编制依据的信息数据不足，可能使培训预算目标与企业培训战略规划、年度培训计划等脱节	企业应当建立培训预算编制工作规范，明确培训预算的信息依据、编制程序与方法、培训预算审批事项等	培训预算编制规范
3	具体培训项目的实施过程中，由于培训管理人员缺乏培训现场的控制能力，可能出现培训现场秩序混乱的现象	企业应当制定培训管理人员选择标准，以便能够选择出那些培训管理能力较强的人员，从而防止出现培训现场秩序混乱的问题	培训管理人员选择办法

某企业培训计划示例，扫描下方二维码即可查看。

5．2 培训课程开发

5．2．1 培训课程开发模型简介

1．ISD 模型

ISD（Instructional System Design）模型，即教学系统设计模型，是以传播理论、学习理论、教学理论为基础，运用系统理论的观点和方法，分析学习中的问题和需求，并从中找出最佳答案的一种课程开发模型。

ISD 模型的五个应用环节为培训分析、目标制定、策略制定、媒体选择和效果评价。

（1）培训分析

培训分析包含需求分析、内容分析和对象分析。

（2）目标制定

课程目标一般由三类目标组成，即认知目标、情感目标和技能目标。在制定培训课程目标时，应遵循 SMART 原则。

（3）策略制定

培训策略包括五个方面的要素，即培训教学活动程序、培训方法、培训教学组织形式、培训学习内容的传递顺序和培训教学媒体。

（4）媒体选择

培训媒体是在传播知识、技能和情感的过程中，储存和传递培训课程信息的载体与工具，包括视觉媒体、听觉媒体、视听媒体、多媒体及新媒体。培训媒体的选择要满足培训课程目标、课程内容、对象特征、培训条件四个方面的要求。

（5）效果评价

培训效果评价要以培训课程目标为依据，根据评价标准，运用一切有效的技术手段，对培训课程活动过程及培训结果进行测定、衡量，并给予价值判断。

2．ADDIE 模型

ADDIE 是 Analysis（分析）、Design（设计）、Development（发展）、Implementation（执行）、Evaluation（评价）五个英文单词的首字母缩写，相应表示五个应用环节。该模型是一种交互式的课程设计程序，任何一处的形成性评价都将引起课程开发者返回到前面的阶段，每一个阶段形成的结果都是另一个阶段开始新内容的条件。

（1）分析

分析阶段的五大内容为：培训需求分析、培训对象分析、现有培训资源分析、培训内容分析和培训环境分析。

（2）设计

设计阶段的七大要素是：谁（who）、何时（when）、何地（where）、为什么（why）、方式（how）、目标（what for）和内容（what）。

（3）发展

在分析设计的基础上根据培训对象特点和培训内容的要求，选择培训讲师，编制、开发培训资料，选择培训教学媒体，将设计的课程变成培训对象可以使用的教材。

（4）执行

执行阶段主要是通过各种不同的培训策略和形式，向培训对象传递培训课程内容。培训活动的实施要符合分析阶段分析出的培训对象的培训需求，特别注重对培训对象进行方法论的指导以及多样化的培训，从而实现培训教学活动从培训课堂到实际工作的延伸。

（5）评价

评价阶段贯穿培训教学设计过程的始终，并非完全独立于其他阶段。评价一般可分过程性评价和总结性评价两种。

3. HPT 模型

HPT（Human Performance Technology）模型，即人类绩效技术模型，是指通过确定绩效差距，设计有效益和效率的干预措施，以获得所期望的人员绩效。HPT 模型不再局限于对绩效因素的分类，而是致力于绩效差距的消除。

HPT 模型的五个应用环节为绩效分析、原因分析、干预选择与设计、干预实施与变革和评价。

（1）绩效分析

绩效分析是指进行组织分析及环境分析，找出组织期望绩效与实际绩效之间的差距。绩效分析主要有三大任务，即通过组织分析明确组织期望达到的绩效，通过环境分析明确组织的实际绩效水平，确定期望的绩效状态与目前所实现的绩效状态之间的差距。

（2）原因分析

原因分析的作用在于找出员工绩效低下与产生绩效差距的原因。一般情况下，产生绩效差距的原因主要有内部原因和外部原因两大类。外部原因包含环境和资源等，内部原因包含员工知识技能、工作动机等。

（3）干预选择与设计

干预选择与设计是指根据导致员工绩效低下的原因，选择或设计绩效干预措施。按照不同的分类方式或标准，可将干预分为两类，即教学（培训）干预和非教学（培训）干预。

（4）干预实施与变革

干预实施与变革是指有计划地执行干预措施。相关人员必须了解变革管理的推动技巧，并在此过程中提供相关咨询服务，建立沟通管道、网络关系及合作机制等，使员工能明确了解这些干预措施的目的与影响，使企业获取相关信息与协助。

（5）评价

评价可以分为四类，即形成性评价、总结性评价、确证性评价和元评价。评价不是整个模型的最终环节，而是贯穿于绩效技术的全过程。评价的最终目的在于指导和影响决策。

5.2.2　培训课程开发计划的制订

培训课程开发计划的制订主要包含五个部分，即执行主体、工作安排、工具支持、费用预算和风险规避。

1．执行主体

培训课程开发计划的执行主体根据企业自身情况确定，一般为课程研发专员、培训讲师、测评专员、培训专员、培训主管、培训经理、用人部门主管、人力资源总监、总经理等。

2．工作安排

（1）确定培训课程目标、目的

人力资源部根据员工培训后应达成的标准设置培训目标，并与员工沟通，明确培训课程设置目标，为培训课程对象、范围、内容的确定打下扎实基础。

（2）确定课程体系框架

课程研发专员确定课程体系框架，包括选择培训场地、课程安排、课程单元划分、课程费用核算。

课程研发专员在整体课程设计完成后，明确每个课程单元的授课材料、授课方法、授课内容。

人力资源部结合岗位职责、岗位能力需求，将能力模块转化为具体课程，对整体设计、课程目标和单元设计进行修订与评价。

（3）构建培训课程体系

人力资源部对各类课程进行整合后，构建课程体系。

（4）培训课程开发评价

人力资源部对课程开发的全过程进行判断和总结，确定培训课程开发的预期目标是否实现，并调查参与培训的员工对培训课程的满意度。

3．工具支持

培训课程计划表为培训课程开发计划的执行提供了有力的工具支持。该计划表细化了培训课程和培训进度。

4．费用预算

培训课程计划实施费用主要包括培训教材设计费用、课程研发专员劳务费、差旅费、通信费、办公费、培训教材影印费用、培训设备购买费用等。

5．风险规避

（1）预测计划实施过程中可能出现的风险

培训讲师能力有限、态度不端正、敷衍应付等，会导致员工培训效果不佳。课程单元划分不合理，有些课程单元包含较多学习重点，会使学员精力难以长时间集中。

（2）及时制定风险解决措施

例如，全程进行监督、检查，及时跟进培训进度和进行质量检查。在课程开发计划实施的初期与培训员工的部门经理协调，合理安排培训时间，提高员工培训参与率。在实施中期与讲师沟通员工的学习问题和难点。

5．2．3　课程开发流程设计

培训课程开发是根据培训需求开发和设计一项可操作的培训课程体系或者编制一套培训课程大纲及配套资料。培训课程开发流程设计如图 5-3 所示。

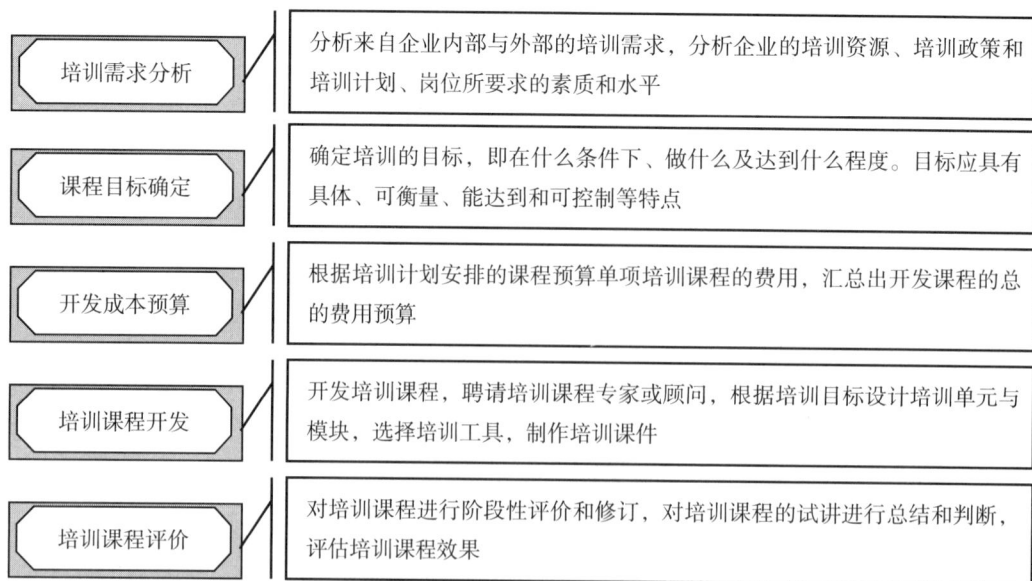

培训需求分析	分析来自企业内部与外部的培训需求，分析企业的培训资源、培训政策和培训计划、岗位所要求的素质和水平
课程目标确定	确定培训的目标，即在什么条件下、做什么及达到什么程度。目标应具有具体、可衡量、能达到和可控制等特点
开发成本预算	根据培训计划安排的课程预算单项培训课程的费用，汇总出开发课程的总的费用预算
培训课程开发	开发培训课程，聘请培训课程专家或顾问，根据培训目标设计培训单元与模块，选择培训工具，制作培训课件
培训课程评价	对培训课程进行阶段性评价和修订，对培训课程的试讲进行总结和判断，评估培训课程效果

图 5-3　培训课程开发流程设计

5.2.4 课程开发项目管理

1.成立项目小组

课程开发项目小组应由主开发人员和培训部及人力资源部相关人员共同组成。主开发人员必须是相关领域的专家，同时应具有一定的组织协调能力、写作能力和责任心。

构成项目开发小组的人员应该是互补型的，主要包含五类：项目小组管理、组织人员，熟悉培训专业知识的人员，教学经验丰富的人员，写作能力较强的人员，制作课件水平较高的人员。

通常情况下，大多数的项目成员没有经历过课程开发相关方面的工作，尤其对主开发人员来说，更是缺少这方面的知识和能力。

因此，在确立了课程开发项目之后，需要对成员进行相关培训，这是课程项目开发的重要环节。通过培训，要让开发人员明确开发的目的和要求，使开发人员的材料组织、教材编写等方面的能力得到提升，在此基础上再进行开发，从而提升开发的效果。

2.评估课程体系

评估课程体系的工具主要有柯氏四级评估模式和菲利普斯五层评估模式两种。

（1）柯氏四级评估模式

柯氏四级评估模式如表 5-7 所示。

表 5-7　柯氏四级评估模式

第一级 反应	重点：受训者满意程度	问题：受训者喜欢该项目吗？课程有用吗？有什么建议
	最低级别，感受和看法	评估时间：当场或课程一结束
第二级 学习	重点：知识、技能、态度、行为方式方面的收获	问题：受训者培训前后，各重点的掌握有多大程度的提高
	评估方式：书面测试，模拟情境，操作检验，学前、学后比较	评估时间：一般在培训现场或课程结束后进行
第三级 行为	重点：工作行为的改进	问题：培训后，培训者的行为有无不同？是否将培训知识运用到工作中
	是学习在工作中的转化	评估时间：课程结束后三个月
第四级 结果	重点：获得的经验业绩	问题：培训是否给企业带来收益
	反映培训的最终结果	评估时间：培训后半年或一年

（2）菲利普斯五层评估模式

菲利普斯五层评估模式如表 5-8 所示。

表 5-8　菲利普斯五层评估模式

反应和既定活动	评估学员对评估项目的反应及实施的计划
学习活动	评估技能、知识和观念的变化

（续表）

在工作中的应用	评估工作中行为的变化及对培训知识的确切应用
业务结果	评估课程项目对业务的影响
投资回报率	评估培训结果的货币价值及成本，用百分比表示

3. 控制项目进程

为了防范培训课程开发项目运作过程中可能发生的风险，避免或减少企业损失，应在课程开发项目运作过程中选取以下项目节点进行重点控制，如表5-9所示。

表5-9 项目控制节点选取

项目节点		
明确课程开发标准	确定培训课程内容	成立课程内容评估小组
开展课程需求调研	组织课程内容试讲	设计课程内容评估工具
进行课程整体设计	制定课程试讲方案	确定培训课程评价指标
进行课程单元设计	课程内容修改	编写课程内容评估报告
确定课程内容标准	制订教材编制计划	教材分发使用

对培训课程开发而言，每一个模块和子模块的任务完成都可视为一个关键点。要对开发过程中的关键点予以控制，特别是上一过程完成的结果直接导入到下一过程的输入时，要对上一个过程的结果进行评估，保证关键点得到控制，进而保证整体效果。

4. 评估培训成果

培训课程项目成果评估是在课程实施完毕后对课程全过程进行的总结和判断，重点在于确定培训效果是否达到了预期的目标，以及受训学员对培训效果的满意程度。

企业需重点把握四大评估对象和柯氏四级评估的四大方面。

（1）四大评估对象

①课程目标。评估课程目标是否具有针对性、课程目标是否进行了明确的量化描述、课程方法是否多元化。

②课程结构。评估课程内容结构的完整性和逻辑性，评估课程内容的难易度、正确性、实用性、适宜性和针对性。

③课程版面。评估课程版面设计、纸张成分、图表与文字的配合、图表及其配色的变化、课程适用说明是否齐全。

④课程表达。文法结构是否合理、文句是否流畅、概念说明是否准确、词汇的难度是否合理。

（2）柯氏四级评估的四大方面

①反映评估：检查学员对培训项目满意程度的评估，可以通过培训结束时的调查问卷

来检验。

②学习评估：衡量学员所掌握的知识和技能，可通过思想汇报或考试等方式来检验。

③行为评估：衡量学员所掌握的知识和技能是否运用到工作中，可以通过绩效考核来检验。

④结果评估：衡量培训是否对企业的经营成果产生影响，可以通过企业年度报表来检验。

5.3 培训实施

5.3.1 培训运营前的准备

1. 培训对象的划分

培训对象可按照培训层级或培训内容进行划分。划分依据不同，培训对象范围也存在很大差异。不同划分依据及相应的培训对象如表 5-10 所示。

表 5-10 培训对象划分依据

划分依据		培训对象	相关说明
按培训层级划分	高层	企业内部高层管理人员	现任的高级管理人员、企业未来的接班人及可能进入企业高层的有潜质的优秀管理人员
	中层	企业内部中层管理人员	高层管理人员和基层管理人员之间的若干个中间层次的管理人员，如部门经理、车间主任等
	基层	企业内部基层管理人员	在企业生产、销售、研发等生产经营活动第一线执行管理职能的管理者
		企业内部基层操作人员	企业内部从事具体业务操作的员工
		企业新入职员工	企业新进员工、到新岗位任职的员工
按培训内容划分	生产知识	生产相关工作人员	包括生产部经理、生产部主管、车间主任、生产调度人员、生产技术人员、生产工人等
	质量知识	质量管理相关工作人员	包括质量管理经理、质检主管、质量控制工程师、制程检验人员、成品检验人员等
	销售知识	销售相关工作人员	包括销售部经理、销售部主管、渠道主管、销售助理、客服人员、销售专员、销售代表等

（续表）

划分依据		培训对象	相关说明
按培训内容划分	采购知识	采购相关工作人员	包括采购经理、采购主管、供应商主管、采购计划专员、采购助理、采购专员等
	财务管理知识	财务审计相关人员	包括财务经理、会计人员、税务人员、审计人员、资金管理人员等
	技术知识	技术研发相关人员	包括技术经理、研发经理、技术主管、研发工程师等

2．培训方法的选择

企业培训按内容大致可分为知识培训、技能培训和态度培训三大类，各类培训可选择的培训方法如表 5-11 所示。

表 5-11　培训方法参照表

培训内容类型		可选择的培训方法
知识培训	涉及理论和原理、概念和术语、产品和服务、规章制度等的介绍，通过知识培训可促进工作实践并扩大知识面	课堂讲授、小组讨论、多媒体教学、案例研究等
技能培训	涉及生产与服务的实际作业和操作能力。这类培训要求学员自己动手实践，以便及时发现不正确或不规范的做法，及时加以更正	演示操作、角色扮演、案例研究、多媒体教学等
态度培训	涉及观念和意识的改变，以及言行和心态的改变	角色扮演、小组讨论、案例分析、游戏训练、多媒体教学等

3．培训时间的选择

（1）新员工入职培训时间选择

①入职培训应选择在新员工入职初期完成，以确保新员工认同企业文化、端正工作态度，燃起工作热情。

②新员工到岗后，各部门应组织相应的培训。由于新员工岗位职责、技能要求，以及部门培训计划等情况不同，所以培训时间的选择也有所差异。新员工部门入职培训时间应视各部门培训需求确定。

（2）生产人员培训时间选择

生产人员的培训时间一般选择在生产淡季、大批新生产人员上岗、竞争加剧、产品质量下降、引进新的生产流水线或新技术时等。

（3）销售人员培训时间选择

销售人员的培训时间一般选择在有大批销售人员新进入企业时、销售业务难以突破时、新产品刚刚上市时、销售市场同类产品竞争激烈时、需要采取新方法或新技术进行销售时等。

（4）技术人员培训时间选择

技术人员的培训时间一般选择在企业购买新设备或要研发新产品或准备上新的项目时、原有的技术有重大改进时、原有技术标准发生改变时等。

4．培训讲师的选择

培训讲师是培训的授课主体，对其的选择尤为重要。培训讲师的选择标准如表 5-12 所示。

表 5-12　培训讲师的选择标准

选择标准	相关说明
丰富的实战经验	培训讲师必须具备丰富的实践经验，全方位融合理论知识与管理实践，能够真正帮助组织解决实际问题
独立的课程开发能力	培训讲师必须具有独立的课程开发能力，能够根据组织的实际需求，开发并完善培训课程，使所传授的知识和技能保持实用性与先进性
相关领域的持续研究	培训讲师必须持续关注相关领域的最新发展，并不断学习和研究，以确保所讲知识符合培训对象的需要
一流的授课效果	培训讲师必须深刻理解成人学习的过程，灵活运用多种培训方式，善于把握和控制课堂气氛，使培训效果最大化
较强的授课能力	培训讲师应具有优秀的表达和演绎能力，以及良好的问题解答和辅导能力，以最大限度地吸引培训对象的注意力
良好的客户反馈	对接受过该讲师培训的组织进行调查，了解其所授课程的实用性、授课风格、培训效果等，只有得到客户认可的培训讲师方可进入候选名单

5．拟写培训通知

培训通知主要包括标题、培训对象、正文、落款与日期等内容，具体内容如图 5-4 所示。

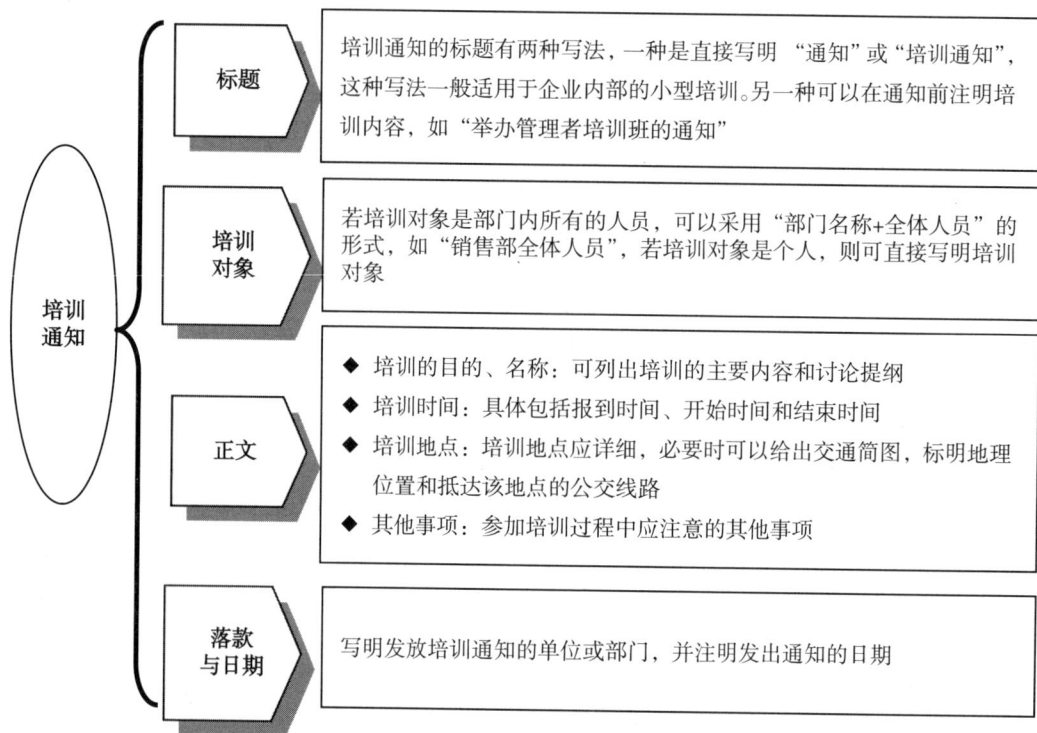

图 5-4　培训通知包含的内容

6.起草培训协议规范

（1）制定培训合同或协议

培训是企业的一种人力资本投资的行为，需要耗费一定的人力、物力、财力。为了保证企业的利益和培训为企业发展所用，同时也为了明确和保障企业与员工之间的权利和义务，企业有必要在进行培训前与相关部门或人员签订合同或协议。

（2）制定培训管理规范

培训实施前，培训部必须制定明确的培训纪律、行为规范，对培训组织管理者、培训讲师、培训员工等人员的行为进行约束，避免阻碍培训实施的行为出现。

7．不同培训场地的选择

企业选择的培训方式不同，培训场地也有所不同。不同培训方式培训场地的选择可参照表 5-13 所示的内容。

表 5-13　不同培训方式培训场地选择参照表

培训方式	培训场地
普通授课、小型会议研讨、多媒体及录像教学	优先选择在企业内部培训室，如果企业内部培训室无法满足培训需求时，也可以在酒店、会议中心进行

培训方式	培训场地
E-learning 培训	在企业内部专门培训室或线上进行
现场工作指导	在企业内部的工厂或技术研究室内进行
拓展训练	在户外或专业的拓展中心进行
外派培训、认证培训	在专业的培训机构进行

5．3．2　培训运营中的组织

1．开课前准备

（1）培训现场检查

开课前，培训部人员应提前到达培训现场，对培训现场布置情况、培训设备调试情况、培训现场卫生情况、培训材料准备情况等进行检查，如发现问题，及时处理，以确保培训准时、有序开展。

（2）培训签到管理

为了保证培训对象按时参加培训，培训部人员通常会设计培训签到簿，要求培训对象按时签到。但由于培训方式不同，签到的方式也存在一定差异。不同培训签到方式如表5-14所示。

表 5-14　不同培训签到方式

培训方式	签到方式
课堂讲授培训	簿式签到
会议研讨培训	簿式签到、证卡签到、工作人员代为签到、座次表签到
在线培训	通过计算机登录签到
户外拓展训练	由工作人员代为签到
外派培训	由外派培训机构工作人员代为签到
外包培训	由组织实施培训机构工作人员代为签到

（3）发放培训资料

培训实施过程中所需的部分授课资料，如教材、案例分析资料等，需要在开课前发放给培训对象。

2．课程导入

（1）课程导入内容

培训课程导入内容主要包括以下四个方面。

①能够引起学员对课程产生兴趣的内容。

②有利于帮助培训对象建立信任和善意关系的内容。

③有助于将培训对象的注意力集中到授课主题上的内容。

④预告性内容，如与培训主题相关的事件、问题、事实、现象、数据等。

（2）课程导入原则

培训课程导入应遵循以下三项原则。

①针对性原则。课程导入要紧扣培训目标，并根据内容特点采用多样化导入方式。

②启发性原则。课程导入内容要尽量生动具体，充分调动培训对象的学习兴趣。

③简洁性原则。课程导入时间不宜过长，一般以不超过五分钟为宜。

（3）课程导入方式

培训课程导入应遵循以下四种方式。

①通过问题、观点、事件、场景导入。

②通过故事、谜语、游戏导入。

③通过格言或歇后语导入。

④通过概念或数据导入。

3．培训现场督导

（1）现场巡视检查

开展培训现场巡视检查，是确保培训工作顺利实施的一种有效手段。培训现场检查的重点内容包括培训现场纪律情况、培训对象出勤情况、培训讲师出勤情况、培训场地安全情况等。培训部人员应根据规范的检查标准实施培训现场巡视检查。

（2）培训进程控制

尽管在培训实施之前，已明确培训日程安排，但在实施过程中，不可避免地会发生各种情况，这就需要培训部人员做好培训进程控制工作。

（3）突发事件处理

即使设计了周密的议程，培训中仍然充满了事先不能确定的因素。因此，培训部人员应当对培训中有可能突然发生的情况提前做好准备，尽量避免突发事件发生或尽量减小突发事件造成的损失。培训过程中，突发事件类型及处理办法如图 5-5 所示。

人员冲突		设备故障
培训组织管理部门与学员或讲师、讲师与学员、学员之间发生冲突时，培训组织管理部门应及时控制局势		培训支持管理人员应协助培训讲师和学员及时维修设备，或准备好备用设备，以保证培训顺利实施

安全事故
做好安全检查工作，消除安全隐患，有事故发生，应及时上报、妥善处理，并在事后总结教训

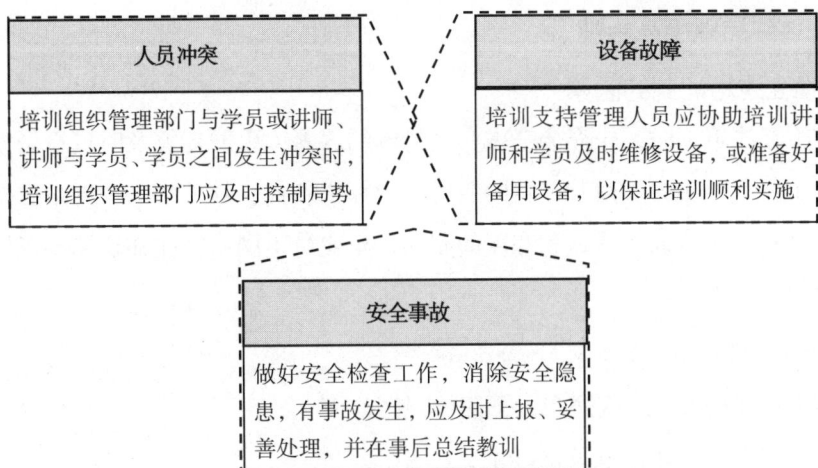

图 5-5　突发事件类型及处理办法

4．学员与讲师管理

（1）培训讲师管理

培训讲师负责培训课程的开发、培训知识和技能的讲授等工作，负责通过知识的共享和传播，提高企业员工的整体素质。培训讲师的主要职责如下。

①协助并参与员工的培训需求调研，了解员工培训需求状况。

②根据不同岗位培训需求，收集、整理相关资料，完成培训课程开发和设计工作。

③根据企业培训安排，完成所属培训课程的讲授工作。

④根据岗位具体特征，辅导培训对象制订培训后的工作改进计划。

（2）培训学员管理

培训学员是培训实施的对象，只有培训学员按时参加、积极参与培训工作，才能有效达成培训目标。因此，培训部应做好培训学员管理工作，具体的管理内容如图 5-6 所示。

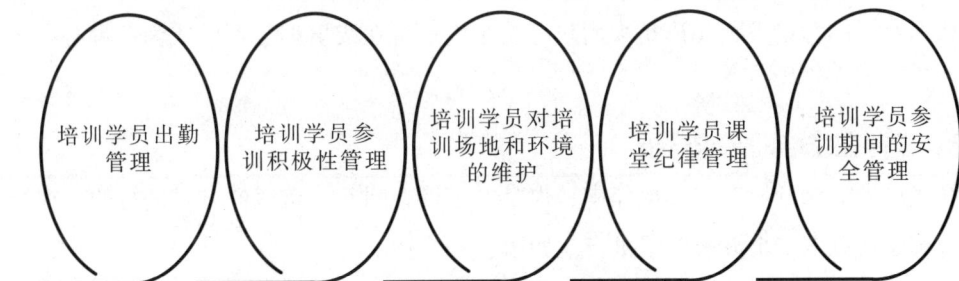

培训学员出勤管理　培训学员参训积极性管理　培训学员对培训场地和环境的维护　培训学员课堂纪律管理　培训学员参训期间的安全管理

图 5-6　培训学员管理

5.3.3 在线培训运营实施

1．明确在线培训制约因素

企业实施在线培训时，应充分考虑实施的制约因素，以便能够及时进行调整。具体制约因素有：企业资金实力及运营经费的制约，计算机硬件、软件水平及网络支持技术的制约，企业员工对在线培训的认识和态度的制约，企业员工网络操作知识及多媒体软件应用水平的制约。

2．避免在线培训实施误区

企业实施在线培训时，应避免以下四种误区。

（1）在线培训就是课程电子化

在线培训并非简单地将课程电子化，学习管理平台也不是简单地用于安装系统和发布课程。无论是课程还是平台，都应以学员为导向，充分考虑运用各种手段去满足学员的要求。

（2）在线培训就是替代面授培训

在线培训并不能完全取代面授培训，在线培训与面授各有自身的优势，只有将二者有机结合，通过混合式学习，才能取得更好的学习和培训效果。

（3）在线培训实施主导权错位

很多企业的在线培训实施不是由需求部门如培训部门或人力资源部门主导的，而是由IT或信息技术部门来主导的，导致在线培训实施一味强调技术指标，而忽略了其真正目的。在线培训是一个学习平台，也是一个学习体系，更是一种学习方式，因此绝不能简单地将其等同于一个系统或一项技术。

（4）只有大型用户才适合实施在线培训

一开始在线培训实施主体主要集中在金融、石化、电信等领域用户，但在知识与网络经济快速发展的背景下，无论是大用户还是小用户，在线培训学习已成为一种必备的学习方式。

3．进行在线培训需求分析

在线培训需求分析在实际操作中，也是通过调查问卷、访谈的方式进行的。在线培训需求分析要从以下三个方面着手进行，如图5-7所示。

可行性 分析	（1）分析企业规模、资金实力，分析将来改变经营方向的可能性，分析企业可能的经营领域
	（2）调查分析实施在线培训可能需要花费的资金，以考虑后期的成本问题
	（3）计算建设或引进在线培训所需的费用
内外部环 境分析	（1）调查企业人力资源规划体系、培训现状
	（2）分析企业标准化、规范化程度及整体管理水平
	（3）调查企业网络建设情况
	（4）调查企业计算机技术及应用的普及程度
	（5）分析员工职位发展体系及薪酬激励政策
员工个 人分析	（1）调查分析员工年龄结构、学历结构、职能层次、学习习惯等
	（2）调查员工计算机操作及应用软件使用能力
	（3）调查员工参加在线培训的态度
	（4）调查分析员工的个人工作绩效
	（5）调查员工个人发展需求

图 5-7　在线培训需求分析

4．做好在线培训实施准备工作

企业实施在线培训之前应做好以下五项准备工作。

（1）根据学员规模、课程特点，分析数据流量，选择购买合适的服务器；根据稳定性、可靠性、性价比要求，选择不同档次的计算机硬件设备，并考虑数据存储、备份的必要性。

（2）搭建网络学习平台、购买网络通信设施，联系网络运营商。

（3）选择购买合适的应用软件，并需要考虑软件的兼容性。

（4）充分利用现有的课件资源。

（5）上述软硬件条件具备之后，就需要聘用专业的网络技术人员，只有他们才能保证在线培训系统的顺利运转。

5．实施在线培训

（1）学员提交培训申请

学员提出相关项目的培训申请，由服务器接受处理收到的信息，再通过显示器由讲师向学员提供需要的培训内容。

（2）选择在线培训模式

企业经常采用的在线培训模式主要有两种，即直接交互授课和网上自主学习。两种模式的优缺点如表 5-15 所示。

表 5-15　直接交互授课和网上自主学习的优缺点

在线培训模式	简介	优点	缺点
直接交互授课	授课、学习异地同步进行	现场感强，师生可以通过网络进行交流；可及时解决学习过程中的问题	成本高，对设备、通信线路的稳定性及技术服务要求很高
网上自主学习	通过互联网或企业专网点播网上课程，实现异地异时培训	非常灵活，是企业网络学习的主要方式	解决问题具有滞后性

（3）自动生成试卷、自动评分并进行网上评估

学员每次参加完在线课程培训后，培训部应对学员的培训效果进行及时评价。在线培训系统能自动生成试卷、自动进行评分和评估。

（4）建立学员的培训成绩档案及培训历史记录

学员答完题后，若合格，方可进行下一步的阶段培训；若不合格，需要重新接受相同课程的培训，直到合格为止。同时，在线培训系统对每一位学员的培训成绩、培训历史都有详细记录。

5.4　培训评估

5.4.1　培训评估的内容

培训评估是指运用科学的理论、方法和程序，从培训项目中收集数据，确定培训项目的价值和质量的过程。建立培训评估体系有助于检验培训的最终效果，规范培训运营团队的行为。培训评估的内容如表 5-16 所示。

表 5-16　培训评估的内容

评估内容	内容说明
学习成果评估	◆ 学习成果评估是指人力资源部对参训员工的学习成果进行评估 ◆ 评估项目包括培训课程测试，参训员工的工作态度、工作方法、工作绩效的提升情况
培训组织管理评估	◆ 培训组织管理评估是指人力资源部对培训组织者的项目实施情况进行评估 ◆ 评估项目包括培训时间安排、培训场地选取、培训器材准备情况、培训现场监督和指导情况

（续表）

评估内容	内容说明
培训讲师评估	◆ 培训讲师评估是指人力资源部对培训讲师的培训情况进行评估 ◆ 评估项目包括授课内容、授课形式、授课方法、授课技巧等
经济效益评估	◆ 经济效益评估是指人力资源部对培训为企业带来的直接经济效益和间接经济效益进行评估 ◆ 评估项目包括核对预算、投入产出比、因培训得到的经济效益

5.4.2 培训评估的模型

在培训评估过程中，常用的培训评估模型主要有五个，即柯氏四级评估模型、考夫曼五层次评估模型、CIRO 评估模型、CIPP 评估模型、菲力普斯五级投资回报率模型。

1. 柯氏四级评估模型

柯氏四级评估模型是目前应用最为广泛的培训效果评估模型，它具有简单、全面、较强的系统性和操作性等特点。柯氏四级评估模型的四个层次如表 5-17 所示。

表 5-17　柯氏四级评估模型的四个层次

评估层次	评估内容
反应评估	学员对培训组织、培训讲师、培训课程的满意度
学习评估	学员在知识、技能、态度、行为方式等方面的学习收获
行为评估	学员在工作过程中态度、行为方式的变化和改进
结果评估	学员在一定时期内取得的生产经营或技术管理方面的业绩

在运用柯氏四级评估模型进行培训效果评估时，不同的培训评估层次可以适用不同的评估方法。各个层次的评估内容和方法如表 5-18 所示。

表 5-18　柯氏四级评估层次的评估内容和方法一览表

评估层次	评估方法	评估时间	评估部门/人员	优缺点
反应评估	1. 访谈法 2. 观察法 3. 问卷调查法 4. 电话调查法 5. 综合座谈法	培训结束时	企业人力资源部	1. 优点：简单易行 2. 缺点：主观性较强，容易以偏概全，很容易因为学员的个人喜恶而影响评估结果
学习评估	1. 学员演讲法 2. 提问法 3. 笔试法 4. 角色扮演法 5. 撰写学习心得等	培训进行时、培训结束时	企业人力资源部	1. 优点：对学员和讲师造成一定压力，使之更好地学习和完成培训 2. 缺点：测试方法可信度、测试难度是否合适，对工作行为转变并非最好的参考指标

（续表）

评估层次	评估方法	评估时间	评估部门 / 人员	优缺点
行为评估	1. 问卷调查法 2. 行为观察法 3. 绩效评估法 4. 360 度评估法 5. 管理能力评鉴法	培训结束三个月或半年后	学员的直接上级主管	1. 优点：可直接反映培训的效果，使企业高层和主管看到培训效果后更支持培训 2. 缺点：实施有难度，要花费很多时间和精力，因员工的表现多因多果，难以剔除不相干因素干扰
结果评估	1. 生产率 2. 离职率 3. 客户市场调查 4. 成本效益分析 5. 360 度满意度调查 6. 个人与组织绩效指标	半年或一年、两年后员工及企业的绩效评估	企业人力资源部	1. 优点：量化翔实、令人信服的数据，不仅可以消除企业高层对培训投资的疑虑，而且可以指导培训课程计划，将培训费用用到最能为企业创造经济效益的课程中 2. 缺点：耗时长，经验少，目前评估技术并不完善，且多因多果，简单的数字对比意义不大，必须分辨哪些结果是与培训有关的，有多大关联

2．考夫曼五层次评估模型

考夫曼扩展了唐纳德·L. 柯克帕特里克的四层次模型，他认为培训成功的关键在于培训前各种资源的获得，因此他在模型中加上了对资源获得可能性的评估，并将其放在模型的第一个层次中。

考夫曼还认为培训所产生的效果不应该仅仅对本企业有益，它最终会作用于企业所处的环境，从而给企业带来效益。因此，他又加上了一个层次，即社会和客户的反应评估，从而形成了五个层次。考夫曼五层次评估模型的五个层次如表 5-19 所示。

表 5-19　考夫曼五层次评估模型的五个层次

评估层次		评估内容
1	可能性和反应评估	可能性因素说明的是针对确保培训成功所必需的各种资源的有效性、可用性、质量等问题
		反应因素旨在说明方法、手段和程序的接受情况与效用情况
2	掌握评估	用来评估学员的学习能力情况
3	应用评估	评估学员在接受培训之后，将培训内容运用到工作中的情况
4	企业效益评估	评估培训为企业带来的效益情况
5	社会和客户的反应评估	评估社会和客户的反应等情况

3．CIRO 评估模型

CIRO 评估模型是由沃尔（Warr）、伯德（Bird）和雷克汉姆（Rackham）构建的。CIRO 模型的四个字母分别代表模型中的四项评估活动，即背景评估（Context Evaluation）、输入评估（Input Evaluation）、反应评估（Reaction Evaluation）、输出评估（Output Evaluation）。CIRO 评估模型属于过程性评估模型，其模型说明如表 5-20 所示。

表 5-20　CIRO 评估模型说明

阶段评估	阶段评估任务	阶段评估任务说明
背景评估	确认培训的必要性	1．收集和分析有关人力资源开发的信息 2．分析和确定培训需求与培训目标
输入评估	确定培训的可能性	1．收集和汇总可利用的培训资源信息 2．评估和选择培训资源——对可利用的培训资源进行利弊分析 3．确定人力资源培训的实施战略与方法
反应评估	提高培训的有效性	1．收集和分析学员的反馈信息 2．改进培训运作程序
输出评估	检验培训的结果	1．收集和分析与培训结果相关的信息 2．评价与确定培训的结果

4．CIPP 评估模型

CIPP（Context-Input-Process-Produce）评估模型，可译为"背景—输入—过程—成果"评估模型，该模型是由美国的斯塔弗比姆于 1967 年提出的。

（1）CIPP 评估模型说明

CIPP 评估模型是将培训项目本身作为一个对象进行分析，它强调评估在各个阶段的应用，目的是及时发现问题并进行解决。CIPP 模型也属于过程性评估模型，其模型说明如表 5-21 所示。

表 5-21　CIPP 评估模型说明

阶段评估	阶段评估说明
背景评估	该阶段评估的主要任务是确定培训需求及设定培训的目标，具体内容包括了解相关环境、分析培训需求、鉴别培训机会、制定培训目标等
输入评估	该阶段评估的主要任务是评估培训资源和培训项目，具体内容包括收集培训资源信息、评估培训资源、评估项目规划是否有效地利用了资源、是否能够达到预期目标，以及是否需要外部资源的帮助等
过程评估	该阶段评估主要是通过评估，为实施培训项目的人员提供反馈信息，以使他们能在后续的培训过程中进行改进和完善
成果评估	该阶段评估主要是对培训是否达到预期目标进行评估，具体内容包括学员的满意度、知识和技能的增加、行为的改善及个人和组织绩效的提高等

（2）CIPP 评估模型特点

CIPP 评估模型具有全程性、过程性和反馈性三大显著特点，具体内容如图 5-8 所示。

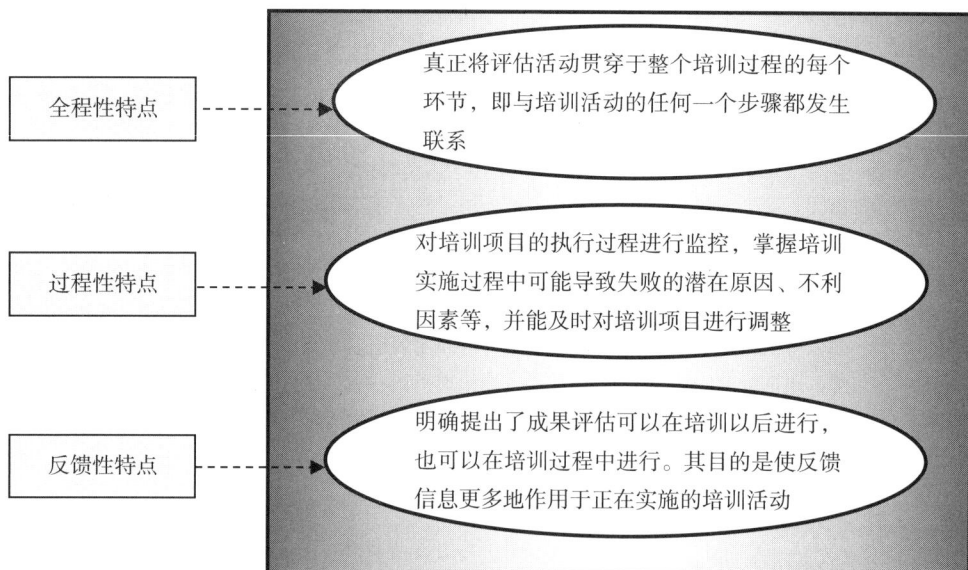

全程性特点 ┈┈→ 真正将评估活动贯穿于整个培训过程的每个环节，即与培训活动的任何一个步骤都发生联系

过程性特点 ┈┈→ 对培训项目的执行过程进行监控，掌握培训实施过程中可能导致失败的潜在原因、不利因素等，并能及时对培训项目进行调整

反馈性特点 ┈┈→ 明确提出了成果评估可以在培训以后进行，也可以在培训过程中进行。其目的是使反馈信息更多地作用于正在实施的培训活动

图 5-8　CIPP 评估模型特点

5．菲力普斯五级投资回报率模型

1996 年，菲力普斯提出了五级投资回报率模型，该模型在唐纳德·L.柯克帕特里克的四层次模型上加入了第五个层次，即投资回报率。这样就形成了一个五级投资回报率模型。

第五层次评估是培训结果的货币价值及其成本，常用百分比表示，重点是将培训所带来的收益与其成本进行对比，来测算有关投资回报率指标。

由于投资回报率是一个较为宽泛的概念，可以包含培训项目的任何效益，这里将投资回报率看作培训项目的成本和效益相比后得出的实际价值。该模型是目前比较常用的一种培训成果评估方法。

该模型实施的前提条件是学员的年效益可量化，对于那些年效益无法量化的培训，采用该模型就很难操作了。

5．4．3　培训评估的方法

培训评估的方法主要包括问卷调查法、访谈评估法、直接观察法、小组讨论法、笔试测试法、操作测试法、成本收益法、加权分析法、实验设计法等。

1．问卷调查法

问卷调查法是培训评估的常用方法，即借助事先设计好的调查问卷，在培训结束后向培训主体或受训对象了解培训效果相关信息的方法。

问卷调查法执行的关键点是针对调查对象和调查目的设计一份有效的调查问卷，包括受训学员调查问卷和培训讲师调查问卷。

2．访谈评估法

访谈评估法是指访谈者与一个或多个受访对象直接进行交谈，以了解受访对象对培训的态度和看法的方法。访谈包括正式访谈和非正式访谈、个别访谈、团体访谈、电话访谈、面对面访谈等。该方法灵活性强，适应性强，且方便执行。

此方法执行的关键点在于事先设计好一套完善的访谈清单，将需要访谈的问题一一列明。

3．直接观察法

直接观察法是指评估者通过在培训中对受训学员进行观察，以发现其反应，及其在培训后工作中的具体表现来进行评估的一种方法，即通过对比培训前后的业绩来了解培训的效果。

此方法执行的关键点在于对观察内容进行完整、准确的记录，最好边观察边记录。

4．小组讨论法

小组讨论法是指将所有学员集中到一起开座谈会，在座谈会上，每个学员陈述自己通过培训学到了什么，以及如何应用到实际工作中的一种方法。该方法一般在培训结束后马上进行。

此方法执行的关键点在于编制座谈提纲，营造一个畅所欲言的环境，尽量给每个学员陈述自己所学、所得、所感的机会。同时要严格按计划执行，目的明确，中心议题集中。

5．笔试测试法

该方法是对受训学员的知识掌握情况进行评估的一种方法，一般在培训结束后实施。笔试结果作为学员考核是否通过的依据。

6．操作测试法

操作测试法是指对学员掌握的技能、技术的熟练程度进行评估的一种方法，即通过对学员实际操作过程的掌握程度来测试其受训效果。此方法适用于技能方面的培训。

该方法执行的关键点在于对学员在操作测试中要表现的动作进行事先规定，包括动作标准、时间间隔、生产定额等内容，需要随时记录被测试学员在测试过程中的具体表现的指标数据。

7.成本收益法

成本收益法是通过分析培训成本及培训所带来的各项硬性指标的提高，计算培训的投资回报率，从而对培训效果进行评估，这是一种比较常见的定量分析方法。运用成本收益法对培训进行评估涉及两个公式。

公式一：培训收益 = $(E_2-E_1) \times N \times T$

其中，E_1、E_2分别代表培训前后的每个学员的年效益，N代表参加培训的总人数，T代表培训效益可持续的年限。

公式二：投资回报率（ROI）= 培训收益 ÷ 培训成本 × 100%

如果计算出来的ROI数值小于1，则培训收益低于培训成本，表明此次培训没有收到预期的效果，或者企业存在的问题不能通过培训解决。用此公式计算的前提条件是每个学员的年收益可量化。

利用此方法的关键点在于准确计算培训成本费用，包括培训相关资源成本、培训相关人员成本。

8.加权分析法

该方法是对培训效果进行定量分析的方法之一，培训人员首先就培训评估内容建立指标体系，确定相应的权重并划分不同的等级，然后对结果进行统计分析。

9.实验设计法

为了更好地对培训的有效性进行评估，使评估结果更加科学，培训组织人员和培训讲师可以通过一些实验设计来对培训效果进行评估。

实验设计法是采用严谨的实验控制情景，对实验组、控制组进行实验研究，并运用统计法分析实验结果，验证培训效果的方法。

5.4.4 培训评估报告

在对培训相关数据和信息进行整理、分析后，评估人员应结合学员的考核结果等撰写培训评估报告，并逐级向上级报告。

1.培训评估报告的类型

培训评估报告主要分为个人培训评估报告、部门培训评估报告和企业培训评估报告三种类型。

个人培训评估报告，亦称员工培训评估报告，其处于微观层面，但是不容忽视。员工是培训的实际参与者，通过个人培训评估报告，员工可以指出哪些培训对自己的工作确有裨益，哪些无意义。同时，可以说明通过参加培训给个人工作带来了哪些影响，并提出相关的意见和建议。

部门培训评估报告处于中间层面。接受培训的部门最了解自己在工作中会产生哪些培训需求，通过培训又会带来哪些影响。因为部门是员工工作表现的第一观察者，最为了解培训结束后员工工作绩效的变化。

企业培训评估报告处于宏观层面，其主要从培训战略管理的角度来总结企业培训的评估结果，并通过培训总结和评价对企业未来的培训工作做出规划与调整。

2．培训评估报告的内容

培训评估报告的内容主要包括评估工作阐述、评估统计结果和评估结论建议三个方面。

（1）评估工作阐述

评估工作阐述是指在撰写培训评估报告的正文之前，对所进行的培训评估工作的组织和实施情况进行说明。评估工作阐述的主要内容包括培训评估背景、培训评估人员、培训评估程序三个方面，具体如表 5-22 所示。

表 5-22　评估工作阐述的主要内容

序号	工作阐述	具体内容
1	培训评估背景	详细阐述培训评估工作开展的背景，即培训评估工作是在什么样的环境下进行的，并说明其目的、作用和意义
2	培训评估人员	详细介绍参加此次培训评估工作的相关人员和培训评估小组人员的构成情况，并说明培训评估人员安排的理由
3	培训评估程序	说明开展此次培训评估工作所遵循的流程及工作程序，以及采用的培训评估方法、遵循的原则和相关标准等

（2）评估统计结果

依据培训项目组织方式的不同，培训评估结果可以分为以下三种类型，即培训预算评估结果、委托方评估结果和培训管理评估结果。

①培训预算评估结果

培训预算评估结果主要是对培训费用的使用情况进行评估，详细列出每一笔培训费用的使用情况，并说明实际运用效果，总结培训预算评估情况。

②委托方评估结果

委托方评估结果是指参加培训的学员、部门或者单位等对于培训组织和效果的总结与评价，具体内容如表 5-23 所示。

表 5-23　委托方培训评估

负责人：　　　　　　　　　　　　　　　　　　　　　　　　　日期：＿＿年＿月＿日

序号	评估项目	评价具体内容
1	培训课程评估	
2	培训管理评估	
3	培训讲师评估	
4	培训成果分析	
5	培训不足之处	
…	……	

③培训管理评估结果

培训管理评估结果是指对培训组织实施管理工作进行总结和评价，具体内容如表 5-24 所示。

表 5-24　培训管理评估

负责人：　　　　　　　　　　　　　　　　　　　　　　　　　日期：＿＿年＿月＿日

序号	评估项目	评价具体内容
1	培训资源分配	
2	培训时间管理	
3	培训工具准备与检测	
4	培训对象调查与评估	
5	培训现场督查管理	
6	培训明显不足之处	
7	培训最大收益之处	

（3）评估结论建议

培训评估结论建议主要包括评估结论、问题分析、评估建议、培训调整四个方面的内容，具体如图 5-9 所示。

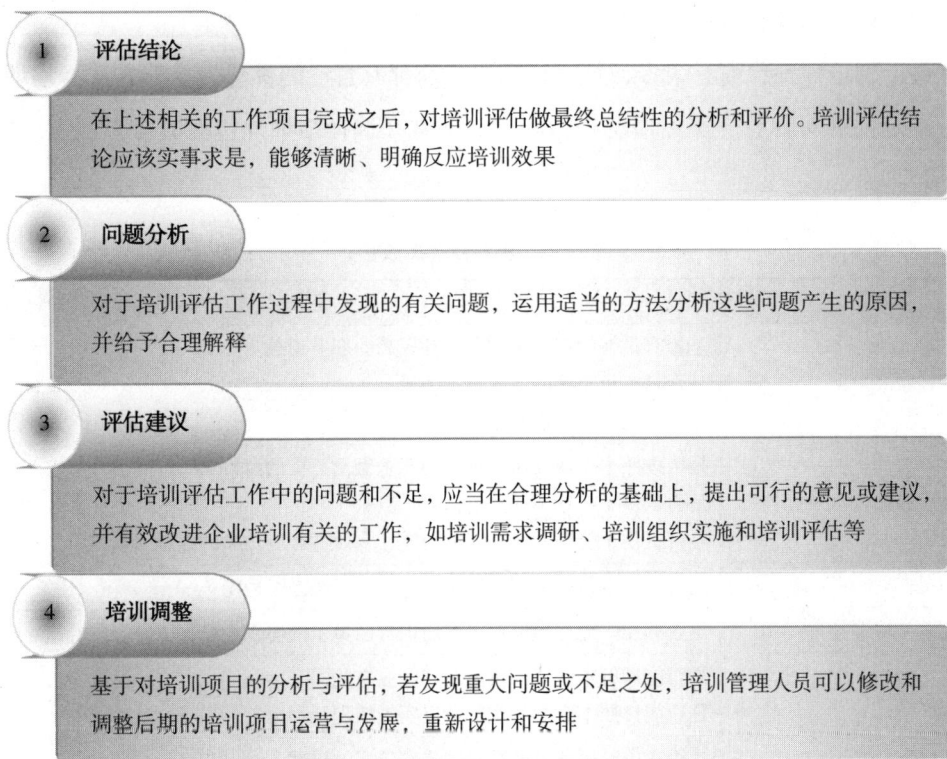

1	**评估结论**	在上述相关的工作项目完成之后，对培训评估做最终总结性的分析和评价。培训评估结论应该实事求是，能够清晰、明确反应培训效果
2	**问题分析**	对于培训评估工作过程中发现的有关问题，运用适当的方法分析这些问题产生的原因，并给予合理解释
3	**评估建议**	对于培训评估工作中的问题和不足，应当在合理分析的基础上，提出可行的意见或建议，并有效改进企业培训有关的工作，如培训需求调研、培训组织实施和培训评估等
4	**培训调整**	基于对培训项目的分析与评估，若发现重大问题或不足之处，培训管理人员可以修改和调整后期的培训项目运营与发展，重新设计和安排

图 5-9　培训评估结论建议的内容

5.5　培训外包

5.5.1　培训外包前的关键事项

1．进行可行性分析

企业进行培训外包之前，培训部应对外包项目进行可行性分析，并提交详细的培训外包可行性分析报告，经企业高层审核批准后执行。

2．选择培训外包商

培训外包是指将制定培训体系、设计培训课程、选择培训讲师、确定时间表、培训实施管理、培训课程评估等核心内容外包出去的一种培训方式，一般包括年度培训外包和专项培训外包两种。

年度培训外包是指企业根据战略目标及人力资源战略，将培训战略规划和年度培训计划全部外包给培训服务商。

专项培训外包是指企业根据培训目的，将某一模块的培训外包给培训服务商。

（1）培训外包商选择标准

社会上的培训外包商有很多，每家培训服务商都有自己的优势，企业在选择培训外包商时，一定要针对自身的实际情况进行筛选。通常在选择培训外包商时应参照六个标准，如表 5-25 所示。

表 5-25　外包商选择标准

选择标准	具体要求
资质与经验	是否有足够的业界资源积累和较高的职业道德 是否具有较丰富的业界培训经历 是否专注于本行业的培训
专业程度和业务水平	是否按照本企业项目计划书的要求做出正确的解答 是否提供了一些不相关的信息、数据 是否提供了能证明长期以来持续、有效益和有效率的业绩资料
财务情况	是否能提供信用证明，以了解其财务情况是否稳定
人员招聘与培训能力	是否拥有一套完善的招聘与培训自己员工的体系
共同的价值观	是否能理解本企业的价值观和企业文化 是否能按照本企业的实际情况实施培训计划
客户口碑	是否在曾经服务过的客户中具有较好的口碑

（2）培训外包商选择步骤

企业选择培训外包商的六大步骤如图 5-10 所示。

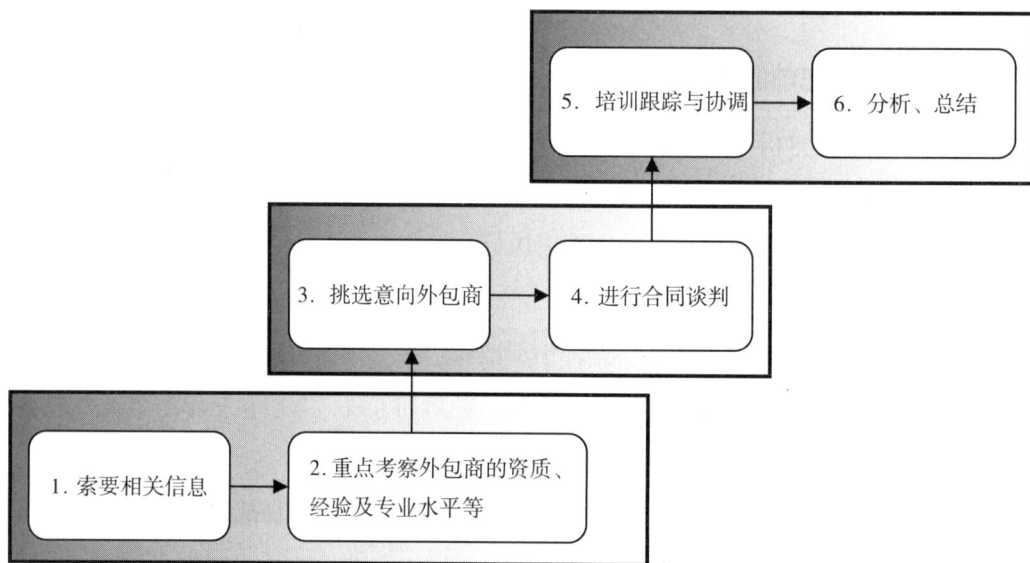

图 5-10　培训外包商选择的六大步骤

3．签订培训外包合同

确定培训外包商后，企业应与其签订培训外包合同，明确双方的责任与义务。

4．培训外包风险控制

企业应在做好培训需求分析的同时，根据企业的实际情况，选择适合企业的培训方式。如企业需要进行培训外包，应选择合适的培训服务商，并及时与服务商沟通，以规避培训外包风险，增强培训效果。培训外包风险可以从以下四个方面进行控制，如图 5-11 所示。

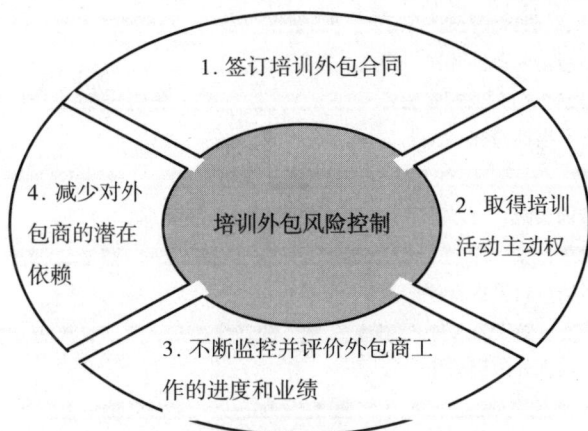

图 5-11　培训外包风险控制的四个方面

5．5．2　培训外包中的关键事项

1．培训课程审核

企业培训部对外包商选取的培训课程进行审核时，常用的五个审核标准如图 5-12 所示。

图 5-12　培训课程审核的五个标准

2．培训外包的实施

（1）培训外包项目的合作流程

企业与确定合作的培训外包商签订外包合同之后，就要着手准备实施培训外包项目，此时应了解培训外包项目的合作流程，具体如图5-13所示。

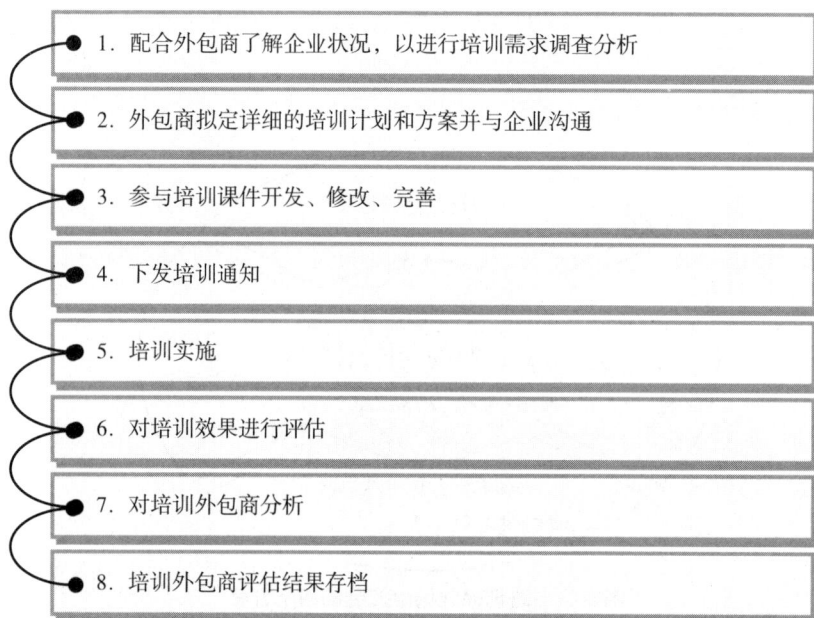

1．配合外包商了解企业状况，以进行培训需求调查分析

2．外包商拟定详细的培训计划和方案并与企业沟通

3．参与培训课件开发、修改、完善

4．下发培训通知

5．培训实施

6．对培训效果进行评估

7．对培训外包商分析

8．培训外包商评估结果存档

图5-13　培训外包项目的合作流程

（2）项目组织与实施前的准备工作

培训部根据外包商的培训计划和方案，协助做好培训前的准备工作，主要包括以下三项内容。

①确定培训场地，准备好相关工具设备。

②编制参训人员名单及培训通知。

③制定培训预算，提出资金申请。

（3）培训实施监督

培训实施过程中，培训部负责人应积极协助培训外包机构做好培训工作，维护培训现场纪律，督促受训人员做好课堂笔记。

3．培训外包监督

通过对企业培训外包项目的监督，使企业培训效果达到预期目的，实现培训效果收益最大化。在培训项目外包之后，企业还要定期对服务费、成本及培训计划等进行跟踪监控，以确保培训计划执行的效果。

（1）培训外包监督内容

培训外包监督内容主要包括五个方面。

①培训项目数量与质量的监督，即监督培训项目的数量与质量是否按照预计的标准执行。

②培训课程内容的监督，包括课程内容设计的难易程度、实用性与适用性，对受训者培训需求的解决程度，能否为受训者解决实际工作中遇到的困难等。

③培训讲师授课技能的监督，主要包括教学质量、教学效果、工作态度、授课技巧和课程内容的熟练程度等。

④学员反映的监督，主要监督学员在受训过程中的表现，如是否与讲师配合互动、对受训内容的理解程度、对课时长短的满意程度等。

⑤对培训外包商服务的监督，主要监督外包商在培训执行前后及培训进行中的服务跟踪情况，是否保证了培训工作的正常开展，有没有遇到突发问题及有碍培训效果实施的事件。

（2）培训外包监督方法

在培训执行期间，企业可以通过某些规定和方法来间接监控培训过程，以确保培训质量。常用的培训外包监督工具有以下三种，如图 5-14 所示。

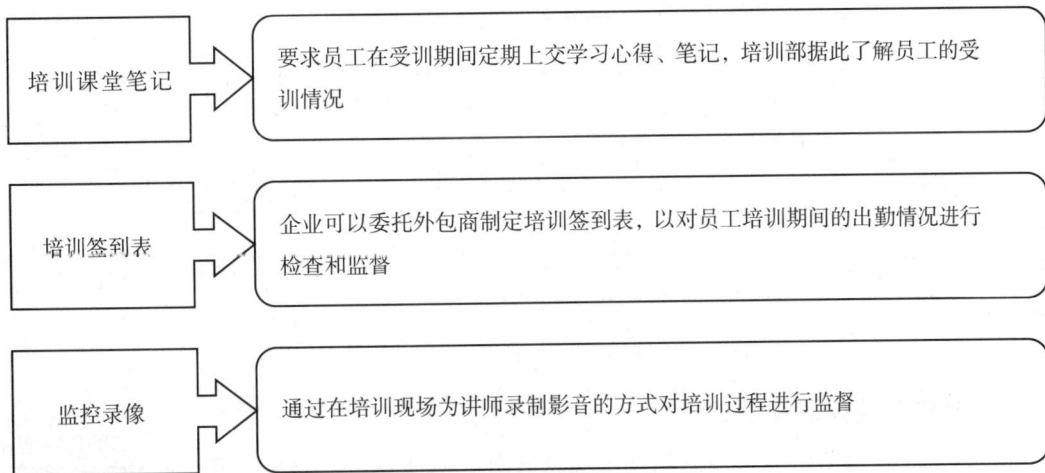

培训课堂笔记	要求员工在受训期间定期上交学习心得、笔记，培训部据此了解员工的受训情况
培训签到表	企业可以委托外包商制定培训签到表，以对员工培训期间的出勤情况进行检查和监督
监控录像	通过在培训现场为讲师录制影音的方式对培训过程进行监督

图 5-14　培训外包监督工具

4．培训讲师评价

针对培训讲师的评价，企业一般会采取问卷调查的方式对受训学员展开调查，然后对问卷进行分析。在培训结束一段时间后，企业会对受训学员的工作绩效和企业运营情况进行总结，以观察培训效果，并对培训讲师进行评估。外包培训讲师评价表示例，扫描右侧二维码即可查看。

5．5．3　培训外包后的关键事项

1．培训外包项目评估

培训外包项目评估主要针对外包培训项目组织实施情况进行评价，以便企业培训部能更好地与外包商合作。培训外包项目评估表如表5-26所示。

表5-26　培训外包项目评估表

培训外包商		培训项目				
培训方式		培训时间				
评估项目	评估要点	评估标准与分数				
		5分（很满意）	4分（满意）	3分（一般）	2分（差）	1分（较差）
需求分析	准确到位					
课程设计与安排	课程内容组织符合逻辑，易于学习					
	课程难易适中					
	所学知识在工作中能得到应用					
培训方式	适合					
培训内容	实用性强					
培训讲师水平	专业水平高、经验丰富					
培训时间安排	与工作时间协调相当					
培训场地	很适合学习					
培训设施	所需设施齐备，状态良好					
后勤相关服务	服务周到					
综合得分						
综合评价						
改进的意见或建议						

2．培训外包项目总结

培训外包项目结束后，企业培训部应及时对外包项目进行总结，并编写培训外包项目总结报告。培训外包项目总结报告示例，扫描右侧二维码即可查看。

5．5．4　培训外包运营管理规范

培训外包运营管理规范示例，扫描右侧二维码即可查看。

第6章
薪酬设计

6.1 薪酬调查

6.1.1 薪酬调查对象与范围

薪酬调查是薪酬设计中的重要组成部分，它主要解决的是薪酬的外部竞争性问题。

1. 调查的对象

企业选择薪酬调查的具体对象时，一定要坚持可比性的基本原则，即在选择被调查的具体企业时，要选择雇用的劳动力与本企业具有可比性的企业，最好是选择与本企业有长期竞争关系的企业或同行业类似的企业。

2. 调查的范围

在确定调查对象后，就要界定调查的范围，即针对确定的调查岗位，要对哪些企业进行调查。在界定调查范围时，可参考以下三个方面的内容。

（1）业务竞争性

目标企业的业务要与企业自身开展的业务一致或密切相关，确保属于同行业并存在一定的竞争关系。

（2）规模全面性

要注意所选择的目标企业的规模与自身企业规模是等体量的、大体量的，还是小体量的。为了更全面、客观地了解外部市场，应选择不同体量的代表企业，以了解同一就业岗位的具体薪酬差异。

（3）地域一致性

目标企业的地域环境或经济环境要一致，尽量是同一地区的，或者是相似人口规模和消费水平的，这个可以参考国家对于地区行政级别的划分或者以国家统计局发布的上一年度居民社会平均工资作为参考依据。

6.1.2 薪酬调查方法与程序

1．薪酬调查方法

（1）问卷调查法

问卷调查法是最常用的数据收集方法，其具有简单易行且成本较低的特点。企业可以根据实际需要，灵活地进行问卷的设计。根据调查对象及调查目的可以将问卷调查分为内部调查和外部调查两种。

（2）电话调查法

电话调查法具有快速获取数据资料的特点。利用此方法可以迅速获取企业急需的数据，或对问卷调查遗漏的数据进行补充收集。进行电话调查时，应尽可能简明扼要，并事先预约调查时间，以免影响被调查者的正常工作。

（3）访谈法

访谈法也是收集数据的一种常用方法。调查过程中，调查者可以直接与被访谈者进行沟通，并且可以随时调阅相关文件资料，如职位说明书、组织结构图等。该方法的不足之处是实施难度大，要求调查者掌握一定的调查技巧且对组织职位情况较为熟悉。

要注意的是，不管采取哪种方法获取的数据，都会存在一定的偏差，人力资源管理人员在制定薪酬标准时一定要结合本企业的实际情况展开。

2．薪酬调查的程序

开展薪酬调查，有利于企业了解和掌握竞争对手的薪酬制度、薪酬结构、薪酬水平以及薪酬的支付情况，帮助企业及时调整自己的薪酬策略乃至整个企业的战略方向，同时对企业实现公平、合理的薪酬管理目标具有重要的促进作用。

企业在确定自己员工的薪酬水平时，为了赢得人才竞争的优势，需要进行市场薪酬调查数据的采集和分析，并以此作为本企业薪酬决策的重要依据之一。企业进行薪酬市场调查的一般程序如表6-1所示。

表 6-1　薪酬市场调查的程序

序号	流程	具体说明
1	确定薪酬调查目的	在进行薪酬调查之前，首先必须明确为什么要进行薪酬调查，要达到什么样的目的，一般来说，企业进行薪酬调查的目的有以下四种： （1）对薪酬制度结构进行调整 （2）对整体薪酬水平进行定期调整 （3）对与薪酬有关的人力资源政策进行调整 （4）分析和评估产品市场竞争对手的劳动成本
2	确定薪酬调查范围	明确薪酬调查目的后，需要选择调查的企业范围、岗位范围和调查信息内容，确定薪酬调查的关键岗位。关键岗位是组织中能够直接与外部市场进行比较的岗位，岗位的内容是相对稳定的，与其他组织中的岗位是类似的，并且能够被准确界定
3	选择薪酬调查方法	企业在薪酬调查过程中，可以采取企业之间相互调查法、文献资料调查法、委托机构调查法或者薪酬问卷调查法，薪酬调查方法的选择直接关系到薪酬调查结果的价值
4	调查数据统计分析	通过薪酬调查得到原始数据信息之后，必须对这些数据信息进行统计分析，可根据实际情况运用专业统计软件或采取专业的分析方法进行分析，从统计分析的结果可以得出关键岗位的市场工资率，以及频率分布、离中趋势和居中趋势等
5	薪酬调查分析报告	薪酬调查统计分析结束后，应当根据调查结果编制薪酬调查分析报告，薪酬调查分析报告的内容应该包括薪酬调查的组织实施情况分析、薪酬数据分析、政策分析、趋势分析、企业薪酬状况分析与市场状况对比分析，以及薪酬水平或制度调整建议

6.1.3　薪酬调查报告与应用

1．薪酬调查报告

薪酬调查报告对企业的重要性不言而喻，它在企业制定薪酬政策方面起着非常重要的作用。薪酬调查报告示例，扫描下方二维码即可查看。

2．薪酬调查报告的应用

薪酬调查不仅可以使企业弄清当前的薪酬水平，以及相对于竞争对手在目前劳动力市场上所处的位置，而且可以使企业根据人力资源发展战略的要求，及时调整自己的薪酬结构和水平。具体来说，薪酬调查结果的应用主要体现在表6-2所示的四个方面。

表6-2 薪酬调查结果应用说明

薪酬调查结果应用	相关说明
制定薪酬政策的依据	企业薪酬政策的内容涉及薪酬体系、薪酬结构、福利和保险政策。薪酬调查报告可以清楚地显示目前本地区不同性质的企业、不同行业的企业所执行的薪酬政策。例如，有薪酬调查报告表明，当前市场中通行的薪酬体系有年工资体系、职务工资体系和职务职能工资体系。薪酬结构呈现多元化倾向，企业应根据自己的基本管理模式、行业经营特点以及发展需要，确立最适合自己企业的薪酬政策体系
计算薪酬总额标准	企业计算薪酬总额的主要依据是企业的支付能力、员工基本生活的需要及现行的市场行情。企业可以参照薪酬报告中当前本地区同类型、同行业企业的有关指标，如平均薪酬总额、平均基本薪酬水平等，与企业实际支付能力及员工基本生活费用状况相结合考虑，兼顾企业与员工的利益，确定一个合理的薪酬总额标准
薪酬结构分析	不同的薪酬结构对员工具有不同的行为导向作用。例如，高比例的奖金通常具有绩效导向特征，高津贴则突出了对技能的重视。通过薪酬调查，企业能够获得竞争企业薪酬结构的相关信息，对本企业完善薪酬结构、提高薪酬的激励水平大有裨益
年度工资调整	薪酬报告还可用来指导企业进行年度工资调整。大多数企业每年会对员工工资进行一次统一调整。调整比率参考三个因素：物价指数、市场值和企业的营运状况。其中，市场值来源于参加调查企业所提供的年度工资调整的预计比率

6.2 薪酬体系

6.2.1 薪酬体系的构成

薪酬是指员工为企业提供劳动而得到的货币和实物等报酬的总和。薪酬体系主要由外在薪酬和内在薪酬两部分构成。

1. 外在薪酬

外在薪酬一般是指物质回报，即员工为企业做出贡献而获得的直接或间接的货币收入，包括基本工资、岗位工资、奖金、津贴、保险以及其他福利等。

直接货币收入是薪酬的主要构成部分，用以维持员工的基本生活需求；而间接货币收入用以保障和提高员工基本需求之外的较高层次的生活需要。

2. 内在薪酬

内在薪酬一般指非物质回报，包括工作环境、工作内容和由于自己努力工作而得到晋升、表扬、激励或受到重视等，从而产生的安全感、成就感、满足感、公平感、自我实现感、尊重感等。它受心理和社会性因素所影响。

薪酬体系的构成如图 6-1 所示。

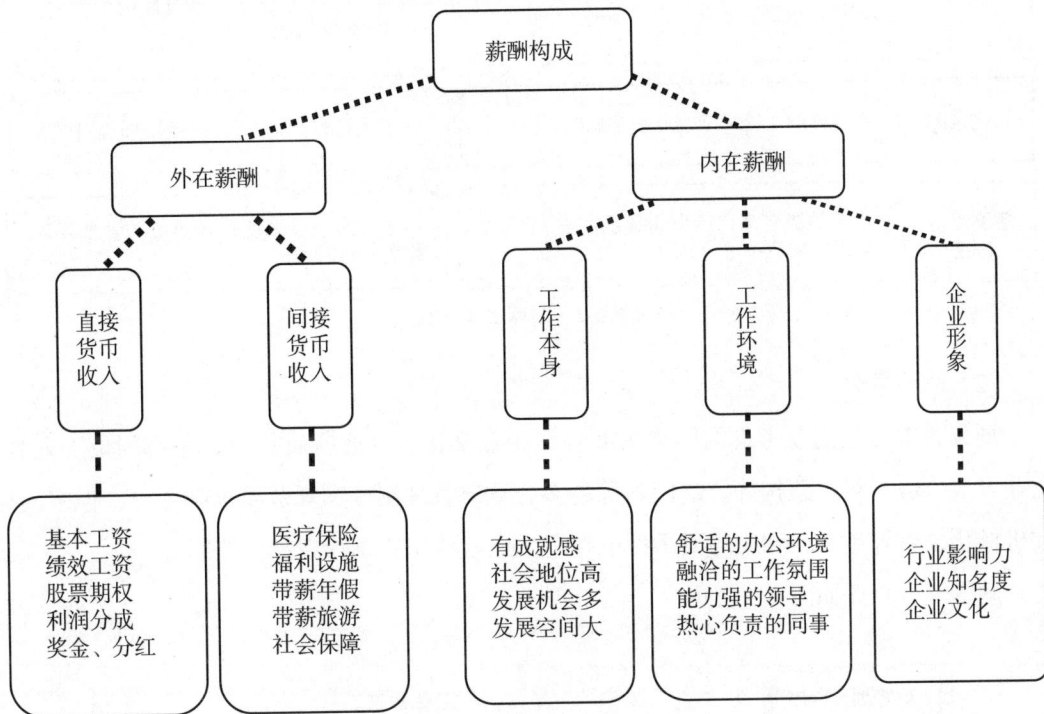

图 6-1 薪酬体系的构成

6.2.2 薪级薪等设计

企业在进行薪酬设计时，因内在薪酬无法衡量，所以主要是对外在薪酬进行设计。

1. 薪等设计

薪等是在各岗位价值评估结果基础上建立起来的一个基本框架，它将岗位价值相近的岗位归入同一个管理等级，并采取一致的管理方法处理该等级内的薪酬管理问题。

（1）薪等类型

薪等类型主要包括分层式薪等类型和宽泛式薪等类型两种，这两种薪等类型的特点及适用范围如图 6-2 所示。企业可根据自身的发展状况，确定企业及各部门的薪等类型。

区别	分层式薪等类型	宽泛式薪等类型
特点	企业包括的薪酬等级比较多，呈金字塔形排列。员工薪酬水平的提高是随着个人岗位级别向上发展而提高的	企业包括的薪酬等级少，呈平行状，员工薪酬水平既可以因为个人岗位级别向上发展而提高，也可以因为横向工作调整而提高
适用范围	在成熟的、等级型企业中常见	在不成熟的、业务灵活性强的企业中常见
薪酬浮动幅度	由于等级较多，所以每等级的薪酬浮动幅度一般较小	由于等级较少，所以每等级的薪酬浮动幅度一般较大

图6-2　薪等类型对比

（2）薪等划分

划分薪等时，需要考虑的因素主要包括企业文化、企业所属行业、各部门员工人数、企业发展阶段、组织架构等。部门薪等越多，薪酬管理制度和规范要求越明确，但容易导致机械化；薪等越少，相应的灵活性也越高，但容易使薪酬管理失去控制。

薪等划分程序如图6-3所示。

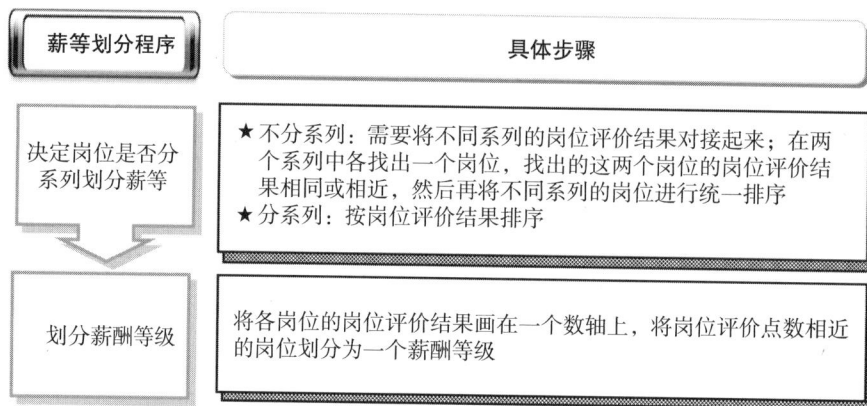

薪等划分程序	具体步骤
决定岗位是否分系列划分薪等	★不分系列：需要将不同系列的岗位评价结果对接起来；在两个系列中各找出一个岗位，找出的这两个岗位的岗位评价结果相同或相近，然后再将不同系列的岗位进行统一排序 ★分系列：按岗位评价结果排序
划分薪酬等级	将各岗位的岗位评价结果画在一个数轴上，将岗位评价点数相近的岗位划分为一个薪酬等级

图6-3　薪等划分程序

（3）薪等确定

薪等的确定与职等、职级密切相关，具体关系如图6-4所示。

2．薪级设计

（1）薪级制度

薪级制度的类型可以根据工作、能力、综合结构等标准进行划分，主要分为能力薪酬制度、工作薪酬制度和综合薪酬制度三种，企业可根据部门的实际情况加以选择。三种薪级制度的具体内容如图 6-5 所示。

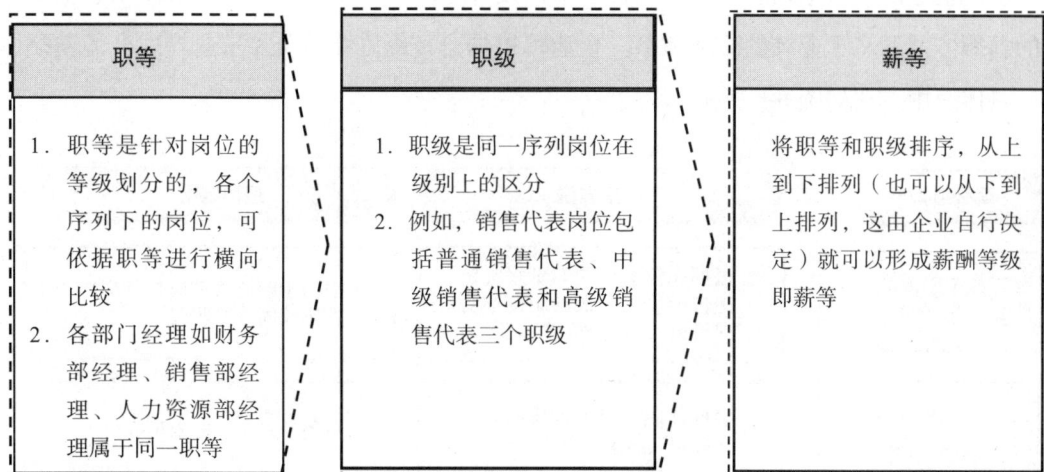

职等	职级	薪等
1. 职等是针对岗位的等级划分的，各个序列下的岗位，可依据职等进行横向比较 2. 各部门经理如财务部经理、销售部经理、人力资源部经理属于同一职等	1. 职级是同一序列岗位在级别上的区分 2. 例如，销售代表岗位包括普通销售代表、中级销售代表和高级销售代表三个职级	将职等和职级排序，从上到下排列（也可以从下到上排列，这由企业自行决定）就可以形成薪酬等级即薪等

图 6-4　薪等、职等、职级之间的关系

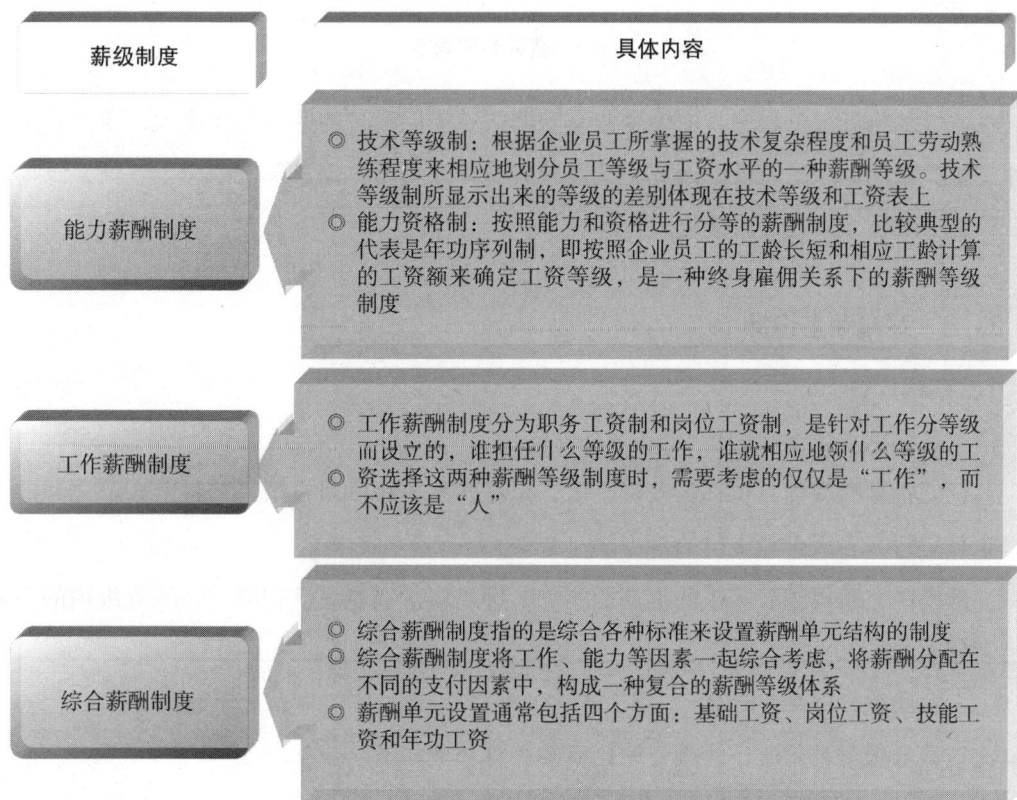

薪级制度	具体内容
能力薪酬制度	◎ 技术等级制：根据企业员工所掌握的技术复杂程度和员工劳动熟练程度来相应地划分员工等级与工资水平的一种薪酬等级。技术等级制所显示出来的等级的差别体现在技术等级和工资表上 ◎ 能力资格制：按照能力和资格进行分等的薪酬制度，比较典型的代表是年功序列制，即按照企业员工的工龄长短和相应工龄计算的工资额来确定工资等级，是一种终身雇佣关系下的薪酬等级制度
工作薪酬制度	◎ 工作薪酬制度分为职务工资制和岗位工资制，是针对工作分等级而设立的，谁担任什么等级的工作，谁就相应地领什么等级的工资选择这两种薪酬等级制度时，需要考虑的仅仅是"工作"，而不应该是"人"
综合薪酬制度	◎ 综合薪酬制度指的是综合各种标准来设置薪酬单元结构的制度 ◎ 综合薪酬制度将工作、能力等因素一起综合考虑，将薪酬分配在不同的支付因素中，构成一种复合的薪酬等级体系 ◎ 薪酬单元设置通常包括四个方面：基础工资、岗位工资、技能工资和年功工资

图 6-5　三种薪级制度的内容

　　企业薪酬管理人员可根据企业实际情况，并结合对本部门人员的工作要求，选择适合的薪级制度，以最大限度地激励工作人员，提高其工作积极性。

（2）薪级结构

确定企业的薪级结构，通常有三种基本的设计思路，即基于职位的薪酬体系、基于能力的薪酬体系和基于业绩的薪酬体系。企业可根据自身岗位性质及要求选择适合的薪酬体系，具体使用方法如图6-6所示。

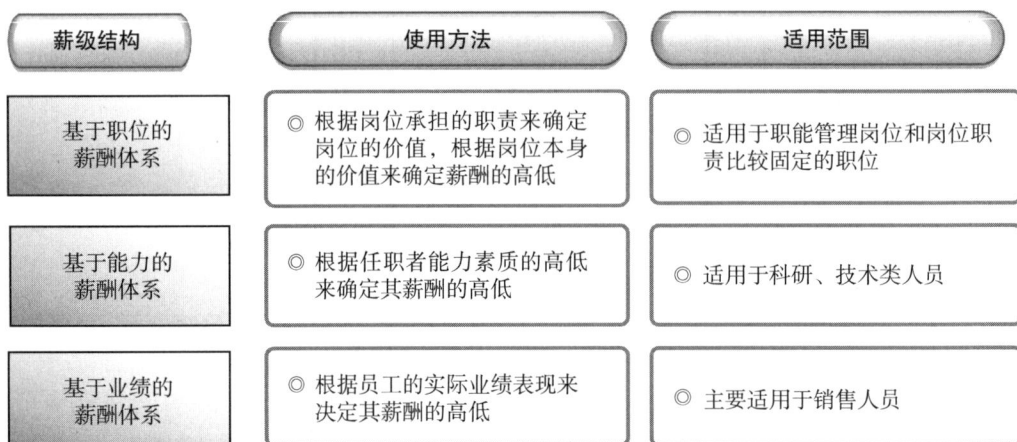

薪级结构	使用方法	适用范围
基于职位的薪酬体系	◎ 根据岗位承担的职责来确定岗位的价值，根据岗位本身的价值来确定薪酬的高低	◎ 适用于职能管理岗位和岗位职责比较固定的职位
基于能力的薪酬体系	◎ 根据任职者能力素质的高低来确定其薪酬的高低	◎ 适用于科研、技术类人员
基于业绩的薪酬体系	◎ 根据员工的实际业绩表现来决定其薪酬的高低	◎ 主要适用于销售人员

图 6-6　薪级结构确定

在薪级结构确定过程中，由于企业不同部门、不同岗位的性质差异很大，企业在实际操作中很少采用单一的基准。因此，企业薪酬管理人员可根据各部门的岗位特征，选择基于职位的薪酬体系来设计薪级更为合理。

6.2.3　薪幅薪差设计

1. 薪幅设计

（1）薪幅的界定

薪幅即指薪酬幅度，也称为薪资幅度，是在薪酬等级中所设最高与最低薪酬之间的差额，也就是每一薪级可能支付的范围。

一般来说，薪幅随着等级的提高而增加，即薪酬等级越高，在同一薪酬等级内的差额幅度就越大。

（2）薪酬变动比率的计算

①以最低值为基础时，薪酬变动比率的计算公式如下。

$$薪酬变动比率 = （薪酬最大值 - 薪酬最小值） \div 薪酬最小值 \times 100\%$$

②一般情况下，薪酬最大值和最小值是根据薪酬中位值以及薪酬变动比率计算出来的，具体计算公式如下。

$$薪酬最小值 = 薪酬中位值 \div （1 + 薪酬变动比率 \div 2）$$

$$薪酬最大值 = 薪酬中位值 ÷（1+ 薪酬变动比率 ÷2）×（1+ 薪酬变动比率）$$

$$薪酬中位值 =（薪酬最大值 + 薪酬最小值）÷2$$

（3）薪幅的重叠

薪幅重叠是指两个相邻等级间的重叠部分。这样的薪酬结构允许员工在某一职级内获得较高的薪酬。但是，若重叠部分过多，则难以区分，同时可能会造成员工在晋升之后的薪酬反而降低的现象。

通常等级较低的部分，重叠度设计得大些；等级较高的部分，重叠度设计得小些。换言之，等级越高，重叠度越小，能更好地促使员工持续改进绩效和增进资历。

2．薪差设计

薪差是指薪酬等级中相邻两级工资标准之间，高等级工资标准与低等级工资标准的相差数额。薪差表明不同等级的劳动，由于其劳动复杂程度和熟练程度不同，因此有不同的劳动报酬。

薪差可以用绝对额、级差百分比或薪酬等级系数表示。

（1）薪差的影响因素

要确定薪差，首先应确定薪酬等级表的"倍数"，也可称为"幅度"，即最高薪酬等级与最低薪酬等级的比值关系。"倍数"的确定需要考虑以下因素：最高与最低等级劳动复杂程度上的差别、政府规定的最低工资率、最高等级薪酬现实达到的收入水平、企业薪酬基金的支付能力和薪酬结构。

（2）确定薪差的方法

①等比级差，指各等级工资之间以相同的级差百分比逐级递增。其计算公式如下。

$$D=（N\text{-}1）×（A\text{-}1）$$

公式中，D 为等比级差，N 为工资等级数目，A 为工资等级表的倍数。

等比级差的优势有：工资数额以相同的百分比递增，级差随绝对额逐级扩大，但差距并不悬殊，激励作用明显；便于进行人工成本预算和企业薪酬计划制订。

②累进级差，指各等级工资之间以累进的百分比逐级递增，如表 6-3 所示。

表 6-3　累进级差工资变动表

工资级别	1	2	3	4	5	6	7	8
级差百分比	—	13	14.2	15	16	17.5	18.2	19

按照累进方式确定的薪差，等级之间的绝对额悬殊明显，收入差距大，较之等比级差对员工的激励作用强，对一些需要突出个人能力的工作比较适用。

③累退级差，指各工资等级之间以累退的比例逐级递减，如表 6-4 所示。

表 6-4　累退级差工资变动表

工资级别	1	2	3	4	5	6	7	8
级差百分比	—	27	21.3	17.6	14.9	13	11.5	10.3

累退级差适用于劳动强度大、技术差别小，又需要对雇员定期升级的工作。

④不规则级差，指各等级工资之间按照"分段式"来确定级差百分比和级差绝对额的变化，如表 6-5 所示。各段分别采用等比、累进或累退的形式，如一些企业采用"两头小、中间大"的级差。

表 6-5　不规则级差工资变动表

工资级别	1	2	3	4	5	6	7	8
级差百分比	—	12	15	20	20	18	16	14

不规则级差在确定上较其他级差方式灵活，也比较符合工资分布的规律。

（3）薪差间距设计

企业薪差间距的设定要考虑以下两个因素。

①工作业绩的差别

职务相对价值越大的工作，其任职者工作业绩的差别就越大；价值越小的工作，任职者工作业绩的差别就越小。只有在报酬变化较大的情况下，才能激励在相对价值较大职务上的员工的积极性。

②级别晋升空间

工资等级越高的或相对价值越大的职务上的员工，继续向上晋升的空间就越小，而设置较大的报酬变化空间，可以起到激励作用。

6.2.4　企业薪酬设计总览表

企业薪酬设计总览表主要根据外在薪酬进行设计，具体内容如表 6-6 所示。

表 6-6　企业薪酬设计总览表

薪制	职务	级别	薪等	总工资	薪级	基本工资	岗位工资	绩效工资	加班工资	奖金	股票	期权	全勤工资	工龄工资	通信补助	学历补贴
年薪制	总经理	一级	G1													

（续表）

薪制	职务	级别	薪等	总工资	薪级	基本工资	岗位工资	绩效工资	加班工资	奖金	股票	期权	全勤工资	工龄工资	通信补助	学历补贴
年薪制	副总经理	二级	G2													
			G3													
	业务总监	三级	G4													
			G5													
	业务副总监	四级	G6													
			G7													
月薪制	部门经理	五级	G8													
			G9													
	部门副经理	六级	G10													
			G11													
	部门主管	七级	G12													
			G13													
	部门副主管	八级	G14													
			G15													
	组长	九级	G16													
			G17													
			G18													
	普通职员	十级	G19													
			G20													
			G21													

6.3 薪酬变更

6.3.1 薪酬测算

薪酬测算是指企业为了更好地进行薪酬管理，通过科学的计算方法，对薪酬调整后的薪资变动情况进行测算、分析的过程。由于企业性质、发展阶段、经营状况以及支付能力等存在差异，每个企业所采用的薪酬预算基准也会存在一定的差异。

1. 薪酬测算流程

薪酬测算的具体流程主要包括以下十个步骤（薪酬测算十步法），具体如图 6-7 所示。

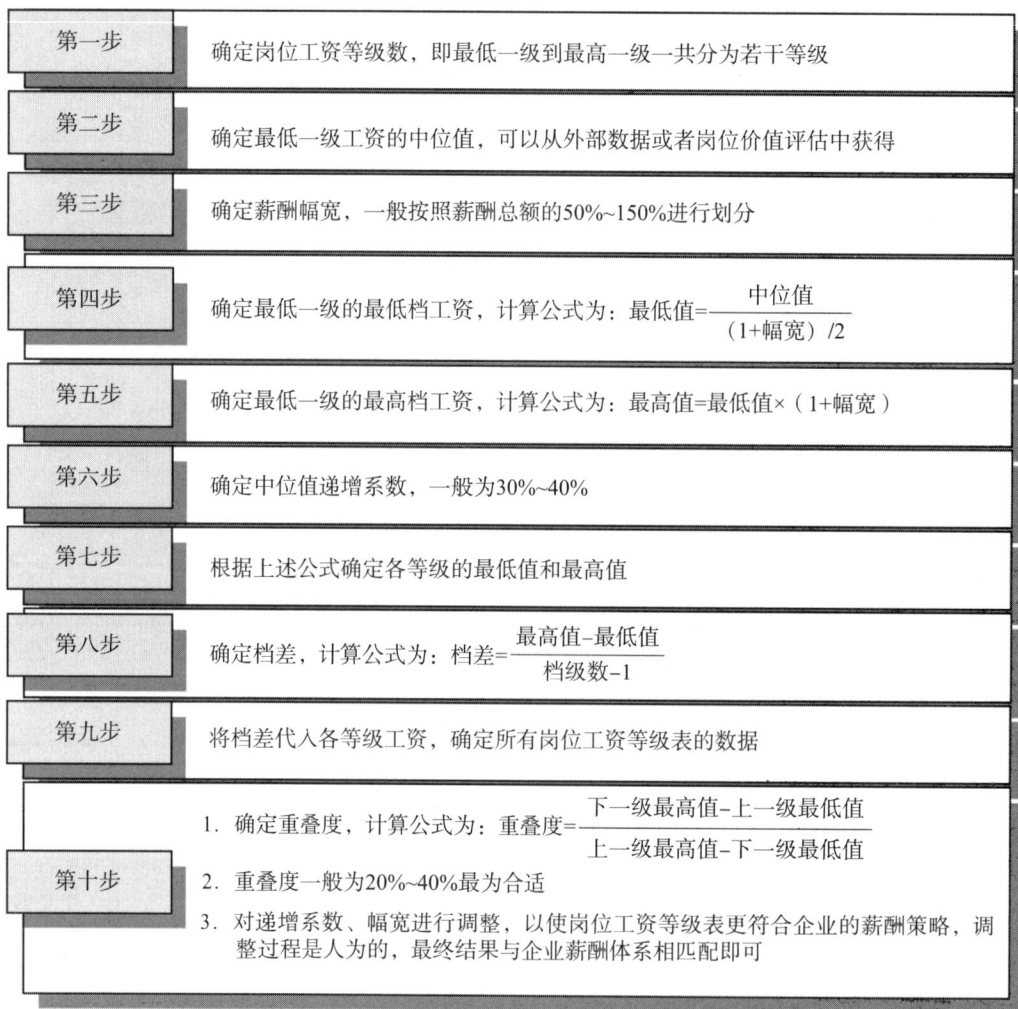

第一步	确定岗位工资等级数，即最低一级到最高一级一共分为若干等级
第二步	确定最低一级工资的中位值，可以从外部数据或者岗位价值评估中获得
第三步	确定薪酬幅宽，一般按照薪酬总额的50%~150%进行划分
第四步	确定最低一级的最低档工资，计算公式为：最低值 $= \dfrac{\text{中位值}}{(1+\text{幅宽})/2}$
第五步	确定最低一级的最高档工资，计算公式为：最高值 = 最低值 ×（1+幅宽）
第六步	确定中位值递增系数，一般为30%~40%
第七步	根据上述公式确定各等级的最低值和最高值
第八步	确定档差，计算公式为：档差 $= \dfrac{\text{最高值}-\text{最低值}}{\text{档级数}-1}$
第九步	将档差代入各等级工资，确定所有岗位工资等级表的数据
第十步	1. 确定重叠度，计算公式为：重叠度 $= \dfrac{\text{下一级最高值}-\text{上一级最低值}}{\text{上一级最高值}-\text{下一级最低值}}$ 2. 重叠度一般为20%~40%最为合适 3. 对递增系数、幅宽进行调整，以使岗位工资等级表更符合企业的薪酬策略，调整过程是人为的，最终结果与企业薪酬体系相匹配即可

图 6-7　薪酬测算十步法

薪酬测算后的数据可以反映薪酬总额增量发生的变化情况、同层级员工薪酬发生的变化情况，以及各个员工薪酬结构发生的变化情况等。薪酬预算可以避免企业盲目增加或减少薪酬，避免企业对同一层级员工薪酬发放的不公平性，减少企业出现不必要的薪酬成本差错。

2. 企业承受能力测算

企业需要明确自身的承受能力如何、薪酬和本企业的营业收入有什么样的关系等问题，这也是薪酬设计时需要考虑的问题。要使企业构建的薪酬体系符合这一要求，薪酬管理人员需要对企业的薪酬承受能力进行测算。

企业可以根据薪酬设计方案中设定的工资总额，对企业承受能力进行测算。

（1）工资测算

企业可以按照设计的薪酬体系来测算各类人员的工资，主要工资项目包括以下三个方面，具体如图 6-8 所示。

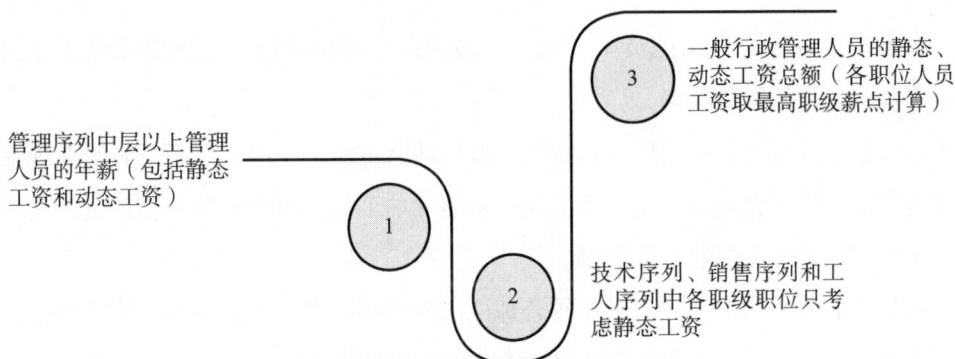

管理序列中层以上管理人员的年薪（包括静态工资和动态工资）

3　一般行政管理人员的静态、动态工资总额（各职位人员工资取最高职级薪点计算）

1

2　技术序列、销售序列和工人序列中各职级职位只考虑静态工资

图 6-8　工资测算类别与范围

由于图 6-8 中这些职位的动态工资可能会随其业绩有较大的变化，所以应将其列入相应的开发、销售、生产成本之中。有些企业可能包含一些参股、控股子公司，因为其是独立法人，所以员工工资应单独核算。

（2）销售收入倒推核算

企业可以根据自身的销售收入水平与销售成本的关系进行倒推核算，在核算成本的同时对人工成本进行测算和预算。通常情况下，企业的人工成本为销售收入的 10% 适宜。

（3）测算检验与改进

经过薪酬测算，新的工资体系是否可行，还必须具备一定的前提条件。实行新的工资方案的前提是一定要按照职位设置方案进行人员安排。而实际的薪酬测算结果并不是非常准确的，企业应根据相关历史资料和数据进行更为详细的分析与计算。

企业所建立的薪酬福利体系，需要满足的原则之一是经济性原则，它强调的是企业提供的薪酬水平须与企业的经济效益和承受能力保持一致。同时，企业在确定薪酬标准之后，可以与本地区同行业的其他企业进行对比，以明确本企业的薪酬标准所处的水平。

准确的薪酬分析与测算，可以保证企业在未来一段时间内的薪酬支付受到一定程度的协调和控制。企业薪酬承受能力测算要求管理者在进行薪酬决策时，综合考虑企业的财务状况、薪酬结构及企业所处的市场环境因素的影响，确保企业的薪酬成本不超出企业的承受能力。

3．企业薪酬套改测算

企业薪酬套改测算主要是针对企业薪酬体系设计和薪酬改革而言的。企业薪酬套改测算是薪酬体系设计与薪酬改革取得成功的关键环节。

具体实施过程中，企业应该在薪酬套改方案确定前进行薪酬套改测算，对方案实施的效果做出预测，并根据预测结果对方案进行适当调整，对可能出现的问题以及解决方案做出事先安排。企业薪酬套改测算主要包括以下六个方面的内容。

（1）具体岗位员工定级

一般来说，企业具体岗位员工定级主要包括以下两种思路。企业需要基于这两种思路，确定各个岗位的岗位级别。

①目前企业没有对各个岗位进行定级，或目前有定级但定级已经不适合企业现在的发展，在这种情形下，企业可采用标准的岗位价值评估工具，对企业各个岗位进行岗位价值评估，最终确定各个岗位的岗位等级。

②目前企业各个岗位已经有了比较合理的岗位级别，在这种情形下，在得到企业领导层批准的条件下，企业可对内部岗位级别有争议的岗位进行调整。

（2）具体薪资档位确定

①根据企业的实际情况，确定一个初始的薪资"定档基数"。需要注意的是，企业要考虑定档基数包括哪些薪酬项目、与绩效工资的挂钩问题、绩效奖金与岗位工资之间的关系问题等。如在绩效奖金与定档基数之间，有些企业通常用公式"年度绩效奖金总额＝岗位工资 × 某个倍数"，这样计算定档基数相对比较简单。

当然，企业也可以采取其他方式确定薪资档位，如统一按照员工的能力差别来确定员工的薪档，其中体现能力差别的因素包括工龄、学历、职业资格等因素，如采用计分的方式确定档位，这种方法的最大问题在于对员工能力差别的界定上。

②确定薪资定档的基本规则，以保证在满足员工个人薪酬总体水平得到增长的条件下，薪酬增额还要得到控制。这一步骤比较复杂，有时还要结合后面的薪酬测算来确定最初的定档原则。

③按照以上定档基数和定档原则，确定每位员工的最终薪资档位。

（3）薪酬数据分析测算

企业需要按照最终定档的结果和各个岗位新的薪资数据进行薪酬测算。这个过程的数据计算量非常大，建议利用专门的计算工具进行动态更新，这样不仅可以随时调整有关数据，还可以大大降低劳动强度、避免计算错误。

（4）套改测算结果评估

对薪酬改革结果进行评估，即对薪资测算的数据进行统计，作为企业薪酬改革决策的依据。该评估主要包括以下三个方面的内容，具体如表6-7所示。

表6-7 企业薪酬套改测算结果评估内容

序号	评估项目	具体内容说明
1	定级定档分布情况	一般来说，要实现正态分布的效果，必须将员工集中分布在某个档位上
2	薪酬总额变动情况	（1）企业进行薪酬改革是要付出一定的成本的，即表现为薪酬总额的上升，但是在薪酬成本增长的同时也要考虑企业的薪酬成本承受力、同行或当地相当水平的其他企业薪酬增长情况、当地物价水平等因素 （2）一般情况下，企业进行薪酬改革时，薪酬总额上升18%及以内基本都是可以接受的
3	各增长幅度员工分布情况	一般来说，要实现正态分布的效果，必须将增幅控制在总额增幅的上下

（5）套改特殊情况处理

对于薪酬套改测算的特殊情况，一般企业会进行单独处理，但需要企业领导的决策。薪酬套改测算的特殊情况主要体现在以下四个方面，具体如图6-9所示。

情形一	情形二	情形三	情形四
最终定档过高或过低情形	原先不同级别，定级、定档后处于同一级、同一档的情形	原先处于同一级，定级、定档后处于不同档	工资倒挂的情形

图6-9 薪酬套改测算的特殊情况

（6）薪酬套改测算决策

企业的人力资源部门可以根据套改测算数据和企业承受能力、员工接受能力及对方案的综合评估，对套改规则、薪酬方案做出适当调整，然后再进行测算和评估。这个过程可能要反复多次，直到认为在薪酬改革目标和可行性之间达成均衡时，管理层做出套改决策。

企业薪酬套改测算不只是人力资源部门的单方行为，而应采取公开透明的操作方法，让全员参与进来。在测算完成之后，即可公布薪酬套改的规则和套改的结果。在这个过程中，人力资源部门要做好咨询服务工作。

6.3.2 薪酬诊断

薪酬诊断是指综合利用各种先进的分析手段和方法，发现企业薪酬方面存在的问题和薄弱环节，分析产生问题的原因，提出切实可行的方案或建议，进而指导方案实施的过程。通过薪酬诊断，可以解决问题、改进现状、提高企业的薪酬管理水平。

通常情况下，薪酬诊断是由具有丰富企业管理、人力资源管理和薪酬管理理论知识与实践经验的专家，与企业有关人员密切配合来进行的。

1．薪酬诊断流程

具体的薪酬诊断流程主要包括以下四个步骤，即创造薪酬问题初始假设、设计薪酬诊断地图、收集薪酬数据与事实、做出薪酬诊断结论。

值得注意的是，在设计薪酬诊断地图以及收集薪酬数据与事实的过程中，应该明确薪酬分析方法和相关的诊断要素，以充分的数据和依据得出诊断结果。

薪酬诊断地图设计示例如表 6-8 所示。

表 6-8　薪酬诊断地图设计示例

初始假设	关键驱动因素	分析方法
1		
2		
3		
…	……	……

薪酬诊断框架分析示例如表 6-9 所示。

表 6-9　薪酬诊断框架分析示例

序号	诊断框架要素	诊断结果
1	有无薪酬战略	
2	具备哪些薪酬理念	
3	当前企业发展阶段（企业性质）	
4	竞争战略对薪酬的影响	
5	发展战略对薪酬的影响	
6	判断属于哪种薪酬体系	
7	薪酬构成（包括基本工资构成、福利构成、奖励薪酬、员工持股等）	
8	宽带薪酬还是窄带薪酬	
9	薪酬水平分布	
10	薪酬预算	
11	薪酬总额	
12	薪酬成本管理	
13	员工定薪方法	
14	薪酬沟通情况	

（续表）

序号	诊断框架要素	诊断结果
15	薪酬晋升通道与机制	
16	薪酬调整机制	
17	薪酬管理制度与法规	
18	日常薪酬管理与执行	
19	员工对薪酬水平的满意度	
20	员工对职位薪酬水平的公平性感受	
21	市场薪酬水平	
22	竞争对手薪酬政策	
23	行业薪酬水平	
24	企业高层的薪酬	
25	企业核心岗位薪酬	
26	企业各职位薪酬（包括如研发、销售、生产、财务、人力资源等职位）	

2．薪酬诊断的内容

一般而言，对薪酬的诊断可以从五个方面进行，即薪酬目标诊断、薪酬水平诊断、薪酬体诊断系、薪酬结构诊断及薪酬制度诊断，具体内容如表 6-10 所示。

表 6-10　薪酬诊断的具体内容

序号	薪酬诊断	具体内容说明
1	薪酬目标诊断	薪酬目标是企业薪酬管理最基础和核心的内容组成，其诊断内容主要包括： （1）薪酬目标设计是否经过充分调研和分析 （2）薪酬目标是否科学、合理，是否符合企业的现实生存环境和自身的实际发展情况
2	薪酬水平诊断	薪酬要满足内部公平性和外部竞争性的要求，并根据员工绩效、能力和工作态度进行动态调整，包括确定企业管理层、企业技术人员和企业营销人员的薪酬水平。为了打造更好的人才战略，还要确定稀缺人才的薪酬水平以及与竞争对手相比的薪酬水平。检测当前组织的总体薪酬水平与市场的关系，以保持组织薪酬的外部竞争性，其诊断内容主要包括： （1）当前市场环境是否发生变化，这些变化对组织薪酬水平，特别是核心员工薪酬的外部竞争力是否有影响；是否具有外部竞争力，特别是核心员工的外部竞争力 （2）当前薪酬水平与组织目前的经营状况和财务目标是否一致 （3）当前企业的薪酬水平和薪酬结构之间的关系是否协调
3	薪酬体系诊断	薪酬体系主要从物质薪酬和精神薪酬两个方面保证员工的利益与企业的稳定性。其诊断内容主要包括： （1）员工薪酬组合中，各薪酬要素之间的比例关系是否合理，是否具有激励效应 （2）员工的努力程度是否与薪酬有直接的关系，激励薪酬对员工是否具有吸引力 （3）当前的薪酬支付方式是否合理，是否考虑了时间性和个体差异

（续表）

序号	薪酬诊断	具体内容说明
4	薪酬结构诊断	对企业薪酬结构管理时，要正确划分企业的薪级和薪等，确定合理的级差和等差，以及适应企业组织结构扁平化和员工岗位大规模轮换的需要，合理确定薪酬带宽；检测当前组织薪酬的纵向结构是否合理，以保持组织薪酬的内部一致性。其诊断内容主要包括： （1）薪酬等级的数目和级差是否合理，是否体现内部公平的原则 （2）各类各级员工的薪酬关系是否协调，是否体现员工公平的原则 （3）核心员工的流失率是否与薪酬结构，特别是与薪酬等级结构的设计有关
5	薪酬制度诊断	薪酬决策应在多大程度上向所有员工公开和透明化，谁负责设计和管理薪酬制度，薪酬管理的预算、审计和控制体系又该如何建立和设计。对组织的薪酬制度进行诊断，需要重点关注组织所实施的薪酬制度是否符合以下要求： （1）与组织战略的基本方向和未来目标一致 （2）与组织人力资源管理系统及其各环节之间的关系协调 （3）体现了职、能、绩三统一的原则 （4）考虑了现实可行性与未来调整的空间

3.薪酬三挂钩诊断

企业在执行内部薪酬策略时要考虑投资回报率，具体来说就是要做到薪酬三挂钩。薪酬三挂钩诊断主要是指薪酬体系与企业策略、成本投入以及员工价值的配合性和匹配性。

具体来讲，薪酬三挂钩即薪酬与企业策略挂钩、薪酬与成本投入挂钩、薪酬与员工价值挂钩，具体诊断内容如表6-11所示。

表6-11　薪酬三挂钩诊断内容

序号	薪酬三挂钩	具体诊断内容说明
1	薪酬与企业策略挂钩	（1）检验企业薪酬体系是否能够驱动企业所期望的经营成果得以实现 （2）有没有与业务保持同步的市场竞争力 （3）如果在业务上没有竞争力，会造成人力资源管理的困难，而长期超前于业务的竞争力若投入过度，会使企业薪酬管理错乱
2	薪酬与成本投入挂钩	分析企业目前及预测的成本结构是否合理。例如，人力成本与总成本之间的比例、薪酬结构及定位、薪酬和福利投入的比例、固定工资和变动奖金的占比、短期激励和长期激励计划的比例等
3	薪酬与员工价值挂钩	（1）企业的薪酬计划对员工而言是否具有实际激励意义 （2）企业会不会在付出薪酬的同时，没有获得相应的回报

除此之外，企业在进行薪酬改革时也会实行薪酬三挂钩，并在实际执行过程中进行深入的诊断与分析。薪酬改革三挂钩主要指代以下三个方面的内容，具体如图6-10所示。

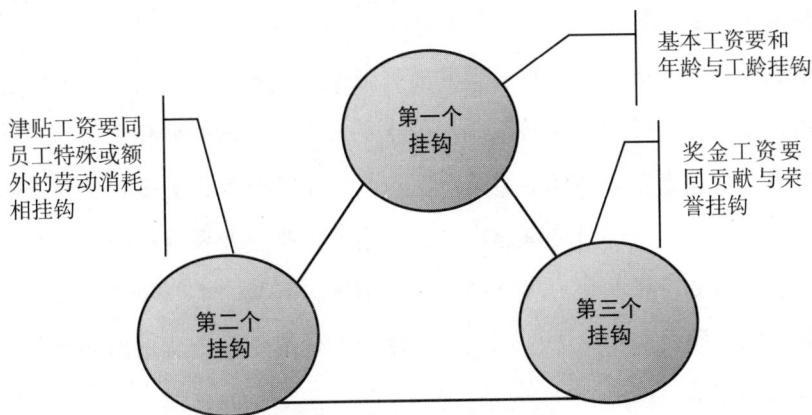

图 6-10　薪酬改革三个挂钩

6.3.3　薪酬调整

薪酬调整指的是企业为促进薪酬管理的有效性所进行的薪酬体系的调整或改变，主要是指对薪酬水平、薪酬结构及薪酬要素组合进行调整。

1．薪酬水平调整

薪酬水平调整是指在确保薪酬结构、等级要素、构成要素等不变的情况下，调整薪酬结构上每一等级和每一要素的数额。

（1）薪酬水平调整的影响因素

薪酬水平调整的影响因素如图 6-11 所示。

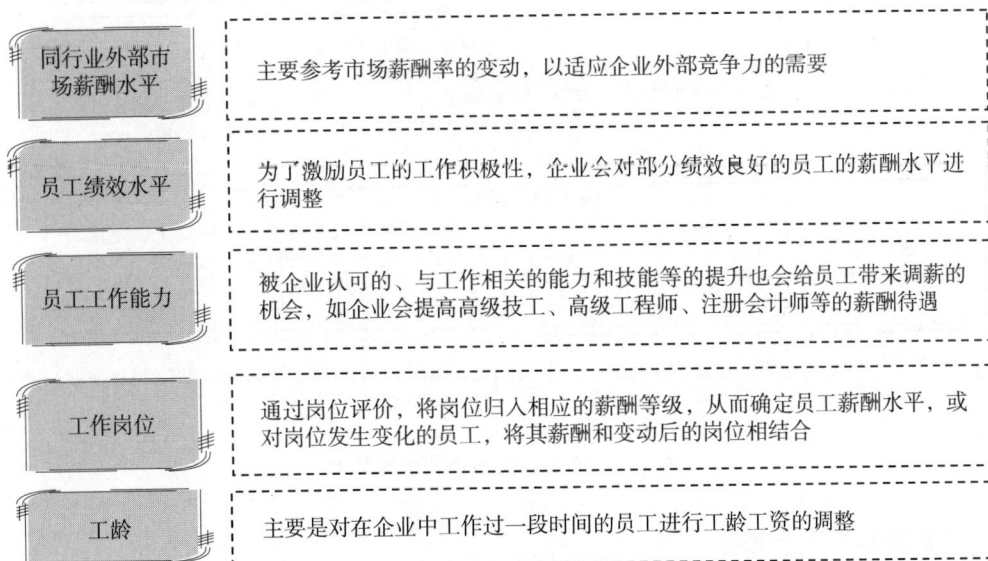

同行业外部市场薪酬水平	主要参考市场薪酬率的变动，以适应企业外部竞争力的需要
员工绩效水平	为了激励员工的工作积极性，企业会对部分绩效良好的员工的薪酬水平进行调整
员工工作能力	被企业认可的、与工作相关的能力和技能等的提升也会给员工带来调薪的机会，如企业会提高高级技工、高级工程师、注册会计师等的薪酬待遇
工作岗位	通过岗位评价，将岗位归入相应的薪酬等级，从而确定员工薪酬水平，或对岗位发生变化的员工，将其薪酬和变动后的岗位相结合
工龄	主要是对在企业中工作过一段时间的员工进行工龄工资的调整

图 6-11　薪酬水平调整的影响因素

（2）薪酬水平调整的类型

薪酬水平调整包括薪酬整体调整、薪酬部分调整以及薪酬个人调整三种类型。

薪酬整体调整是企业根据国家政策和物价水平等宏观因素的变化、行业及地区竞争状况、企业发展战略变化、企业整体效益情况，以及员工工龄和司龄变化，对企业所有岗位人员的薪酬进行调整。薪酬部分调整是定期或不定期根据企业发展战略、效益、部门及个人业绩、人力资源市场价格变化、年终绩效考核情况，对某一类岗位任职员工的薪酬进行的调整。薪酬个人调整是由于个人岗位变动、绩效考核或者为企业做出突出贡献，而给予岗位工资等级的调整。

2．薪酬结构调整

薪酬结构调整主要包括薪酬的纵向结构调整和横向结构调整。纵向结构调整指的是薪酬的等级结构调整。横向结构调整指的是薪酬要素组合的调整。图 6-12 是薪酬纵向结构调整的方法。

方法	目的	说明
增加薪酬等级	增加薪酬等级的主要目的是将各岗位之间的差别细化，从而更加明确按岗位支付薪酬	薪酬等级增加的方法有很多，关键是选择在哪个层次上或哪类岗位上增加等级。例如，是增加生产人员的等级层次，还是增加技术人员的等级层次。需要注意的是，增加薪酬等级以后，各层次、各类岗位之间还需要重新匹配，并调整薪酬结构关系等
减少薪酬等级	将薪酬的等级结构“矮化”或宽波段化，是薪酬管理的一种流行趋势	薪酬等级减少的结果是薪酬等级“矮化”，一般倾向于将薪酬等级线延长，将薪酬类别减少，使每种类别中包含更多的薪酬等级和薪酬标准；各类别之间薪酬标准有一定的交叉和重叠部分
调整不同薪酬等级的人员规模和薪酬比例	达到通过岗位和职位等级人员的变动进行薪资调整的目的	在企业薪酬等级结构不变的前提下，定期对每个薪酬等级的人员数量进行调整，如降低基层员工的薪酬比例，降低高层人员的比例
调整薪酬标准和薪酬率	使企业在员工收入分配方面有更大的灵活性	这种调整主要适用于实行绩效薪酬制和弹性薪酬制的企业

图 6-12　薪酬纵向结构调整的方法

3．薪酬要素组合调整

薪酬要素组合调整的重点是考虑是否增加新的薪酬要素。在薪酬构成的各个要素中，不同的薪酬要素有不同的作用，其中，基本薪酬和福利薪酬主要承担着适应劳动力市场的外部竞争力的功能，浮动薪酬则主要通过调整薪酬内部的一致性达到降低成本与鼓励员工工作积极性的目的。

薪酬要素组合调整应与薪酬管理制度和模式改革结合在一起，以符合新模式的需要。薪酬要素组合调整包括两种方式：在薪酬水平不变的情况下，对固定薪酬与浮动薪酬之间的比例进行重新配置；借助薪酬水平变动的机会，增加某一部分薪酬的比例。

薪酬要素组合调整的方法如图 6-13 所示。

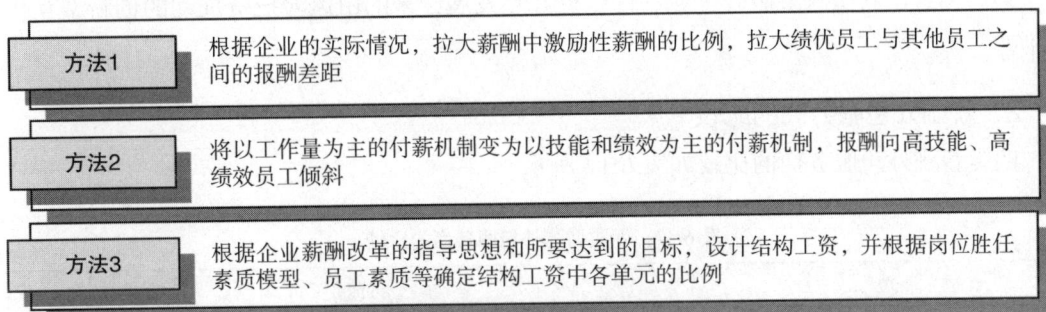

图 6-13　薪酬要素组合调整的方法

关于特殊岗位薪酬设计，下面提供销售岗位和研发岗位的薪酬设计方案，扫描下方二维码即可查看。

销售岗位　　　　　研发岗位

6.4　薪酬外包

6.4.1　薪酬外包方案设计

某企业薪酬外包方案设计示例，扫描右侧二维码即可查看。

6.4.2　薪酬外包服务商的选择

薪酬外包是指人力资源服务机构接受企业有关薪酬管理相关的业务外包，具体的服务内容包括绩效数据采集，薪资、社保及个税计算，薪资发放，个税及社保缴纳，工资单制作和处理，个税申报，相关报表报告等。

企业将薪酬外包，既可以只外包某项内容，也可以将涉及企业薪酬管理的全流程都外包给人力资源服务机构。

1．薪酬外包服务商的类别

目前，市场上提供薪酬外包的服务商大致可分为以下四类。

第一类是传统的派遣和代理服务机构，主要是各地外包服务企业及人才中心。

第二类是专业薪酬外包服务企业。

第三类是专业咨询企业，其业务延伸至进一步承接企业的薪酬外包服务订单。

第四类是创新型薪酬服务企业，这是近几年发展起来的由风险投资推动的创新型互联网企业。

2．薪酬外包服务商的比较

四类薪酬外包服务商的比较如表 6-12 所示。

表 6-12　四类薪酬外包服务商的比较

类型	优势	劣势	服务模式
传统的派遣和代理服务机构	与国家政策相关的服务，如社保及个税的计算和缴纳，个税申报等方面具有明显优势	业务相对落后，信息性差	使用手工操作或简易系统，可提供灵活和个性化的服务
专业咨询企业	较强的专业咨询能力	以咨询为主，薪酬外包为延伸业务服务	
专业薪酬外包服务企业	强大的薪酬管理信息系统	专业性强，同时费用要求也较高	自动化和系统化程度高，提供一站式解决方案
创新型薪酬服务企业	基于 SaaS 服务，服务多样灵活，服务价格低	使用门槛较高，企业要加强学习	

3．选择合适的薪酬外包服务商

传统模式的薪酬外包服务由于增长速度趋缓，关注度已明显降低，而基于信息技术的薪酬外包服务领域成了市场的关注焦点。

由于快速更新升级的信息技术与薪酬外包服务结合度不断加深，SaaS、手机移动端应用、员工自助查询等已成为服务关键要素，因此信息技术对薪酬外包服务至关重要。

企业需要根据实际的业务经营发展需求，结合人力资源管理能力的现状，在以上四类服务外包商之间进行合理选择。

6.4.3　薪酬外包的执行与问题解决

1．薪酬外包的执行

（1）汇总薪酬相关数据

将薪酬外包，企业人力资源部门需汇总员工考勤信息、员工绩效考核信息、员工加班信息、新入职员工的薪酬信息、现有企业员工薪酬调整信息等。

（2）薪酬信息录入

人力资源部门将每月汇总的薪酬相关数据内容传输给外包服务商，外包服务商依据已经为本企业设定的薪酬系统的上月信息，修改、新增或删除本月员工薪酬信息，完成薪酬信息录入。

（3）审核薪酬报表

人力资源部门对员工薪酬汇总表进行项目审核、薪酬数据审核、计算结果审核，审核无误后交由企业领导审批，审批通过后交由企业财务部门进行财务划账。

（4）薪酬核算

外包服务商进行薪酬核算，其方式与委托方企业进行的薪酬核算完全相同。薪酬核算结果是形成委托企业员工薪酬汇总表，将汇总表传输给委托企业进行审核。

（5）反馈审核结果

企业将审核结果传输给外包服务商，如果有需要修改的项目，则要求外包服务商进行修改，若没有，外包服务商完成薪酬各项目的表单制作即可。

（6）编制薪酬支付项目表单

外包服务商负责编制并生成员工工资单（传输给员工自助服务系统），生成企业公积金缴纳单（传输给公积金中心）、个人所得税代缴单（传输给税务部门）、保险缴纳单（传输给保险企业），并把这些表单都传输给委托企业。

2．薪酬外包中的问题

（1）缺乏考核，疏于监督

许多选择了薪酬外包服务的企业在外包服务商接手薪酬工作后就当上了"甩手掌柜"，在实际操作中，并没有对外包服务商设立清晰的关键薪酬服务目标和定期考核机制，也没有进行投诉流程的制定，可能会出现很多的后续问题。

为了预防此类问题，应完善对薪酬外包服务商的监督和考核工作，根据薪酬外包服务的周期划分考核时间段，编制薪酬外包考核指标一览表，对每一考核时间段内的外包服务商工作成果进行全面监督检查。

（2）沟通滞后，效率低下

在薪酬外包服务的过程中，薪酬外包服务商与企业之间的沟通不及时，一些关键的薪酬信息传递滞后，沟通效率较低，导致一些薪酬信息的变化没有及时在业务操作中反映出来。

为了提高沟通效率和效果，首先，企业和外包服务商的信息传递人员要清晰地表达信息的内涵，以便信息接收者能确切理解。其次，企业和外包服务商的信息传递人员应重视信息接收者的反应，并根据其反应及时修正信息的传递，以避免不必要的误解。最后，企业和外包服务商必须建立对规则标准的相同认知。

（3）忽视法规咨询能力

企业在选择薪酬外包服务商时，往往仅注重服务商的薪酬服务系统功能，而忽视了税务等相关法规咨询能力。

企业经营运作过程中的合法合规问题是需要特别注意的基本问题，一定要加以重点关注。

第7章
绩效设计

7.1 绩效目标设计

7.1.1 企业绩效目标设计

绩效目标的设计犹如方向性的指导，目标设计不合理，会导致结果南辕北辙，根本无法达到绩效考核的目的。

1. 企业战略目标设计

企业可通过平衡计分卡（Balanced Score Card，DSC）来设计企业战略绩效目标。

人力资源管理人员在确定了企业战略目标后，就可按照平衡计分卡的四个层面进行战略绩效目标设计。平衡计分卡主要包括财务、客户、内部运营及学习与成长四个层面，如表 7-1 所示。

表 7-1　平衡计分卡的四个层面

序号	层面	具体说明
1	财务层面	○ 财务层面的目标主要用来衡量企业内相关工作的实施和执行是否能够为最终战略目标做出贡献，但并不是所有工作都能在短期内产生财务效益 ○ 财务层面的目标还需要设计非财务性质的目标，因为设计非财务性质的目标可以改善和提高财务绩效目标，其是实现财务目标的手段
2	客户层面	○ 企业应以目标客户和目标市场为方向，关注满足核心客户需求，而不是满足所有客户的偏好
3	内部运营层面	○ 内部运营绩效考核应以对客户满意度和实现财务目标影响最大的业务流程为核心 ○ 内部运营既包括短期的现有业务的改善，又涉及长远的产品和服务的革新

（续表）

序号	层面	具体说明
4	学习与成长层面	○ 员工在学习与成长方面的进步，可以提高客户满意度，改善内部运营效率，进一步影响财务绩效 ○ 员工执行不力会给企业带来失败成本，员工的学习与成长可减少失败成本

企业利用平衡计分卡设计企业战略绩效目标时，通常先制定财务和客户层面的目标，然后制定企业内部运营层面的目标，最后制定学习与成长目标，这样设计能够抓住重点，更专注于衡量那些与股东和客户目标息息相关的事项。企业战略绩效目标设计图如图 7-1 所示。

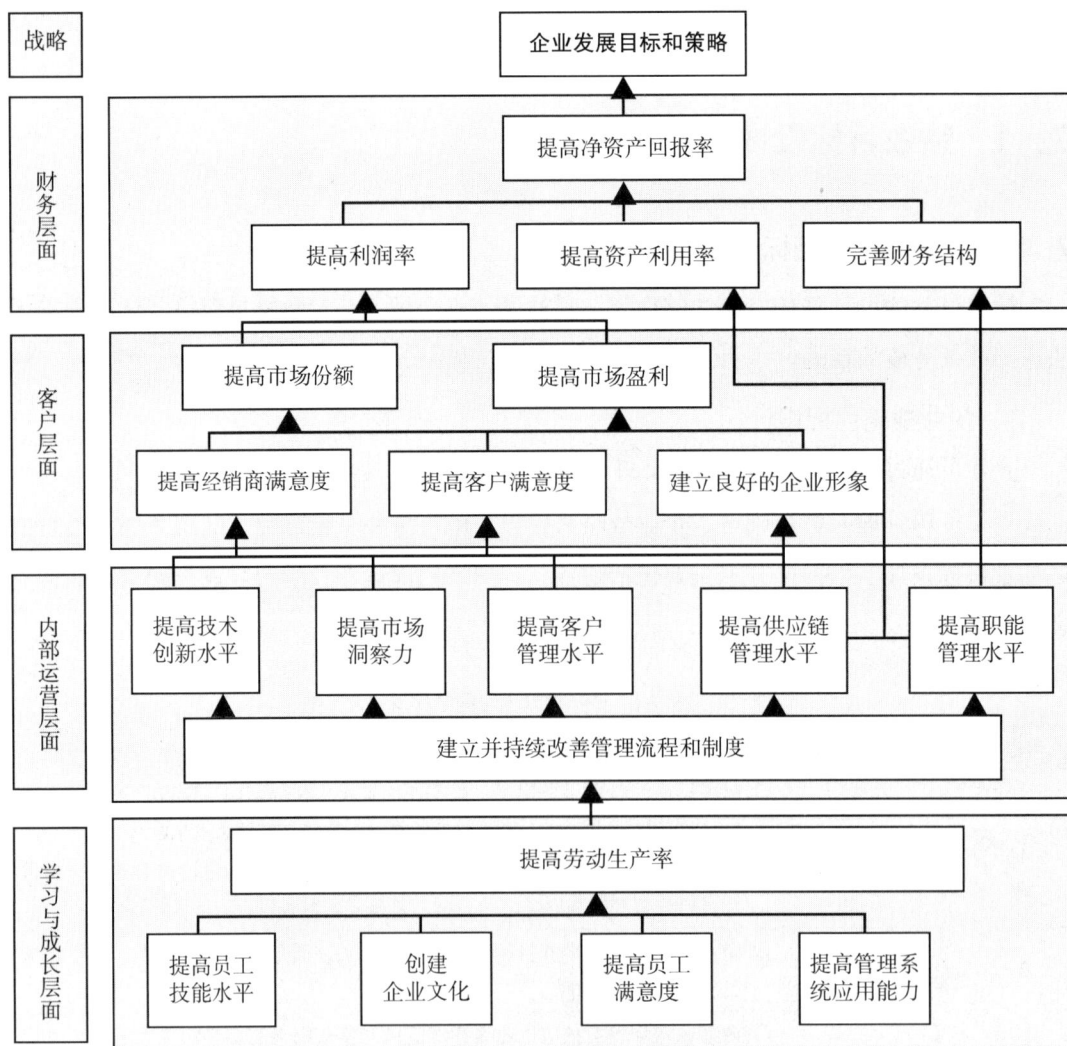

图 7-1　企业战略绩效目标设计图

2．企业业务绩效目标设计

企业业务绩效目标设计主要是对企业生产、销售、研发等业务绩效目标进行设计，具体的设计维度如表7-2所示。

表 7-2 企业业务绩效目标设计维度

序号	设计维度	设计说明
1	时间维度	根据业务的实现时限，设计企业不同阶段的销售目标
2	产品维度	从企业产品类别角度，根据各类产品的销售目标，确定企业总体销售目标
3	区域维度	根据区域业务要求，设计企业各区域相关业务的目标
4	发展维度	从企业业务现状及未来发展趋势两个方面，确定企业总体业务目标
5	组织结构维度	根据企业组织结构的具体情况进行业务目标的设计
6	按分公司维度	根据各分公司的业务目标，确定企业整体的业务目标

7．1．2 部门绩效目标设计

部门绩效目标，即根据组织的战略目标，由总经理提出，然后由专职部门以及各部门主管参与制定。企业制定部门绩效目标时，需要考虑3W1H四个方面的内容。

（1）When——部门绩效目标制定的时间规定。一般企业在每个年度结束前两个月开始着手制定下一年度部门的目标。每个企业可以根据自身的实际情况确定部门目标制定的时间，并将其以一定的形式规定下来，除非有特殊情况，时间一般最好不要发生变化。

（2）Who——部门绩效目标制定及参与人员。部门绩效目标一般由部门领导负责主持制定，部门内部人员参与目标制定，提供建议和修改意见，总经理负责审核目标的合理性、规范性、可实现性及与组织战略目标的一致性。

（3）What——部门绩效目标的内容。部门绩效目标分为刚性部门目标和柔性部门目标。刚性部门是指直接为企业经营做出贡献的部门，如生产部门、采购部门和销售部门等。这些部门的目标表现在生产、经营或销售上，目标的量化也直接与企业利润挂钩。柔性部门是指间接为企业经营做出贡献的部门。柔性部门负责辅助刚性部门的管理和运营，服务的质量直接影响着刚性部门的产出，如人力资源部门、财务部门等。因此，柔性部门的目标一般量化为人员稳定率、出差报销效率等。

（4）How——部门绩效目标制定的步骤。部门绩效目标设定一般包括如下四个步骤。

①确定部门宗旨

部门宗旨应当与企业整体的发展战略相一致。一般来讲，在确定部门宗旨时应当注意以下三个问题。

a. 部门的存在对企业战略目标实现的价值。

b.部门实现既定宗旨的核心能力和竞争力。

c.部门服务的范围，包括产品、客户及地域。

②设计部门组织结构及部门职责

部门组织结构及部门职责的设计是部门目标设定的关键步骤。部门职责是指企业希望部门做什么、部门应该做些什么、部门如何履行自己的职责及在什么状况下履行职责。

③明确部门目标的内容

部门领导根据部门的属性，即属于刚性部门还是柔性部门，确定部门目标的内容。

④制定部门关键绩效指标

企业根据部门宗旨、部门职责及部门目标的内容，确定部门关键绩效指标，并根据部门的竞争优势和发展机会，明确实现关键绩效指标的策略。

7.1.3 岗位绩效目标设计

岗位绩效目标需要根据企业的战略目标、部门目标、各岗位的职责与任务来设计，并进行细化分解，即员工在绩效期间所要达到的工作目标，包括要达到什么效果、各项工作目标的权重，以及怎样做才能更好地实现要达成的目标。

1.考虑因素

（1）利益最大化

设计岗位绩效目标的目的是保证企业的战略目标和部门目标的实现，所以一定要紧紧围绕企业的发展目标，自上而下地逐级进行分解、设计和选择，保证可以实现利益最大化。

（2）目标可行性

在制定岗位绩效目标时，一定要界定清楚岗位职责和权利范围，保证员工的工作职责和权利相一致。

（3）全员参与化

在绩效目标的设计过程中，一定积极争取并确保员工及各级管理者多方参与。

（4）使用配套化

绩效计划要与战略规划、资本计划、经营预算计划、人力资源管理等紧密相连，配套使用。

2.设计流程

（1）确定岗位

企业在进行岗位绩效目标设计前需要先确定岗位，然后根据不同的岗位合理制定不同的绩效目标。

（2）确定目标内容

目标内容包括工作业绩、工作能力、个人素质以及综合表现等，设计者应确定要设计哪些方面的内容。

（3）确定绩效指标

设计好目标内容后，企业需设定一个绩效考核指标，也就是员工工作需要达到的效果、各项工作的权重等。

（4）目标执行与修正

企业设定的目标要落实到各个目标执行部门和员工身上，由目标执行人具体执行。当设置的目标活动不能达成时，企业应该对制定的目标进行修正。

（5）目标追踪

目标确定后，企业必须对目标实施情况进行跟进，以发现执行结果与预定目标之间的差异，并及时协商确定改进办法。

在目标执行过程中，企业常用目标追踪工具（示例见表 7-3、表 7-4）来追踪目标达成情况。

表 7-3　目标执行追踪表

目标执行企业：　　　　　　　　　　目标执行人：　　　　　　　　_____年___月___日

目标项	工作计划	执行情形	进度（%）			差异原因	改进办法	有关企业签注意见
			本期预计	本期实际	本期差异			

表 7-4　目标改善追踪表

负责部门（个人）：　　　　　　　　评审人：　　　　　　　　_____年___月___日

目标项	改善办法	预定完成日期	实际完成日期	效果追踪

7.1.4　项目绩效目标设计

项目绩效目标应指向明确，符合发展规划，与相应的财政支出范围、方向、效果紧密相关，并从数量、质量、成本和时效等方面进行细化，尽可能定量表述，确保目标合理可行，符合实际。项目绩效目标设计主要包括以下四个步骤。

（1）对项目的功能进行梳理，包括资金性质、预期投入、支出范围、实施内容、工作任务、受益对象等，明确项目的功能特性。

（2）依据项目的功能特性，预计项目实施在一定时期内所要达到的总体产出和效果，确定项目所要实现的总体目标，并以定量和定性相结合的方式进行表述。

（3）对项目支出总体目标进行细化分解，从中概括、提炼出最能反映总体目标预期实现程度的关键性指标，并将其确定为相应的绩效指标。

（4）通过收集相关基准数据，确定绩效标准，并结合项目预期进展、预计投入等情况，确定绩效指标的具体数值。

7.2 绩效考核指标设计

7.2.1 企业绩效考核指标设计

企业绩效考核指标的建立和完善，有助于企业资源配置和目标协调，有助于提高企业核心竞争力，使其在激烈的竞争环境中得以生存和发展。

企业绩效考核指标通常以企业愿景、使命、价值观为驱动力进行设计。图 7-2 为企业绩效考核指标设计程序示意图。

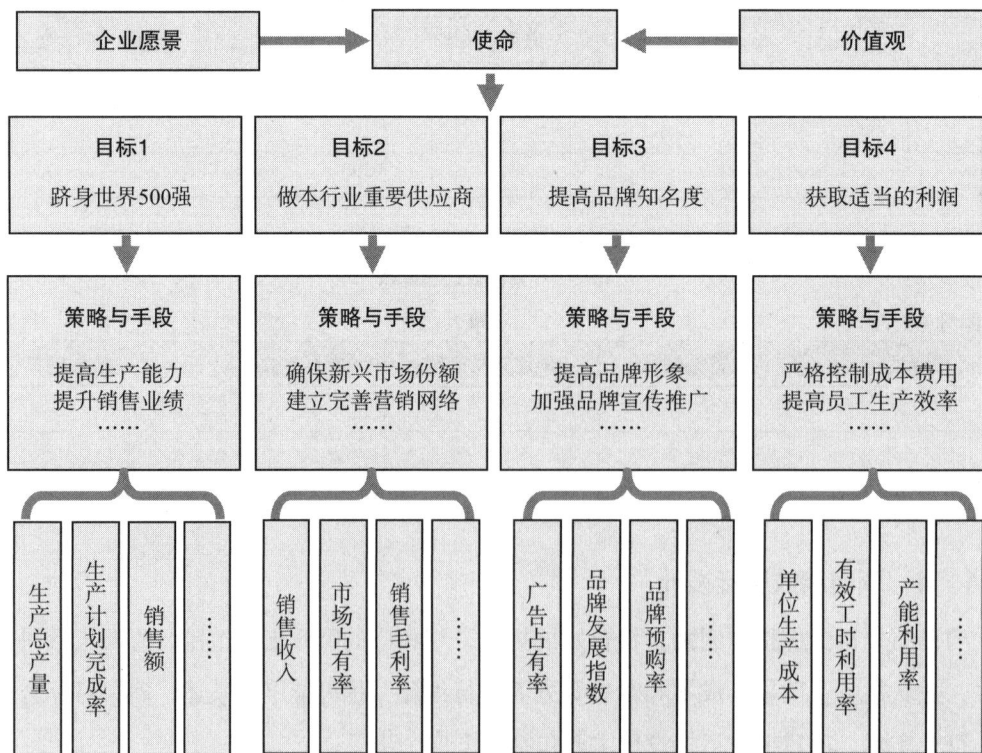

图 7-2 企业绩效考核指标设计程序

7.2.2　部门绩效考核指标设计

部门绩效考核指标的建立和完善，能够有效促进部门上下级沟通和各部门的相互协作，提高各部门的整体绩效水平。

1. 部门绩效考核指标的设定

设定部门绩效考核指标时除考虑部门特点外，还需考虑企业的业务重点和流程的需要。部门绩效考核指标设定及量化操作流程如图 7-3 所示。

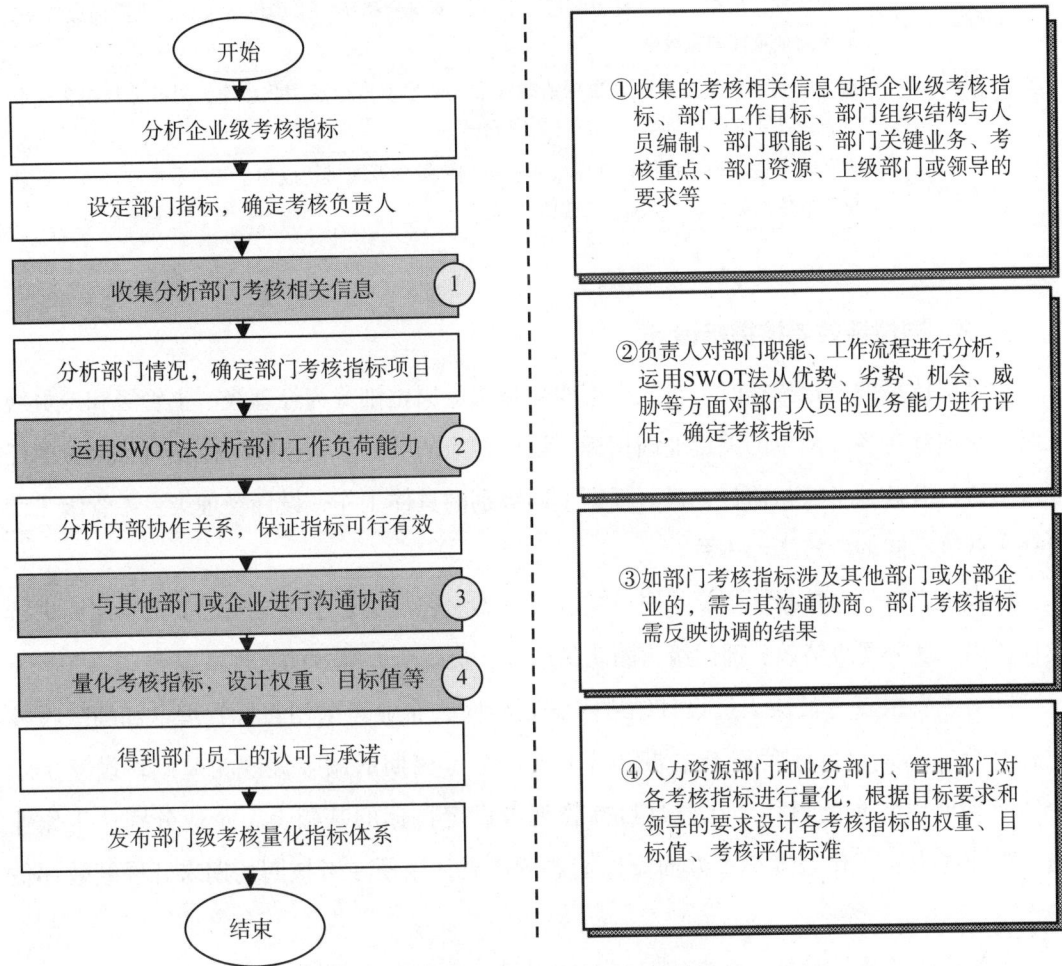

图 7-3　部门绩效考核指标设定及量化操作流程

2. 部门关键绩效考核指标的内容

部门类型不同，考核的侧重点也不尽相同。例如，业务部门绩效指标体系以财务经营指标为主，管理部门绩效指标体系则以行为指标为主。企业核心部门的关键绩效指标汇总如表 7-5 所示。

表 7-5　企业核心部门的关键绩效指标汇总

核心部门	关键绩效指标
生产部门	生产总产量、生产计划及时完成率、产品一次性合格率、设备完好率、原料库存周转率、生产安全事故发生次数、补货订单达成率
销售部门	销售目标完成率、销售毛利率、销售费用率、货款回收计划完成率、市场占有率、渠道覆盖率、广告投放有效率
质量部门	质量合格率、样品鉴定及时率、漏检率、在用质检仪器受检率、质量检验规范完整度、质量体系推行工作计划完成率
采购部门	采购计划完成率、紧急订单响应率、采购质量合格率、采购价格指数、供应商履约率、供应商开发计划完成率
财务部门	报表编制延迟次数、报表数据错漏项数、非生产资金运用收益率、财务分析报告完成率、会计业务电子化率、融资计划完成率
人力资源部门	人员需求达成率、培训计划完成率、薪酬总量预算安排达成率、考核数据准确率、劳动争议发生次数、员工职业生涯规划完成率

7. 2. 3　岗位绩效考核指标设计

设计岗位绩效考核指标时，首先根据职级将每类岗位细分为经理级、主管级和专员级三级，然后针对各个岗位的关键业绩指标，设计相应的绩效考核指标，以便对各岗位的任职人员进行有效的考核与监督，最后根据不同级别的具体工作，设计经理级、主管级（专员级）两级不同的考核指标体系。

经理级人员的考核指标主要从财务类、运营类、客户类、学习与发展类四个层面进行设计，以体现公司级绩效、部门级（团队）绩效、员工个人绩效的实现情况。

针对主管级及专员级人员设计绩效考核指标时，企业可采用目标管理卡和绩效考核表相结合的形式。目标管理卡主要以员工上一个考核期的绩效表现为基础，设立下一个考核期所要实现的目标。在通过目标管理卡设定目标的基础上，企业分别从工作业绩、工作能力、工作态度三个方面设计绩效考核表，以便在考核期的期末开展绩效评估工作。

工作业绩考核是对员工在特定时间内获得的工作成果或履行职务的结果进行的考核；工作能力考核是对员工在工作中表现出来的能力进行的考核，如本岗位工作应具备的技能、技术、技巧；工作态度考核是对员工在工作过程中的行为倾向进行的考核，考核要素主要包括纪律性、积极性、协调性、责任感、自我开发愿望等。

7. 2. 4　项目绩效考核指标设计

项目绩效考核指标一般分为定量指标和定性指标。

定量指标是指在绩效考核过程中，可以准确定义、精确衡量并能设定绩效目标的考核指标。定性指标是指在绩效考核过程中，无法精确衡量或直接通过数据计算得出相应结果，只能通过客观描述和分析来反映评价对象工作结果的考核指标。

在进行考核指标设计时，一般优先选择定量考核指标，它可以准确、客观地描述被考核岗位的工作绩效，减少甚至消除情感因素对考核结果的影响。定量考核指标是项目绩效考核的主要方式。

1．明确指标维度

项目绩效考核主要是从业绩、质量、成本、安全、执行力和员工管理六大维度评估考察部门的工作状态与工作结果。相应地，企业可根据这六大维度建立合理的定量指标体系。

（1）业绩维度

业绩维度主要描述被考核岗位的工作成果和效率水平。

（2）质量维度

质量维度主要描述被考核岗位的工作质量、服务水平和客户满意度等。

（3）成本维度

成本维度主要描述被考核岗位的成本管理和节约能力。

（4）安全维度

安全维度主要描述被考核岗位的安全生产和事故应急处理能力。

（5）执行力维度

执行力维度主要描述被考核岗位的工作执行情况等。

（6）员工管理维度

员工管理维度主要描述团队和员工管理状况。

2．设计定量指标

设计考核指标时，必须紧紧围绕项目预期目标，根据预期目标分解要求和项目要求，确定考核的关键点。企业可运用鱼骨图分析法进行定量指标设计，操作步骤如下。

（1）明确项目考核期内的主要任务和工作要求，并设定预期任务进度和绩效目标。

（2）构建项目鱼骨图框架，并填写项目预期管理目标和六大维度（业绩维度、质量维度、成本维度、安全维度、执行力维度和员工管理维度）。

（3）运用鱼骨图，根据六大维度对预期绩效目标进行合理分解，发掘各维度的关键考核点，并在鱼骨图上标明，具体如图 7-4 所示。

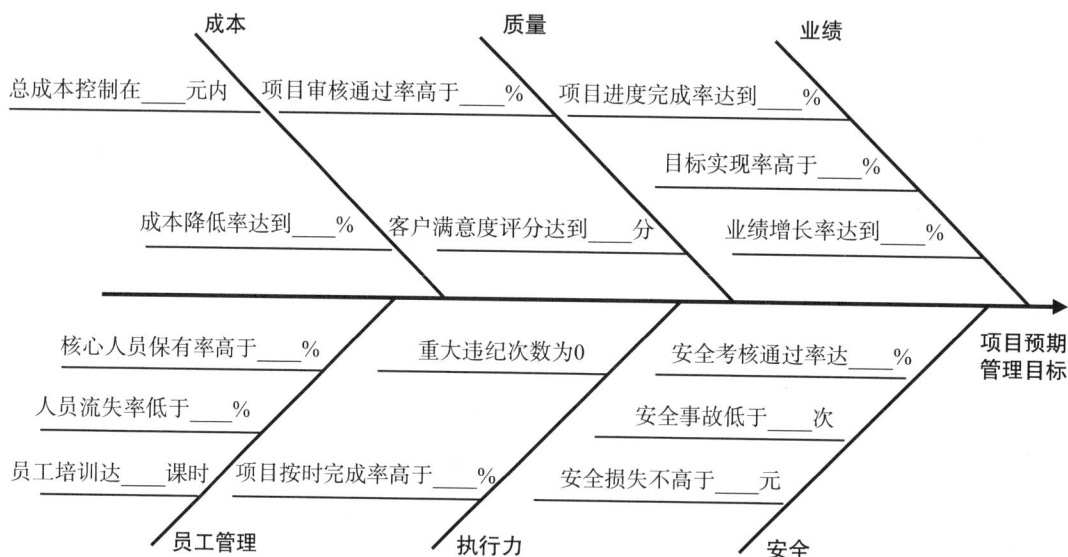

图 7-4 鱼骨图设计定量指标示例

（4）根据具体情况，对关键考核点进行严谨定义，明确数据来源，制定评价标准并设定合理的绩效目标，最终形成定量考核指标。

在进行定量指标设计时，应注意根据项目目标和要求，参考以往量化考核数据，制定合理的绩效目标。绩效目标若设定得过高，则会打击员工的工作积极性，影响总目标的实现；绩效目标若设定得过低，则会影响员工工作效率，不利于发掘员工的工作潜力。

此外，项目部还应不断改进和完善定量指标，根据工作需要淘汰不合理的指标，适当增加一些能反映工作实际状况的指标，以提高绩效考核的客观性和真实性。

7.3 绩效考核方法选择

7.3.1 平衡计分卡考核法

平衡计分卡是企业战略执行与监控的有效工具，它从财务、内部流程、客户、学习与发展四个方面对企业业绩进行评价。它不仅是一个指标评价系统，而且还是一个战略管理系统。

平衡计分卡的特点是始终将组织战略和愿景放在核心地位，构建以战略为核心的开放型闭环组织结构，使财务、客户、内部流程、学习与成长四因素互动互联，浑然一体。

1. 实施流程

平衡计分卡考核法操作流程如下。

（1）建立企业愿景和战略任务

通过调查采集企业各种相关信息资料，运用SWOT分析、目标市场价值定位分析等方法对企业内外部环境和现状进行系统、全面的分析，进而确立企业愿景和战略。

（2）就企业愿景和战略达成共识

与企业所有员工沟通企业愿景和战略，以达成共识。根据企业战略，从财务、客户、内部运营、学习与成长四个方面设定具体的绩效考核指标。

（3）确定量化考核指标

明确财务、客户、内部运营、学习与成长四个方面具体的、可量化的业绩考核指标。

（4）进行企业内部沟通与教育

加强企业内部沟通，利用各种信息传输渠道和手段，如刊物、宣传栏、电视、广播、标语、会议等，对企业的愿景规划与战略构想在全员中进行深入的传达和解释，并将绩效目标及具体的衡量指标逐级落实到各级组织，乃至基层的每一位员工。

（5）确定绩效目标值

确定每年、每季、每月业绩衡量指标的具体数字，并与企业计划和预算相结合。将企业员工每年的浮动薪酬与绩效目标值的完成程度挂钩，形成绩效奖惩机制。

（6）绩效考核的实施

为切实保障平衡计分卡的顺利实施，企业应当不断强化各种管理基础工作，如完善人力资源信息系统，加强定编定岗定员定额，促进员工关系和谐，注重员工培训与开发等。

（7）绩效考核指标的调整

考核结束后，及时汇报企业各个部门的绩效考核结果，听取员工的意见。同时通过评估与反馈分析，对相关考核指标做出调整。

2．考核工具

表7-6是采用平衡计分卡法设计的考核表，仅供参考。

表7-6　采用平衡计分卡法设计的考核表示例

被考核者		岗位		所属部门	
考核者		岗位		考核周期	
指标维度	考核指标	目标值	权重	评估标准	考核得分
财务					
客户					

（续表）

指标维度	考核指标	目标值	权重	评估标准	考核得分
内部运营					
学习与成长					
考核得分总计	—	—	—	—	

7.3.2 关键绩效指标考核法

关键绩效指标（Key Performance Indicator，KPI）考核法是指根据宏观战略目标，将其分解成具有可操作性的战术目标，并将战术目标转化为若干个考核指标，然后借用这些指标，从多个维度，对组织或员工个人的绩效进行考核的一种方法。

关键绩效指标是用来衡量被考核者工作绩效表现的具体量化指标，它来自对企业总体战略目标的分解，反映最能有效影响企业价值创造的关键驱动因素。

1．关键绩效指标体系的建立

关键绩效指标体系是对企业宏观目标进行层层分解后产生的具有可操作性的一系列关键绩效指标。企业关键绩效指标体系的建立通常有以下三种方式，如图7-5所示。

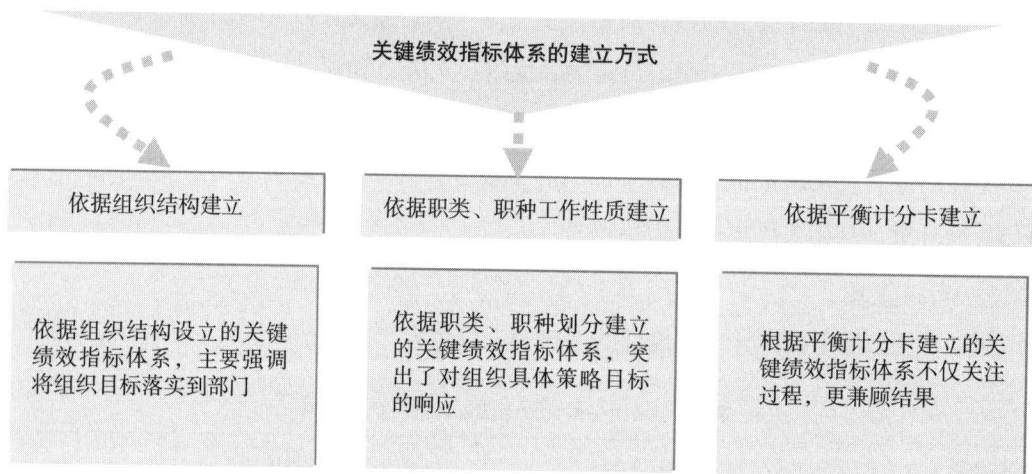

关键绩效指标体系的建立方式

依据组织结构建立	依据职类、职种工作性质建立	依据平衡计分卡建立
依据组织结构设立的关键绩效指标体系，主要强调将组织目标落实到部门	依据职类、职种划分建立的关键绩效指标体系，突出对组织具体策略目标的响应	根据平衡计分卡建立的关键绩效指标体系不仅关注过程，更兼顾结果

图7-5 企业关键绩效指标体系的建立方式

2．关键绩效指标的选择

通常情况下，企业中能够用于绩效考核的指标有很多，其涵盖的范围也比较广，要挑选企业重点关注的关键绩效指标进行监控和考核。企业确定关键绩效指标的常用方法有以下三种，如表7-7所示。

表 7-7 确定关键绩效指标的方法

确定方法	方法说明
标杆基准法	企业将自身的关键绩效行为与本行业最强企业的关键绩效行为进行比较，弄清标杆企业的绩效形成原因，并在此基础上确定本企业的关键绩效指标
成功关键法	通过寻找企业成功的关键要点，并对这些关键要点进行重点监控和层层分解，从而选择和确立用于评估的关键绩效指标
策略目标分解法	通过建立包含财务指标与非财务指标的综合指标体系，对企业的绩效水平进行监控，从而确立企业的关键绩效指标

7.3.3 目标管理考核法

目标管理（Management By Objectives，MBO）考核法，是指按一定的指标或评价标准来衡量员工完成既定目标和执行工作标准的情况，根据衡量结果给予相应奖励的一种方法。它是在整个组织实行目标管理的情况下，对员工进行考核的方法。

1. 确定目标评估类型

通过目标评估，既要及时有效地掌握目标完成情况，又要科学合理地反映目标执行人的绩效。按评估周期不同，可将目标评估分为图 7-6 所示的三种。

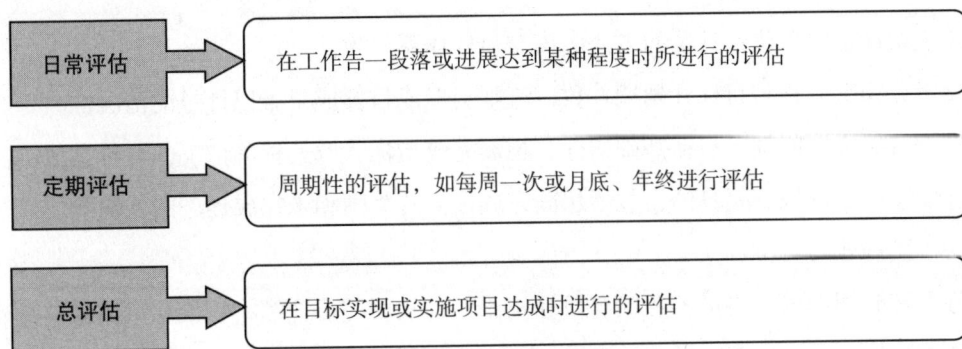

日常评估	在工作告一段落或进展达到某种程度时所进行的评估
定期评估	周期性的评估，如每周一次或月底、年终进行评估
总评估	在目标实现或实施项目达成时进行的评估

图 7-6 目标评估类型

2. 考核实施流程

目前，目标管理考核法被广泛应用，其操作流程如图 7-7 所示。

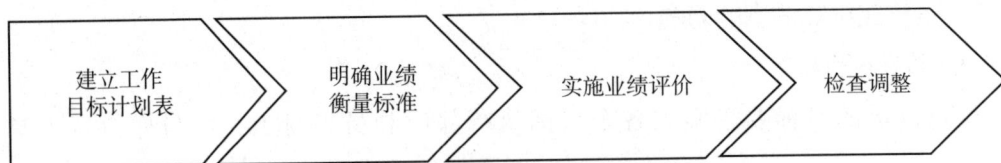

建立工作目标计划表 → 明确业绩衡量标准 → 实施业绩评价 → 检查调整

图 7-7 目标管理考核法操作流程

（1）建立工作目标计划表

员工工作目标计划表的编制由员工和上级主管共同完成。目标的实现者同时也是目标的制定者，这样有利于目标的实现。工作目标计划表的编制一般遵循以下步骤，具体如图7-8所示。

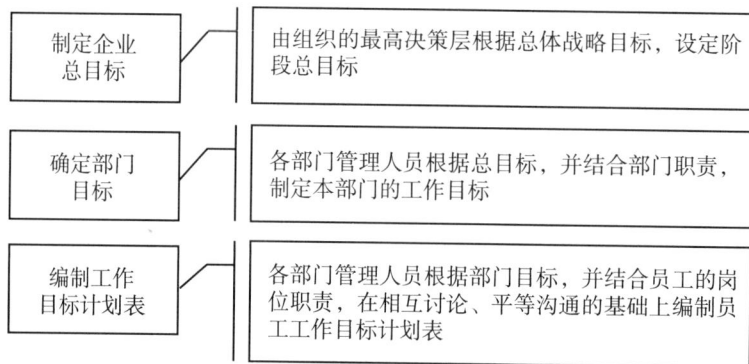

制定企业总目标	由组织的最高决策层根据总体战略目标，设定阶段总目标
确定部门目标	各部门管理人员根据总目标，并结合部门职责，制定本部门的工作目标
编制工作目标计划表	各部门管理人员根据部门目标，并结合员工的岗位职责，在相互讨论、平等沟通的基础上编制员工工作目标计划表

图7-8　工作目标计划表的编制

（2）明确业绩衡量标准

一旦确定某项目标被用于绩效考核工作中，就必须收集相关的数据，明确如何以该目标衡量业绩，并建立相关的检查和平衡机制。明确业绩衡量标准时，应该遵循以下要求。

①成果计量的单位、计量的方法应该与目标体系一致。

②考评频率应该与目标计划期一致，否则会造成目标成果难以计量的情况。

③评价标准要明确，包括基础指标、超额完成指标、未达标等情况的评价办法等。

④奖惩办法的规定要具体，包括超额完成任务的奖励和未完成任务的处罚等。

（3）实施业绩评价

在给定时间期末，将员工业绩与目标相比较，从而评价业绩，识别培训需要，评价组织战略成功性，或提出下一时期的目标。

（4）检查调整

通过业绩评价，可以发现员工实际工作业绩与预定目标之间的差距，并分析这些差距产生的原因，以便及时调整、改进，从而缩小乃至消除上述差距。

3．考核实施需注意的问题

（1）目标执行与修正

企业设定的目标要落实到各个目标执行部门和员工身上，由目标执行人具体执行。

当企业的目标活动不能达成时，企业应该对制定的目标进行修正，具体包括图 7-9 所示的三种情形。

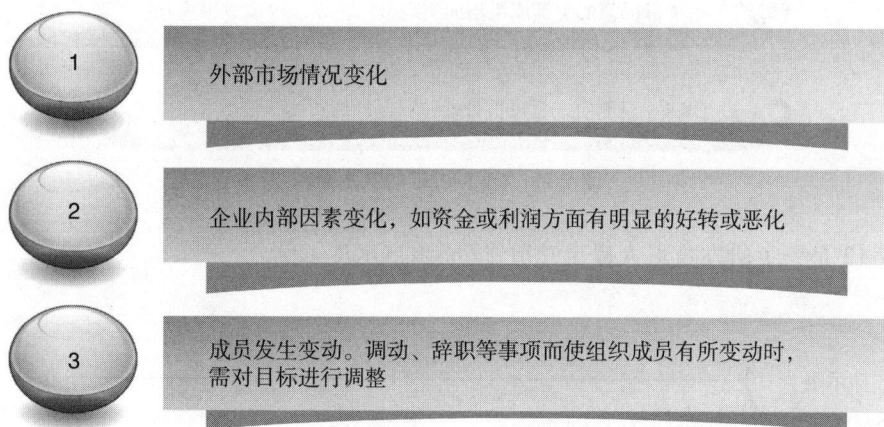

1	外部市场情况变化
2	企业内部因素变化，如资金或利润方面有明显的好转或恶化
3	成员发生变动。调动、辞职等事项而使组织成员有所变动时，需对目标进行调整

图 7-9　目标修正的情形

（2）目标追踪

企业各级目标确定后，必须对目标的实施情况进行跟进，借以发现与预定目标的差异，并及时协商确定改进办法。

4. 提高目标评估结果有效性的措施

为了提高目标评估结果的有效性，企业管理人员至少需做好图 7-10 所示的三方面的工作。

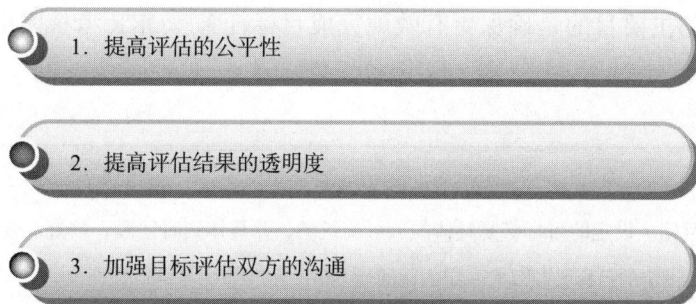

1. 提高评估的公平性

2. 提高评估结果的透明度

3. 加强目标评估双方的沟通

图 7-10　提高目标评估结果有效性的措施

7.3.4　目标与关键成果考核法

目标与关键成果（Objectives and Key Results，OKR）考核法是一套定义和跟踪重点目标及其完成情况的管理工具与方法。OKR 要求企业、部门、团队和员工不但要设置目标，而且要明确完成目标的具体行动。OKR 设定的基本要求如图 7-11 所示。

1. 目标值的设定须是具体的、可量化的、具有一定挑战性的

2. 每个目标值的关键成果指向实现目标，以产出或成果为基础

3. OKR一旦制定，就进行公开，以保证透明度和公平性

图 7-11　OKR 设定的基本要求

图 7-12 是一个研发负责人提出并负责设定的 OKR 示例。

示例

目标：提高产品的稳定性，使可用性达到99.99%

关键成果1：代码覆盖率达到100%

关键成果2：测试流程专业化，用例覆盖率100%，用例通过率100%

关键成果3：产品运行可靠，宕机次数小于等于1次

图 7-12　OKR 设定示例

设定 OKR 的主要目的是确保更有效地完成目标任务。OKR 考核实施流程如图 7-13 所示。

1. 设定目标。设定的目标必是具体的、可衡量的，并具体到时间段、数量、金额等，此外，设定的目标必须具有一定的挑战性

2. 对关键性结果进行可量化的定义，并且明确达成目标/未完成目标的措施

3. 共同努力达成目标

4. 根据项目进展情况进行评估

图 7-13　OKR 考核实施流程

7.3.5　360 度考核法

360 度考核法又称为全方位考核法，是指从与被考核者发生工作关系的多方主体那里获得被考核者的信息，并以此对被考核者进行全方位、多维度的绩效评估的一种考核方法。

这些信息的来源包括：来自上级监督者的自上而下的反馈（上级），来自下属的自下而上的反馈（下属），来自平级同事的反馈（同事），来自企业内部的协作部门和供应部门的反馈，来自企业外部的客户的反馈（服务对象），以及来自本人的反馈。

360 度考核法强调从与被考核者发生工作关系的多方主体那里获得被考核者的信息，如图 7-14 所示。

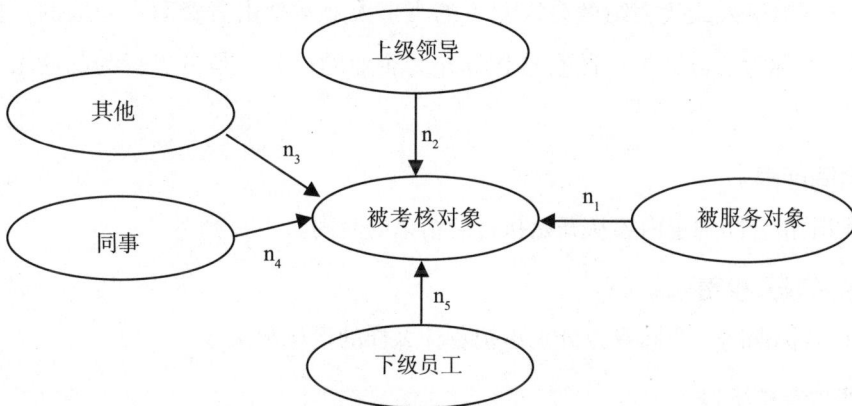

图 7-14　360 度考核法示意图

注：n_1、n_2、n_3、n_4、n_5 分别代表权重，权重设置的一般原则为 $n_1 > n_2 > n_3 > n_4 > n_5$。

360 度考核过程主要分为四个阶段，即考核的准备阶段、设计阶段、实施阶段、评估与反馈阶段，各个阶段的具体工作事项如图 7-15 所示。

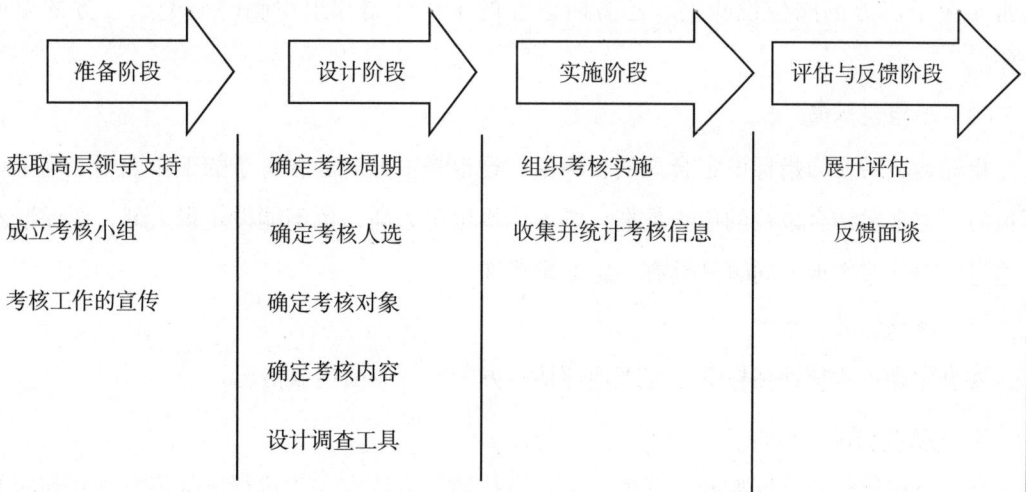

准备阶段	设计阶段	实施阶段	评估与反馈阶段
获取高层领导支持	确定考核周期	组织考核实施	展开评估
成立考核小组	确定考核人选	收集并统计考核信息	反馈面谈
考核工作的宣传	确定考核对象		
	确定考核内容		
	设计调查工具		

图 7-15　360 度考核过程

7．4 绩效考核过程控制

7．4．1 绩效合同的签订

绩效合同是由岗位任职员工与其直接领导根据岗位说明书、工作计划以及组织要求等制定的，是明确考核双方职责与权利的文件。绩效合同通常作为员工与企业签订的正式合同的附件或补充条款使用，与正式合同具有同等法律效力。绩效合同通常包括以下内容。

1．合同双方当事人

合同双方当事人或代表绩效合同双方的当事人通常是由劳资双方组成的，员工作为合同的约束人称为乙方，员工的直接领导作为企业的代表，是员工行为的约束人，称为甲方。

2．合同期限

合同期限指合同约定内容从开始执行到结束的时间。

3．合同双方权责

在履行合同期间，合同双方分别承担着什么样的责任和义务。

4．绩效考核标准

绩效合同将通过绩效考核量表来界定乙方的考核内容及评价标准等。绩效考核量表通常包括以下内容。

（1）绩效项目

绩效项目是合同的最核心部分，明确了受约束人乙方的重点考察项目。绩效项目通常来源于乙方的岗位说明书、乙方阶段性的工作计划和组织临时分配给乙方的重要工作。

（2）项目目标值

指标确定后要为指标设定合理的目标值，这也是甲方对乙方寄予的工作期望。确定指标值时，通常要结合以往的历史数据，既不能设定得太高，也不能设定得太低，要保证乙方通过努力能够实现，同时又具有一定的挑战性。

（3）考核标准

要事先确定考核评估标准，客观地评估乙方的实际业绩达成情况。

5．违约惩罚

在双方履行绩效合同期间，任何一方没有按照双方约定条款执行，都将会受到相应的惩罚。

6．奖惩标准

执行合同时，不同的结果将会得到什么样的报酬或惩罚，需要事先制定明确的标准。奖惩标准通常由甲方事先制定，在此基础上，双方协商确定最终标准。

企业签订绩效合同目的在于进行岗位管理和绩效管理。绩效合同的执行结果除了用于决定奖金、分红发放标准，工资调整幅度，职务调整，以及培训安排依据等，还用于其他一些决策。在制定奖惩标准时，企业要根据不同的结果或标准决定不同级别的奖惩措施。

7．补充条款

补充条款是指在既定的合同中没有体现出来的内容，经双方协商同意后可补充在合同之后。

7.4.2　绩效考核的执行

绩效考核实施处于考核的中间环节，也是整个绩效考核中耗时最长、最为关键的环节。

1．考核实施前动员

为了让全体员工理解绩效考核并支持、配合考核工作，在绩效考核实施前，人力资源部门需进行有效的、有针对性的企业范围内的宣传动员活动，如召开动员大会、张贴海报等。

2．绩效考核程序

绩效考核实施程序主要包括三个阶段，即考核计划制订、考核过程管理与考核结果公布。

考核实施过程中，要根据考核人员职级、岗位等的不同，制定相应的考核方案。

人力资源部门在相关部门的配合下选择绩效考核方法，从业绩、能力、态度三个方面对技术部的员工进行考核，不同岗位员工的考核方法也不尽相同。绩效考核方法主要包括价值法、目标法、计分法、等级法等。

人力资源部门派专人负责整理、汇总考核数据并进行分析，同时将分析结果上报管理层审核。

3．考核过程及结果监督

为了保证考核结果的客观、公正，企业需建立考核监督机制，严肃考核纪律。考核监督机制运行情况如图 7-16 所示。

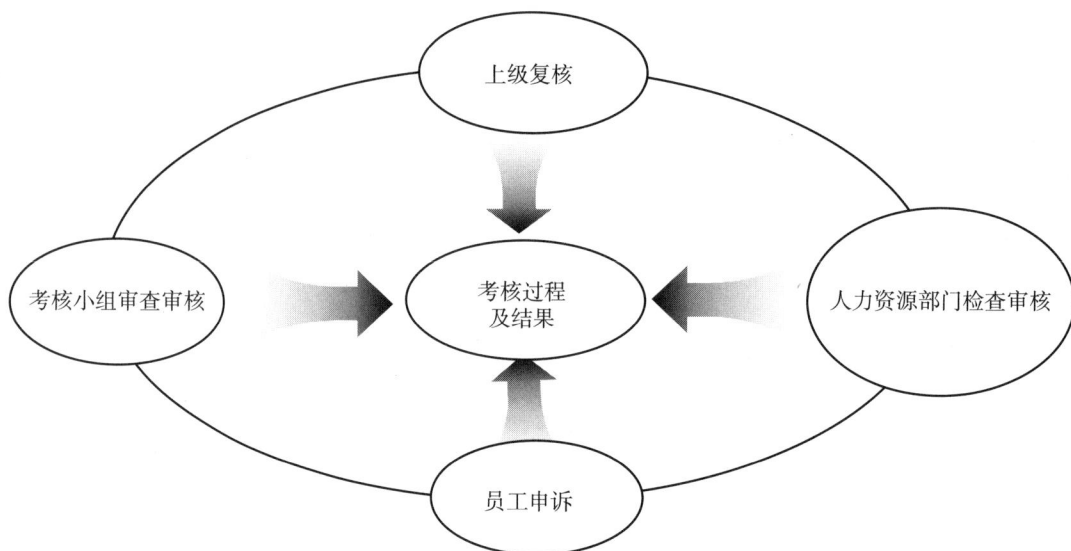

图 7-16　考核监督机制运行情况

7.4.3　考核结果面谈

考核结果面谈是在绩效考核结束后，根据被考核者绩效计划执行情况及工作业绩表现进行全面回顾、总结和评估，并将考核评价结果反馈给被考核者的过程。

1.考核结果面谈的必要性

绩效考核结束后，必须及时与被考核者进行考核结果面谈，这个环节非常重要。进行绩效考核结果面谈可以达到以下几方面的目的。

（1）对被考核者的表现达成一致意见。

（2）使被考核者认识到自己的优点。

（3）明确被考核者工作中需要改进的方面。

（4）制订详细的绩效改进计划。

（5）确定下一周期的绩效工作目标与绩效考核标准。

2.考核结果面谈的准备

（1）主管岗位人员应做的准备

为了有效达成绩效考核结果面谈的目的，主管岗位人员应在面谈前做好以下准备工作，具体如图 7-17 所示。

（2）被考核者应做的准备

在考核结果面谈前，除主管岗位人员应做好准备工作外，被考核者个人也应做好必要的准备工作。图 7-18 为绩效考核结果面谈被考核者应做的准备工作。

| 选择适宜的时间 | 尽量选择在双方都有空闲的时间；尽量不要安排在上下班的时间；面谈时间不宜过长或过短，一般以半小时到一小时为宜 |

| 选择适宜的场所 | 尽量选择封闭的、不容易受干扰的场所；座次安排尽量不要面对面，以免给被考核者造成较大的心理压力 |

| 准备好面谈材料 | 准备好被考核者绩效考核表、日常工作表现记录、员工定期工作总结、岗位说明书等面谈所需材料 |

| 安排好先后顺序 | 明确考核结果面谈都要谈哪些内容，各部分先后顺序如何安排，以及各部分所花费的大致时间等 |

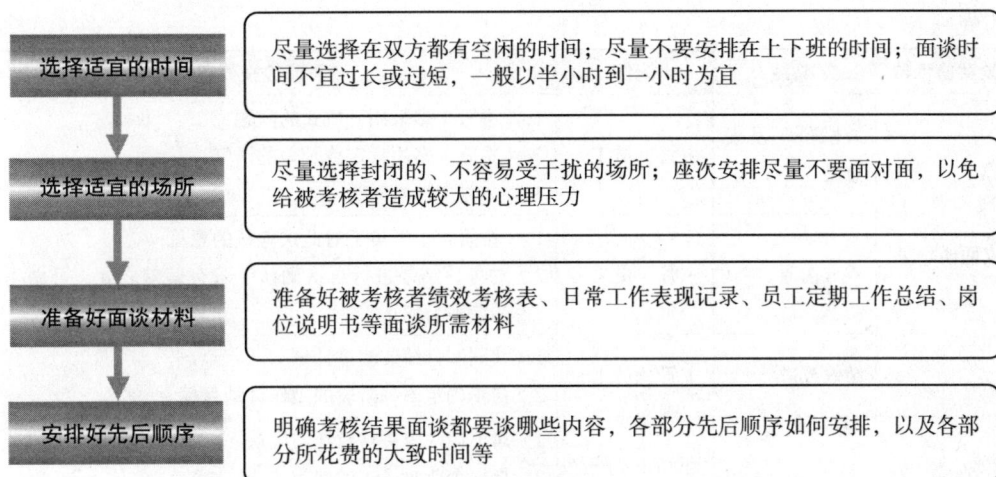

图 7-17　绩效考核结果面谈主管岗位人员应做的准备工作

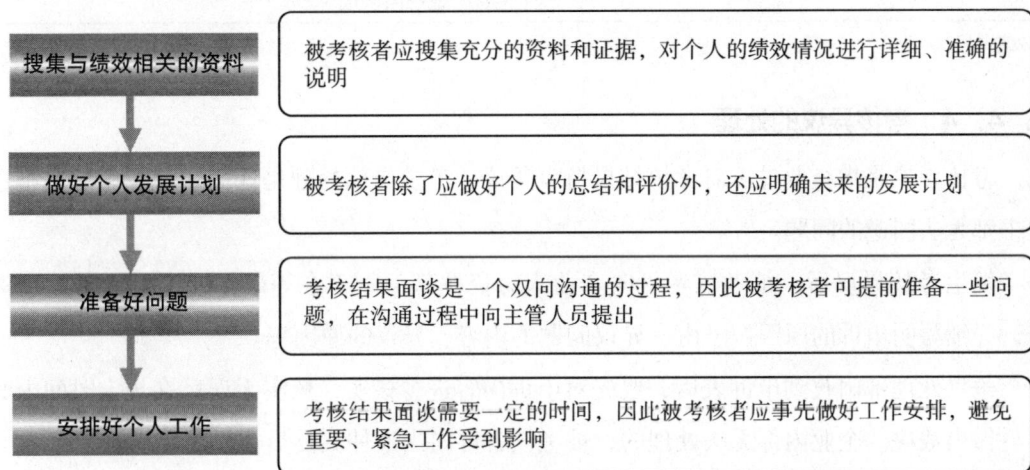

| 搜集与绩效相关的资料 | 被考核者应搜集充分的资料和证据，对个人的绩效情况进行详细、准确的说明 |

| 做好个人发展计划 | 被考核者除了应做好个人的总结和评价外，还应明确未来的发展计划 |

| 准备好问题 | 考核结果面谈是一个双向沟通的过程，因此被考核者可提前准备一些问题，在沟通过程中向主管人员提出 |

| 安排好个人工作 | 考核结果面谈需要一定的时间，因此被考核者应事先做好工作安排，避免重要、紧急工作受到影响 |

图 7-18　绩效考核结果面谈被考核者应做的准备工作

3．考核结果面谈的实施

企业绩效考核结果面谈的实施步骤如表 7-8 所示。

表 7-8　企业绩效考核结果面谈的实施步骤

面谈实施步骤	内容	岗位	面谈实施要点
暖场阶段	创造良好的谈话氛围	主管	1．慰问并感谢员工的辛勤工作 2．营造真诚、信任的面谈氛围，让员工放轻松 3．说明面谈的目的
正式面谈阶段	告知考评结果	主管	1．对员工的工作表现进行点评 2．对员工绩效表现不足之处进行分析 3．肯定员工的进步与努力

（续表）

面谈实施步骤	内容	岗位	面谈实施要点
正式面谈阶段	鼓励员工发表意见	主管、员工	1.（主管）多采用开放式的问题 2.（主管）多用肯定或赞美的语气 3.（主管）认真倾听
	双方沟通	主管、员工	1.（主管）了解员工对此次考核的意见 2. 对考核结果进行再次确认，若有偏差之处，可做相应的调整与纠正
	绩效改进	主管、员工	1. 共同制订绩效改进计划 2. 初步确定下一阶段的工作计划目标
结束阶段	总结与管理	主管	1. 对上述内容进行总结与确认 2. 指出企业对员工的期望 3. 确定下次绩效面谈的时间 4. 感谢员工的参与 5.（主管）整理面谈记录

7.4.4 考核异议的处理

考核异议是指企业员工对考核结果持有争议。考核异议处理是任何企业在考核实施过程中都无法回避的问题。

发生考核异议后，被考核者可向企业人力资源部门、工会等部门递交绩效考核申诉表，详细写明申诉的原因、事由、异议问题的内容、异议的原因等。

争议处理部门收到申诉表后，要先对申诉内容进行核实，核实无误后在规定时间内对申诉做出裁决。企业内部无法处理的，被考核者可向当地仲裁委员会提出申诉。

7.5 绩效考核结果应用

7.5.1 绩效问题的处理

目前绩效管理已成为企业人力资源管理工作的核心内容，并逐步成为企业管理者的重要管理手段。绩效管理过程中可能出现的问题有绩效管理制度问题、绩效目标设定问题、绩效考核问题，相关的处理手段如表7-9所示。

表7-9 绩效问题处理

序号	问题	处理
01	绩效管理制度问题，如制度设计简单等	◇ 明确绩效管理制度的指导思想、基本原则、绩效管理的战略地位 ◇ 明确绩效考核的对象、考核周期、考核机构、考核时间与考核程序 ◇ 明确绩效考核的主体、考核维度及考核权重设计

（续表）

序号	问题	处理
02	绩效目标设定问题，如目标设计随意、目标性不强、目标设置不合理等	◇ 组织绩效目标要结合组织的发展愿景、战略来设定分阶段期望实现的目标 ◇ 注意组织绩效目标分解，后续工作需要组织的各个部门协同合作完成 ◇ 主管人员应该对组织绩效目标的实现情况进行追踪，以随时了解绩效目标的完成情况
03	绩效考核问题，如考核过程中出现的沟通问题、认识问题等	◇ 主管人员应正视和认真处理绩效考核问题，根据具体情况制定考核标准 ◇ 企业相关人员若发现绩效考核问题，应做出快速反应，解决问题或减少损失 ◇ 应做好绩效考核问题的跟踪处理工作，定期汇报问题处理情况，直至处理工作完成

7.5.2　考核结果的应用

1. 考核结果在薪酬中的应用

影响企业薪酬结构体系设计的因素有很多，如企业竞争实力、市场薪资水平、职位、员工的绩效表现等。基于此，为了更好地激励员工，企业在设计员工薪酬结构时，会将员工的绩效表现与薪酬直接挂钩，作为薪酬的重要组成部分。由于员工工作岗位、工作性质的不同，其绩效薪酬占员工工资总额的比例也会有所不同。

2. 考核结果在培训中的应用

员工培训是企业人力资源管理中不可或缺的环节之一。为了提升培训的效果，企业可以通过分析员工绩效考核的结果，找出存在不足的地方，进而设计出有针对性的培训方案，这样能使培训更有成效。

3. 考核结果在岗位调整中的应用

通过对员工全方位的考核，可以了解员工取得的业绩、具备的工作能力、发展潜力等方面的内容，并作为员工工作岗位调整（职位晋升、降职、轮岗等）的重要参考依据之一。

（1）绩效结果与晋升晋级调整

例如，某企业的绩效考核结果显示，某位员工的能力绩效非常突出，在现有岗位上能力完全没有发挥出来，完全可以胜任更高一级的岗位，此时可对其进行晋升晋级调整。

员工晋升晋级一般需满足以下条件之一，具体如图 7-19 所示。

员工晋升晋级条件

年终或年中考核表现优秀的员工

经内部考核认为可以胜任的员工

试用期考核成绩特别优秀的员工

按企业有关规定达到晋升晋级要求的员工

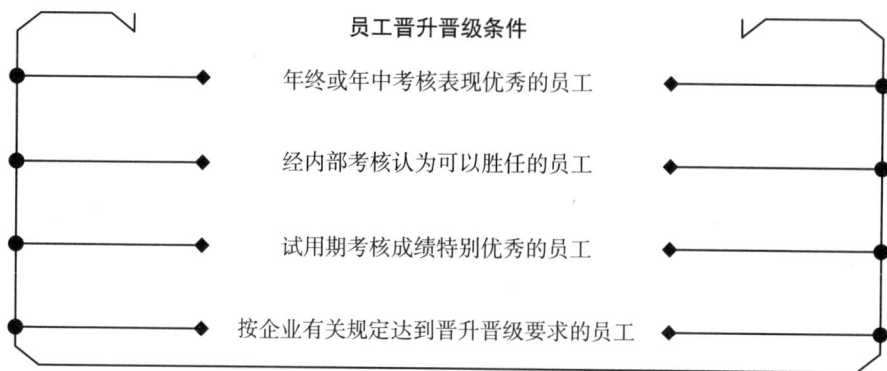

图 7-19　员工晋升晋级条件

（2）绩效结果与内部岗位平调

通过对绩效考核结果的分析，发现有些员工由于个人爱好或其他原因不适应现有职位，能力没有充分发挥，此时可对其进行内部岗位平调。

员工内部岗位平调一般需同时满足以下条件，具体如图 7-20 所示。

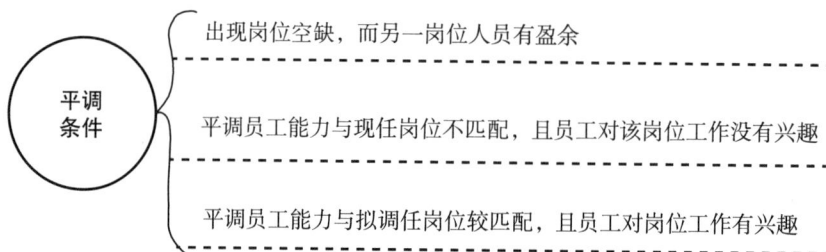

平调条件

出现岗位空缺，而另一岗位人员有盈余

平调员工能力与现任岗位不匹配，且员工对该岗位工作没有兴趣

平调员工能力与拟调任岗位较匹配，且员工对岗位工作有兴趣

图 7-20　员工内部岗位平调条件

（3）绩效结果与内部降职降级调整

通过对绩效结果的分析，对一些等级较低，逐渐不能胜任现有职位或平级岗位，但可以胜任较低序列职位的员工，可参照个人选择，有组织、有计划地对其进行降职降级调整，真正做到人适其事，事得其人。

员工降职降级调整一般需满足以下条件之一，具体如图 7-21 所示。

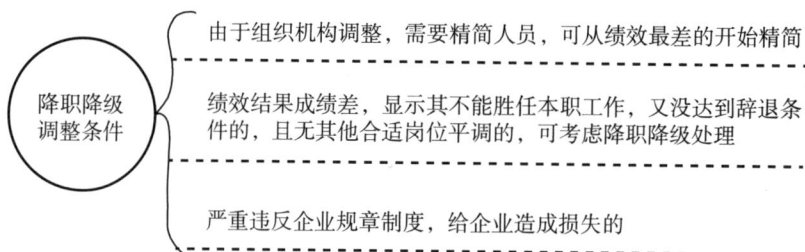

降职降级调整条件

由于组织机构调整，需要精简人员，可从绩效最差的开始精简

绩效结果成绩差，显示其不能胜任本职工作，又没达到辞退条件的，且无其他合适岗位平调的，可考虑降职降级处理

严重违反企业规章制度，给企业造成损失的

图 7-21　员工降职降级调整条件

7.6　绩效管理设计

7.6.1　绩效管理标准

　　绩效管理是指各级管理者和员工为了达成组织目标，共同参与绩效计划制订、绩效辅导沟通、绩效考核评价、绩效结果应用、绩效目标提升的持续循环过程。绩效管理的目的是持续提升个人、部门和组织的绩效。制定绩效管理标准的目的是使管理过程中的一切活动都可执行、可量化、可比较。绩效管理标准应包含以下五个方面的内容。

1．指标标准

　　一般根据不同的考核内容将绩效管理指标分为工作业绩指标、工作能力指标和工作态度指标。

　　（1）工作业绩指标

　　工作业绩指标是以工作行为所产生的结果为导向的考核指标。它直接反映了绩效管理的目的即提高企业的整体绩效来实现企业的既定目标，一般包括完成工作的数量指标、质量指标、工作效率指标和成本费用指标等。

　　（2）工作能力指标

　　工作能力指标是以具体岗位要求的工作能力为导向的考核指标。不同的岗位对员工工作能力的要求是不同的，在绩效考核中将工作能力列为考核指标，能够真正反映员工的整体绩效，具体表现为解决问题的能力、创新能力及团队协作能力等。

　　（3）工作态度指标

　　工作态度指标是以员工的工作行为为导向的考核指标。不同的工作态度会产生不同的工作结果。因此，在绩效考核时，管理者还应将工作态度列入绩效考核的范畴，以此来规范员工的工作行为，确保绩效管理的效力。

2．定性标准

　　定性标准是指无法通过数据计算考核内容，需要对考核对象进行客观描述和分析来反映考核结果的指标。

3．定量标准

　　定量标准是指可以准确用数量定义、精确衡量并能设定绩效目标的考核指标。定量指标又分为绝对量指标与相对量指标，绝对量指标如销售额，相对量指标如销售额增长率。

4．考核标准

　　考核标准是指对承担企业经营过程及结果的各级管理人员完成指定任务进行考核的指标。例如，对企业员工的品德、工作绩效、能力和态度进行综合检查与评定，以此确定其工作业绩和潜力的管理办法。

5. 应用标准

绩效考核结果主要应用在绩效改进与提升和绩效奖惩两个方面，而在绩效考核结果应用的制度设计中没有明确具体的应用标准，容易导致考核结果应用不公正或无效。因此，在设计绩效考核结果应用标准时，要坚持以下三项原则。

（1）以人为本、促进员工的职业发展。

（2）将员工个体与组织紧密联系起来，促进员工与企业共同成长。

（3）统筹兼顾，综合运用，为人事决策提供依据。

7.6.2 绩效管理制度

绩效管理制度是企业开展员工绩效评价工作的依据，是企业程序化、规范化开展绩效管理工作的前提。绩效管理制度内容设计如表7-10所示。

表7-10 绩效管理制度内容设计

要素	内容细分	相关说明
绩效管理制度总则设计	制定目的	制定制度时首先要明确其目的。绩效管理制度的目的包括制定本制度的目的和绩效管理工作的目的
	制度适用范围	企业在设计、编制绩效考核制度时，需明确该制度的约束对象和事项。规范化的、管理成熟度高的企业设计的考核体系往往比较完善，分类（横向职能序列）分层（纵向岗位级别）较细，包含各层级、各职能目标的事项；与之对应的，需设计分类分层的考核制度、办法、规定、细则等来约束、规范考核程序及相关工作
	考核遵循原则	企业在实施绩效考核时，要遵循公平、公正、公开的原则，以定量考核为主的原则，以事实或可靠材料为依据的原则，有绩效反馈的原则
	管理职责设计	绩效管理工作需要企业全员参与，绩效管理工作职责可分为绩效考核组织管理、考核组织实施和执行考核评估三大职责
绩效管理制度正文设计	绩效考核内容设计	业绩考核主要指的是对员工履行职责情况及工作结果的考核，以及对员工贡献程度的衡量和评价，包括个人业绩考核和团队业绩考核两类
		能力考核指的是参照能力考核标准，考核员工在实际工作中具备的能力，以及与所担当职务的匹配程度
		态度考核指的是对员工进行某项工作的认知态度及为此付出的努力程度的考核，一般选取对工作业绩产生较大影响的指标，如协作精神、工作热情等
	绩效考核指标设计	绩效考核指标需根据绩效目标和关键业绩行为来设定，采用自上而下的方式进行分解、细化、量化，让广大员工、管理者共同参与，最终达成目标承诺
	绩效考核方法设计	考核方法不同，具体考核实施工作也不同。企业在设计绩效管理制度时，需确定绩效考核方法，并根据确定的考核方法，编制操作规范

（续表）

要素	内容细分	相关说明
绩效管理制度正文设计	绩效考核周期设计	绩效考核周期，即多长时间进行一次考核，包括定期考核和不定期考核。不定期考核通常是出于一些特定的目的而进行的。定期考核可分为周考核、旬考核、半月度考核、月度考核、季度考核、半年度考核、年度考核等
	绩效考核等级划分	绩效考核等级是指对员工绩效考核结果进行划分的等级。其与具体的绩效指标和标准有关，也与企业考核主体和方式有关。绩效等级划分需建立在公正、公平、客观的绩效考核工作基础上。考核等级划分方法主要包括根据得分直接划分等级法（绝对标杆法）、强制比例分级法、分数及人数分布限制法、等级人数比例控制法等
	绩效面谈管理	直接上级需要和被考核者进行双向沟通，即进行绩效面谈。面谈结果一般于考核结束后一个月内通知被考核者，由人力资源部门负责保存考核记录，建立考核档案
	绩效改进管理	绩效面谈结束前，面谈人需注意对双方的观点进行总结，并制订一个有效的工作改进计划。改进计划的内容包括设定目标，确定行动步骤、行动时间等，改进目标需具体、可衡量、可接受、可达成，且有时效性
	考核申诉管理	企业公布考核结果后，被考核者若对考核结果有异议，需及时提出。如果上级未及时处理或被考核者对处理结果不满意，被考核者可在规定时间内向人力资源部门提出书面申诉，填写考核申诉表，考核申诉表应包含申诉人姓名、所在部门、岗位、申诉事由、申诉日期等信息
	考核结果应用	考核结果可以应用于人员培训与开发、劳动工资与报酬、员工潜能评价和职业指导等方面
绩效管理制度附则设计		绩效管理制度条文在收尾时，应对制度的制定、审批、实施、修订、使用日期进行说明，以加强其真实性、严肃性。绩效管理制度附则一般包括四项内容：制度未尽事宜的解释，制度的制定单位、修订单位、审批人及审批权限，制度生效的条件、适用的起始日期或生效日期，其他与制度相关的、可归入附则的内容

7.6.3　绩效管理方案

绩效管理方案是人力资源部门为调整人事政策、制定激励制度而设计的制度依据，是绩效管理的一个重要环节。合理的绩效管理方案能够有效促进上下级沟通。以销售岗位为例介绍绩效管理方案的设计示例，扫描下方二维码即可查看。

第8章
激励设计

8.1 激励机制

8.1.1 激励模式选择

激励是指企业通过满足员工的需要而使之努力工作,从而实现企业目标的过程。通过激励,可以挖掘员工的潜能,调动员工工作的积极性和创造性,吸引更多的员工为实现企业目标而努力。

1.激励模式

激励主要有物质激励和精神激励两种模式。

（1）物质激励

物质激励方法是运用奖励实际物质的手段,使受激励者得到物质上的满足,从而提升其积极性与满意度的激励方法。

（2）精神激励

精神激励方法是指通过精神方面的无形激励,以调动员工工作的积极性、主动性和创造性的激励方法。

由于不同层次的员工的需要是不同的,不能千篇一律地用同一种精神激励方式,因此企业应从不同的需要出发制定有效的激励方法。表8-1列出了常见的六种精神激励方法。

表 8-1　常见的六种精神激励方法

激励方法	方法说明
情感激励	管理者与员工不再是单纯的命令发布者和命令实施者。管理者和员工有了除工作命令以外的其他沟通，这种沟通主要情感上的沟通，如管理者会了解员工对工作的一些真实想法，或员工在生活上和个人发展上的一些其他需求
目标激励	目标激励是企业为员工设置适当的目标，为员工提供方向，激发他们产生为实现目标而努力工作的行为动机。目标激励要求将企业的经营目标与员工的个人目标结合起来，使企业目标和员工目标相一致
榜样激励	通过具有典型性的人物和事例，营造典型示范效应，让员工明白提倡或反对什么作风和行为，鼓励员工学先进、帮后进
数据激励	用数据显示成绩和贡献，能更好地激励员工的进取心。对能够定量显示的各种指标，要尽可能地进行定量考核，并定期公布考核结果，这样可使员工明确差距，迎头赶上
奖惩激励	奖惩激励是企业管理活动中的一种常用的激励方法，如表扬、赞赏、晋级和批评、处分、开除等就是一些常见的奖惩形式
参与激励	激发员工以主人翁的态度参加企业的经营管理，营造一种全员管理的气氛，从而激发员工的工作积极性

2．激励模式的确定

管理者在激励员工的过程中，要根据实际情况灵活地采用激励方式，以达到激励效果最大化。

（1）根据员工不同的个性类型来选择激励模式

随着时间的推移、环境的变化，此时此地的主导需要和彼时彼地的需要并不相同，同一种激励手段取得的效果也不同。对于不同类型的员工，企业可采取不同的激励方法，如表 8-2 所示。

表 8-2　激励建议

员工类型	激励建议
竞争型员工	物质激励、竞争激励、荣誉激励等
成就型员工	物质激励、目标激励、任务激励、榜样激励等
自我欣赏型员工	物质激励、尊重激励等
服务型员工	物质激励、表扬激励等
科研技术型员工	物质激励、环境激励等。环境激励是指提供良好的工作条件、提供先进的仪器设备、提供观摩学习深造的机会等

（2）依据员工所处的年龄阶段来选择激励模式

不同年龄阶段的员工的需求会有所不同，因而对其激励的模式也就不太一样，具体如表 8-3 所示。

表 8-3 激励建议

年龄阶段	特点	激励建议
青年员工	勇于开拓、兴趣广泛、精力充沛	薪酬激励、福利激励、任务激励、培训激励等
中年员工	工作经验丰富、追求自我价值的实现	薪酬激励、福利激励、职务激励、荣誉激励等

8.1.2 员工激励计划

企业制订员工激励计划可以充分调动员工工作的积极性、主动性，吸引优秀的人才，增强企业的凝聚力。某企业内部讲师激励计划示例，扫描下方二维码即可查看。

8.1.3 激励方案设计

1. 激励方案设计内容

激励方案主要包括图 8-1 所示的四个方面的设计内容。

2. 方案设计步骤

（1）明确激励目的

企业激励员工的目的大多是确保企业目标的实现，激发员工的工作积极性，建立与员工双赢的局面。

（2）确定激励对象

如果激励计划的激励对象确定不当，产生不公平的现象，以至于引起员工的不满情绪，将会对企业运营产生不利的影响。

（3）选择激励方法

激励方法应与员工的绩效水平、职业规划和个人需求相匹配。

（4）制定激励方案

在制定激励方案的过程中，企业可根据实际情况调整激励方案。

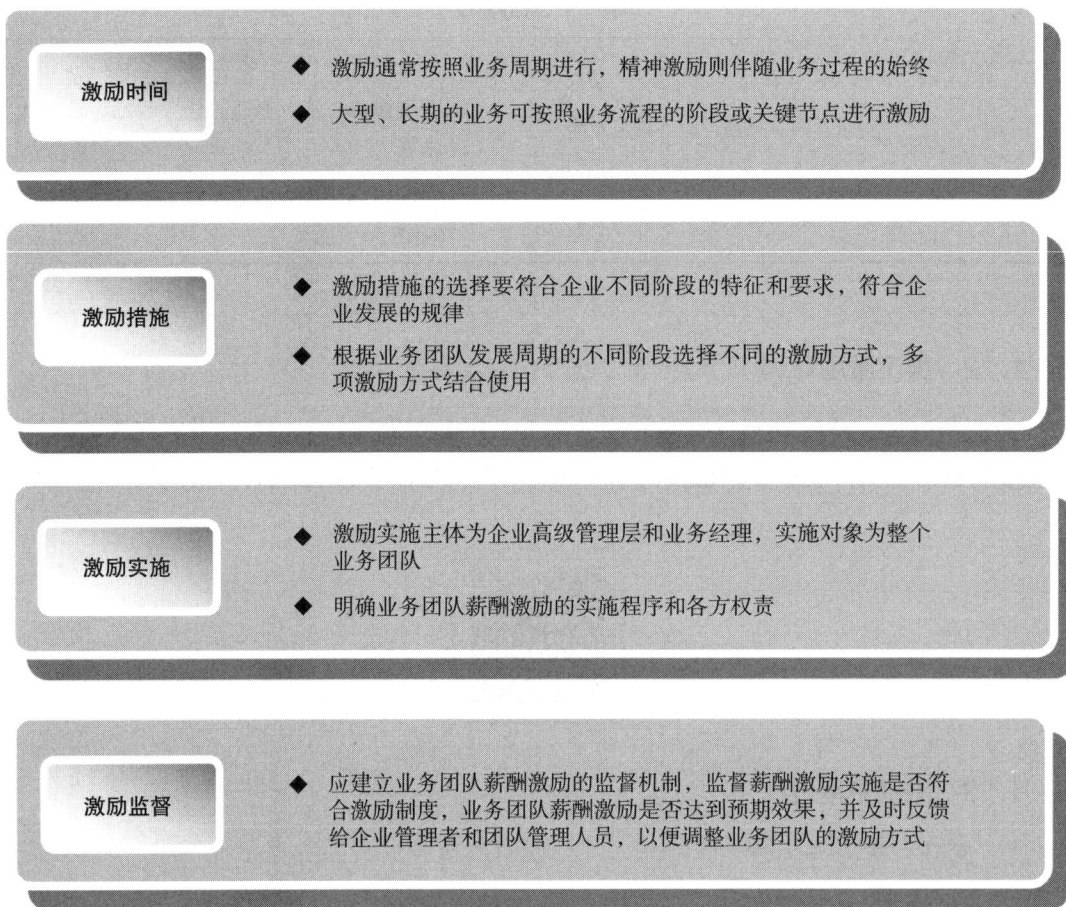

激励时间
◆ 激励通常按照业务周期进行，精神激励则伴随业务过程的始终
◆ 大型、长期的业务可按照业务流程的阶段或关键节点进行激励

激励措施
◆ 激励措施的选择要符合企业不同阶段的特征和要求，符合企业发展的规律
◆ 根据业务团队发展周期的不同阶段选择不同的激励方式，多项激励方式结合使用

激励实施
◆ 激励实施主体为企业高级管理层和业务经理，实施对象为整个业务团队
◆ 明确业务团队薪酬激励的实施程序和各方权责

激励监督
◆ 应建立业务团队薪酬激励的监督机制，监督薪酬激励实施是否符合激励制度，业务团队薪酬激励是否达到预期效果，并及时反馈给企业管理者和团队管理人员，以便调整业务团队的激励方式

图 8-1　激励方案的设计内容

3．注意事项

设计激励方案时应注意以下五点事项。

（1）不能过于重视短期的业务目标而忽略了企业的长期目标。

（2）应以人为本，加强沟通，满足业务团队成员的物质需求时，还要兼顾业务团队的精神需求。

（3）在以团队为导向进行激励分配时，不能忽略业务团队中个人角色分配和能力表现。

（4）应建立完善的业务团队绩效考核体系，尽量避免团队中搭便车的行为。

（5）应时刻关注市场环境和团队变化，根据工作实际情况变化适时适度调整激励措施。

8．2　股权激励

8．2．1　股权激励模式的设计

依据不同的标准，股权激励有不同的模式类型。一般有根据激励对象享有的权利和义务来划分及根据企业不同组织形式来划分两种方式。

1．根据激励对象享有的权利和义务来划分

根据激励对象享有的权利和义务来划分，股权激励可以分为现股激励和期股激励。

现股激励是指激励对象按照与物理资本产权主体约定的价格购买一定数量的股票，并享有股票的一切权利，股票收益在当年可以兑现的一种激励方式。期股激励是指企业的所有者与激励对象协商确定股票价格，在某一时期内允许激励对象以一定的方式取得适当比例的企业股份的一种激励方式。现股激励与期股激励的比较如表 8-4 所示。

表 8-4　现股激励与期股激励的比较

类型	增值收益权	持有风险	股权表决权	资金及其投入	享受贴息
现股激励	有	有	有	有	无
期股激励	有	有	无	无	有

2．根据企业不同组织形式来划分

根据《中华人民共和国公司法》的规定，公司分为有限责任公司和股份有限公司。有限责任公司的股东以其认缴的出资额为限对公司承担责任；股份有限公司的股东以其认购的股份为限对公司承担责任。

依据以上内容，股权激励模式可以分为股份激励和股票激励。

（1）股份激励

股份激励是指有限责任公司的股东与激励对象约定，在激励对象达到时限约定的业绩目标时，激励对象可以及时分享相应股权的部分或全部权益的激励方式。

国内外常见股份激励模式的比较如表 8-5 所示。

表 8-5　国内外常见股份激励模式的比较

类型	股份获得方式	权利范围	激励对象	激励力度和期限
分红权股份	激励对象附条件受赠分红对象	限于分红	主要高层管理人员和核心技术人员	较小且不稳定
分红回填股份	激励对象用分红回填股份	逐步取得相应股份的全部股权	主要高层管理人员和核心技术人员	较大且长期

（续表）

类型	股份获得方式	权利范围	激励对象	激励力度和期限
有限购买股份	激励对象优于第三人购买公司股份	取得购买部分股份的股权	经理等高层管理人员、技术人员或普通员工	较小但长期
赠予股份	激励对象附条件受赠股份	取得受赠部分股份的股权	经理等高层管理人员和核心技术人员	较大且稳定
技术入股	激励对象用技术置换股份	取得入股部分股份的股权	核心技术人员	大且长期
员工持股	全体或部分员工购买股份	通过持股会或代表人行使相应股权	全体或部分员工	视情形而定，存在法律障碍

（2）股票激励

股票激励是指股份有限公司的股东与激励对象约定，在激励对象达到时限约定的业绩目标时，通过一定的程序或多种形式，激励对象可以分享相应股票代表的股权部分或全部权益的激励方式。

股票激励的原理是，当激励对象通过努力使得企业业绩得到提升时，如果资本市场是有效的，企业股价也会随业绩的提高而提高，激励对象则从股价上升中获得收益。常见的股票激励模式有虚拟股票、股票增值权、限制性股票计划等。

国内外常见股票激励模式的优缺点及适用的企业类型如表8-6所示。

表8-6 国内外常见股票激励模式的优缺点及适用的企业类型

激励模式	优点	缺点	适合的企业类型
虚拟股票	虚拟股票发放不会影响公司的总资本和所有权结构，无须证监会的批示，只需股东大会通过即可	公司的现金压力较大，虚拟股票的行权价和抛售时的价格确定难度较大	现金流量比较充裕的非上市公司和上市公司
股票增值权	激励对象无须付钱购买，无须证监会审批	资本市场的弱有效性使股价和经营者的业绩关联不大，公司的现金压力较大	现金流量比较充裕且股价比较稳定的上市公司或非上市公司
限制性股票计划	激励对象一般不需要付钱购买，可激励高级管理人员将更多的时间和精力投入到长期战略目标中	业绩目标或股价目标的确定较困难，现金流压力较大	业绩不佳的上市公司，产业调整期的上市公司，初创立的非上市公司
延期支付计划	锁定时间长，减少了经营者的短期行为，计划可操作性强	高级管理人员持股数量较少，难以产生较大的激励力度，二级市场有风险，经营者不能及时将薪酬变现	业绩稳定型上市公司及集团公司、子公司
储蓄——股票参与计划	吸引和留住高素质人才并向所有员工提供获取公司潜在收益的机会	激励力度可能不够，有平均化倾向，激励作用较小	高科技上市公司及其子公司，创业板上市公司及其子公司

（续表）

激励模式	优点	缺点	适合的企业类型
股票奖励	激励对象一般不需要付钱购买	业绩目标的科学性很难保证，容易导致高级管理人员为获取业绩股票而弄虚作假，高级管理人员抛售股票受到限制，现金流压力较大	上市公司或非上市公司，业绩平稳或一般的公司
业绩股票	激励高级管理人员努力完成业绩目标，实现股东和高级管理人员的双赢	业绩目标的科学性难以保证，易导致高级管理人员为获取业绩股票而弄虚作假，高级管理人员抛售股票受到限制	业绩稳定型上市公司及其集团公司、子公司
业绩单位	激励高级管理人员努力完成业绩目标，实现股东和高级管理人员的双赢，无须证监会的审批，只需股东大会通过即可	激励对象获得的为现金，激励没有长期性，业绩目标的科学性很难保证，容易导致高级管理人员为获取业绩股票而弄虚作假	现金流量比较充裕且股价比较稳定的上市公司或非上市公司
管理层/员工收购	将管理层/员工的利益与公司的利益紧密结合起来，激励力度大	目标公司价值的准确评估较困难；收购资金来源缺乏；若处理不当，收购成本将激增	国有资本退出的企业，国有民营型上市公司，国有民营型非上市公司，集体性质企业，反收购时期的公司，拟剥离业务或资产的公司

8.2.2　股权激励标准与条件

1. 股权激励的标准

制定股权激励标准时，一般从职务、业绩、能力三个方面考虑，具体内容如表 8-7 所示。

表 8-7　股权激励的标准

股权激励的标准	说明	优缺点分析
职务	根据职务大小进行股票期权的赠予	优点：能够按照员工对组织的贡献程度、对公司业绩的最终影响程度来确定员工的赠予额度，一般情况下，能够为员工所接受 缺点：难于确定不同职务之间的相对差别
业绩	按业绩赠予是将员工过去或当期已经实现的业绩作为赠予股票期权的依据，以期待未来的较好业绩	优点：对提高和改善组织业绩具有非常积极的作用 缺点：不同类型的岗位的业绩评价比较困难

（续表）

股权激励的标准	说明	优缺点分析
能力	将员工的从业能力作为赠予的依据	优点：符合公司设立股票期权计划的初衷，有利于员工的潜能转化为显能，有助于提高组织未来的业绩 缺点：对于能力的度量在目前的条件下比较困难，主观性较强

2. 股权激励的数量的确定

股权授予数量的确定方法主要以下有两种。

（1）预先设定给予员工期权奖励兑现后的总金额，然后根据股权的估价模型推算出授予数量。

（2）基于系统的薪酬调研，即某一职位授予数量的市场平均水平，以及企业内部职位间价值差异等，以此作为授予数量的参考。

3. 股权分配的影响因素

股权分配主要解决将分配多少股权、分配的频率如何、如何计算激励对象所分配的股权数量等问题。

企业薪酬委员会决定授予激励对象的股权数量，影响其数量的因素主要有图 8-2 所示的五个方面。

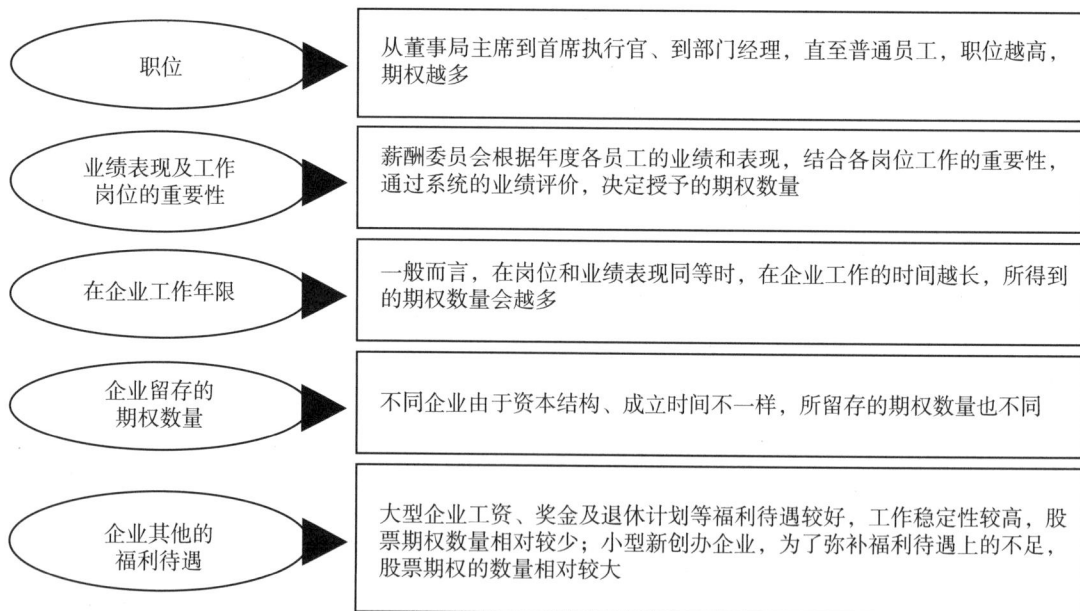

职位	从董事局主席到首席执行官、到部门经理，直至普通员工，职位越高，期权越多
业绩表现及工作岗位的重要性	薪酬委员会根据年度各员工的业绩和表现，结合各岗位工作的重要性，通过系统的业绩评价，决定授予的期权数量
在企业工作年限	一般而言，在岗位和业绩表现同等时，在企业工作的时间越长，所得到的期权数量会越多
企业留存的期权数量	不同企业由于资本结构、成立时间不一样，所留存的期权数量也不同
企业其他的福利待遇	大型企业工资、奖金及退休计划等福利待遇较好，工作稳定性较高，股票期权数量相对较少；小型新创办企业，为了弥补福利待遇上的不足，股票期权的数量相对较大

图 8-2　股权分配的影响因素

4. 股权激励的获授条件

只有在同时满足下列条件时，激励对象才能获授股票期权。若未能同时满足下列条件，本激励计划自然终止。

（1）企业未发生如下任一情形

①最近一个会计年度财务会计报告被注册会计师出具否定意见或者无法表示意见的审计报告。

②最近一年内因重大违法违规行为被中国证监会予以行政处罚。

③中国证监会认定的其他情形。

（2）激励对象未发生如下任一情形

①最近三年内被证券交易所公开谴责或宣布为不适当人选的。

②最近三年内因重大违法违规行为被中国证监会予以行政处罚的。

③具有《中华人民共和国公司法》规定的不得担任公司董事、监事、高级管理人员情形的。

④激励对象前一年度绩效考核结果为称职以下的。

8.2.3 股权激励对象与范围

1.股权激励对象

股权激励对象应该是对企业整体业绩起关键作用或产生重大影响的关键人员。选择股权激励对象应考虑表 8-8 所示的因素。

表 8-8　选择股权激励对象应考虑的因素

考虑因素	说明
职位价值	激励对象所任职位在企业中的重要性，以及其对企业整体业绩的影响
贡献程度	激励对象能对企业实现当前及长远战略目标做出非常重要的贡献
稀缺程度	激励对象是技术骨干或核心人才，在市场上找其替代人选比较困难
成长潜力	激励对象具有成长潜力，能长期服务于企业并成为企业重点培养对象

原则上，股权激励的对象一般包括企业董事、高级管理人员，以及对企业整体业绩和持续发展有直接影响的核心管理人才与技术骨干，其中，高级管理人员是股权激励计划的激励重点，具体的激励对象人员范围如表 8-9 所示。

表 8-9　股权激励对象人员范围

激励对象	人员范围
企业董事	包括执行董事、非执行董事，独立非执行董事不参与
高级管理人员	包括总经理、副总经理、企业财务负责人等对企业决策、经营、管理负有领导职责的人员

（续表）

激励对象	人员范围
核心管理人才	对上市企业的发展有着重要性的影响和做出突出贡献等的人员，一般由企业董事会视情况确定
技术骨干	掌握企业核心技术、决定企业技术水平及产品竞争力的技术人才，企业可结合行业特点和高科技人才构成情况界定核心技术人才的激励范围

2．股权激励适用范围

在薪酬激励体系中，工资主要是根据经营者、员工的资历条件及职位预先确定的，在一定周期内相对稳定，与企业业绩并不紧密相连。

奖金与企业业绩联系较为密切，但仅仅是与企业短期业绩紧密相连，与企业的长期价值关系并不明显。

股权激励会让企业经营者更注重企业长期价值的增加，使经营者与企业股东的利益追求尽可能趋于一致。因此，股权激励在企业的薪酬激励体系中发挥着尤为重要的激励作用。

长期激励作为一种被西方国家证明行之有效的方式，并不适合所有类型的企业，具体如图 8-3 所示。

适用企业类型		不适用企业类型	
上市企业	高科技企业	传统行业非上市企业	垄断性企业
☆ 股票流通性好	☆ 对技术人才依赖性强	☆ 股权流动性差	☆ 经营风险不大
☆ 法人治理机构健全	☆ 投资项目回报期长	☆ 无市场化定价机制	☆ 价值增长基本可控
☆ 外部监督体系完善	☆ 成长性好，回报高	☆ 增长空间有限	☆ 股票收益靠垄断获得

图 8-3　股权激励的适用及不适用企业类型

股权激励要想发挥强有效的激励功能，需要完善的资本市场作为依托，需要股价能真实反映企业的经营状况。上市企业的股票价格由市场决定，流通性很好，再加上健全的法人治理机构和完善的外部监督体系，所以此类型企业比较适合实施股权激励。高科技企业对人才和技术的依赖性较强，需要运用股权对管理人才和技术骨干进行激励，以吸引和保留技术人才，降低技术人才的流失风险。

8．2．4 股权激励方案与实施

1．股权激励方案

股权激励方案的内容主要包括制定股权激励方案的目的、激励对象的范围、股票期权激励计划的分配等。股权激励方案示例，扫描下方二维码即可查看。

2．股权激励实施流程

要设计一套完整的股权激励方案，除了考虑包括激励对象、激励数量、行权价格及时间、股票来源以及相应的组织机构等诸多方面的因素，还应遵循一定的实施流程，具体如图 8-4 所示。

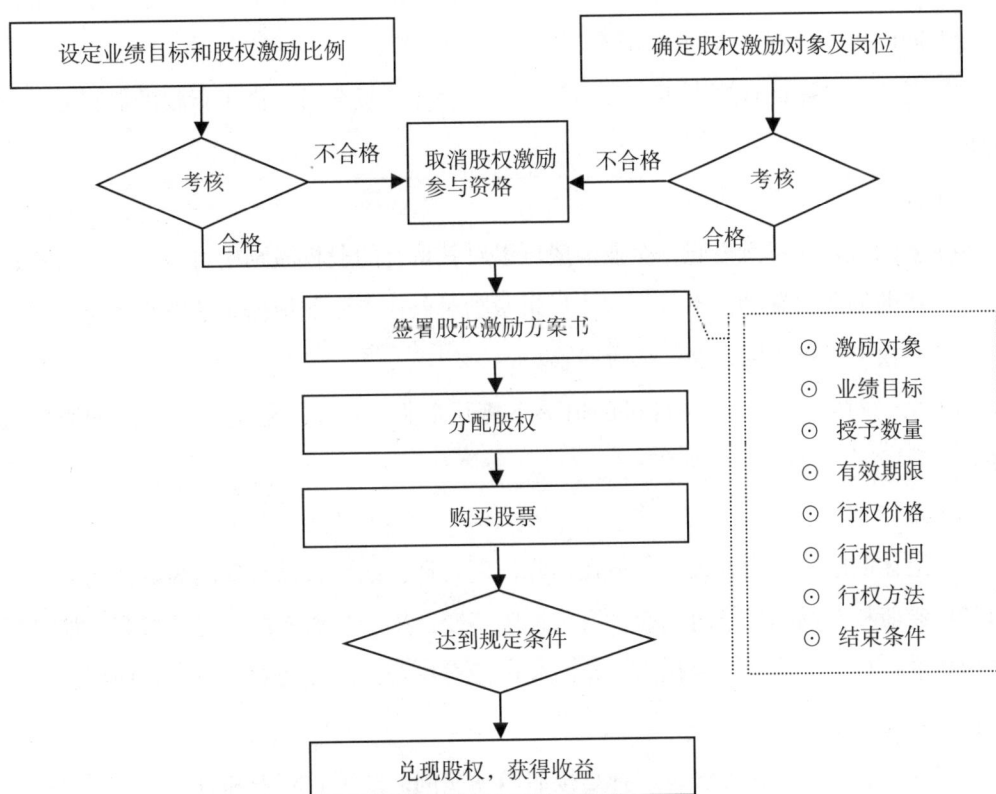

图 8-4　股权激励实施流程

8.2.5 股权激励管理与调整

在股权激励方案的执行过程中，可能会发生一些特殊情况，而这些情况的发生，会影响股权激励方案的执行效果。对于这些特殊情况，企业要在设计股权激励方案之初进行约定，并设计好调整方案。

1.违反竞业条款和保密条款时的股权激励方案调整

企业在授予股权激励时，一般合同中都会有竞业条款和保密条款，要求激励对象不得泄露企业的商业和技术机密，不得为竞争对手工作，否则就会取消或终止当年甚至前几年的股权激励方案。

2.激励对象服务终止时的方案调整办法

在激励对象终止对企业服务时，企业要及时对股权激励方案做出相应的调整，调整的方式主要有两种，即加速行权和期权失效。

（1）解雇

激励对象因企业业务调整或战略重组等原因被解雇的，企业对其的股权激励一般约定在一定时间内加速行权，否则做期权失效处理。

激励对象因失职或被判刑事责任而被解雇，企业一般会对其尚未行权的股权激励做失效处理。

（2）辞职

如果激励对象是自愿离职，企业一般可以对其持有的股权激励中可行权部分行权；对于尚在等待期的股权激励，不得行权，如果激励对象在离职前根据企业特殊规定已提前行权，企业有权以行权价回购这一部分股票。

如果激励对象在企业未经许可的情况下离开企业，企业一般会终止对其的股权激励方案。

（3）退休

关于退休的股权激励方案，一般按国际惯例处理：如果激励对象因为退休而离职，其持有的所有股权激励的授予时间表和有效期限不变，享受与离职前一样的权利。如果授予的是股票期权计划，而且在退休后一定时间内没有执行，则成为非法定股票期权，不享受税收优惠。

在我国，可以有两种做法，一种是按照国际惯例，授予时间表和有效期限不变；一种是在一定时间之内加速行权，否则做失效处理。

（4）丧失行为能力

如果激励对象因事故成疾永久性地丧失了行动能力，因而结束了与企业的雇佣关系，则在其持有的股权激励正常过期之前，该激励对象或其合法继承人可以自由选择时间对其行权。

（5）死亡

如果激励对象在任期内死亡，股权激励可以作为遗产转至其继承人手中。对于被继承的股权激励的有效期，一般企业规定在股权激励正常过期之前，继承人可以自行选择行权时间。

也有一些企业规定，在员工死亡规定的时限内，继承人可以自由行权，超过一定的时限，股权激励自动作废。

3．除权时的方案调整办法

当上市企业派现分红、转增股本、配股、增发、换股等时，或非上市企业出现派现分红、转增股本等情况时，都会影响股权激励中约定的股权激励数量和行权价格。

企业需要对已售出但尚未行权的股权激励和未售出的股权激励额度、行权价格做相应调整。

4．资产重组、控制权变化等重大行为发生时的方案调整办法

当激励对象获授了股权激励，处在等待期且尚未行权，企业出现资产重组、要约收购、吸收合并、创立合并、控制权转移等情况时，企业一定要对股权激励做出相应的调整。

（1）企业合并

一般做法是，当本企业与另一家企业合并时，已授予的股权激励可按计划加速行权，除非新企业同意继续实施股权激励计划。

如果新企业承诺继续承担原股权激励计划，要对行权数量和行权价格进行调整，并对未售出的股权激励额度做相应调整。

（2）要约收购

当企业被收购时，其股权激励一般采用加速行权的方式。

（3）控制权变化

上市企业控制权发生变化时，如果新的控制方同意继续实施股权激励方案，就不需要对股权激励方案做任何调整。但一般情况下新的控制方大都不愿意继续实施股权激励方案，那么就需要在股权激励方案中按照以下两种方式之一约定调整方法。

①在控制权发生变化之前，未行权部分立即加速行权；在控制权发生变化之后，未行权部分自动失效。

②在控制权发生变化之前，仍然执行原有股权激励计划；在控制权变化后的一定时期内，未行权部分可以继续行权。

（4）企业分立

在这种情况下，比较合理的设计是在企业分立之前加速行权，企业分立之后，未行权部分自动失效。

8.3 合伙人

8.3.1 合伙人模式与架构

从雇佣制升级合伙制，合伙人机制在法律层面上是指由各合伙人订立合伙协议，共同出资、共同经营、共享收益、共担风险，并对企业债务承担无限连带责任或有限责任。按照《中华人民共和国合伙企业法》的规定，合伙人分为普通合伙企业的合伙人和有限合伙企业的合伙人两种类型。

普通合伙企业的合伙人对企业的债务承担无限连带责任，有限合伙企业的合伙人以其认缴的出资额为限对合伙企业债务承担责任。

一般来说，在一个企业由普通合伙人和有限合伙人共同组成的情况下，由于普通合伙人要对企业的经营和发展承担无限连带责任，而有限合伙人只以出资额为限对债务承担偿债责任，后者通常只享受股权利润分红而不参与企业的经营管理活动。

1. 合伙人模式

合伙人机制有三种常见的模式：实股注册模式、虚拟股模式和增量分红模式。

（1）实股注册模式

合伙人按其出资方式、出资额大小等条件确定股份占比，在法律的层面上确定了企业股份组成结构。合伙人对企业享有控制权，员工享有经营管理权和利润分配权。企业可通过设立一定条件的企业期权和股权获取途径来激励员工，激发员工的工作热情和创业激情。

企业一步步地实现股权让渡，即让优秀员工获得企业股权，进而成长为企业合伙人。成为合伙人之后，员工与企业之间的联系更加密切，由于员工的身份地位发生变化，其工作的态度和出发点也发生了根本的变化。

如何实现股权让渡？一般可以通过以下两种方式来实现。

①员工购股权，通过员工出资购买企业股份的方式实现企业股权的稀释和让渡，在未来的一定时期内，以约定的价格购买企业一定数量股票的权利。

员工购股权的行使是以激励对象在企业持续服务或达成企业约定的业绩条件为前提，同时要注意该方式可能带来的相关法律风险。

②企业回购股，将用于激励的企业股份无偿赠与优秀员工，同时对这些赠与的股份进行条件限制，如不能转让、不能抵押、不能质押、不能偿还借款等。当约定的情形或条件满足时，企业对用于员工激励的股份进行回购。

（2）虚拟股模式

虚拟股并不是企业真正的股份，当然更不具备法律层面的意义，它本质上是一种企业和员工之间的分享模式。

我们可以将虚拟股看作企业内部发行的"纸币"。企业以自身资产为核算基础进行虚拟股增发，对业绩和工作成果突出的员工进行授予奖励。

虚拟股对于企业的财务核算要求较高，合伙员工的进入、调整、退出制度都要进行特别的设置和专业管理，尤其是对合伙员工的进入和退出时的资产核算。

（3）增量分红模式

相比传统的"提成＋奖金＋福利"的员工薪酬激励模式，增量分红的合伙人模式是更加能够激发员工热情和工作动力的模式。

通过事先约定业绩和利润的完成目标，企业和员工达成关于超额或增量利润的统一的分配意见，以此来实现企业和员工的利益位置的同一性，完成员工的"泛合伙化"。

例如，企业和员工约定，业绩和利润完成目标以下的存量部分按照企业薪酬制度的标准进行个人提成。当业绩和利润完成情况超过了完成目标，超额或增量的部分按照员工50%、企业50%的比例分配，甚至可以规定更加向员工进行倾斜的分配比例。

很多零售企业或者十分重视零售渠道的企业都采取了这一合伙人模式，通过增量分红的模式，在利润分配这一关键领域实现员工合伙人机制，发挥了激励的积极效果。

2．合伙人架构

企业合伙人架构一般可以分为初级合伙人、中级合伙人和高级合伙人三级。

（1）初级合伙人

初级合伙人是指具有较强的团队管理、领导能力或专业的技术水平、能力，对项目运作和团队建设、人员培养等具体工作能够发挥重要影响的合伙人。

初级合伙人多为项目经理、技术引进人才、工作室层级负责人、小型中心负责人等。

（2）中级合伙人

中级合伙人是指具备优秀的对外经营、对内运营、团队管理等方面的能力，对企业的业务发展、产业提升、队伍建设等方面的工作能够发挥重要作用的合伙人。

中级合伙人一般是企业经理层级管理者、高级技术引进人才、大型中心层级负责人等。

（3）高级合伙人

高级合伙人是指对于企业整体发展贡献业务经营、技术进步和运营管理等方面的力量，对企业整体的发展和进步产生关键影响的合伙人。

高级合伙人主要指企业高层管理者，如董事长、常务董事、独立董事、总经理等。

8.3.2 合伙人准入与管理

1．合伙人准入

合伙人准入的条件一般体现在以下五个方面。

（1）能力要求

能力要求，即员工成为合伙人必须在技术、运营、管理、销售等方面具备突出的能力和素养水平。

（2）业绩指标

业绩指标，即员工成为合伙人必须能够满足对应级别合伙人的准入业绩完成目标，并且能够在一段时间内保持该水平。不同级别的合伙人适用不同的考核维度和考核标准。

（3）企业贡献

企业贡献，即员工成为合伙人必须在市场开拓、产品销售、品牌推广、生产提升等方面对企业做出显著的贡献，产生重大的价值和利益。

（4）岗位匹配

岗位匹配，即员工成为合伙人必须是与之先前的工作岗位相匹配的合伙人级别，一般不能够跳级和越级准入。

（5）工作年龄

工作年龄，即员工成为合伙人一般应满足基本的企业工龄条件，要求对企业忠诚且能够持续不断地为企业贡献价值，不同级别的合伙人有不同的工龄要求。

2．合伙人管理

合伙人管理主要包括合伙人晋升、合伙人降级和合伙人退伙三个方面的内容。

（1）合伙人晋升

合伙人在当前合伙等级的工作中表现突出，为企业创造了对应的价值，并且满足了合伙人晋升下一等级的准入条件。考核合格者经过合伙人全体会议或企业管理团队的投票，并且得票率超过规定的比率才能确定合伙人晋升事宜。

①初级合伙人晋升的三大考核维度：部门整体运营、个人工作业绩、项目管理体系

运行。

②中级合伙人晋升的三大考核维度：企业整体运营、部门整体运营、年度战略性指标。

③高级合伙人晋升的三大考核维度：企业整体运营、分管工作业绩、年度战略性指标。

（2）合伙人降级

合伙人降级的情况主要包含四个方面的内容。

①合伙人不再符合现有级别合伙人的资格和条件。

②合伙人不能承担合伙人机制规定的现有级别合伙人应承担的义务。

③在企业管理或对外对公接触交流过程中，给企业造成严重损失或带来重要不良影响。

④违背企业合伙人机制规定的其他条约。

（3）合伙人退伙

合伙人退伙通常有两种情况，即自然退伙和除名退伙。

①自然退伙。合伙人达到法定退休年龄自动退休；合伙人随时自行选择退休；合伙人离开企业工作，劳动合同终止或结束；合伙人丧失行为能力或死亡等。

②除名退伙。合伙人完全不能承担合伙人机制规定的义务；合伙人违背企业合伙人制度条款；合伙人严重违反企业管理制度，给企业造成重大损失；合伙人严重影响企业公众形象，造成重大负面损害；合伙人被合伙人大会公开投票除名等。

8.3.3　合伙人的利润分配

合伙人利润分配一般包含三个部分：明确分配标准、确定分配比例和制定分配步骤。

1.明确分配标准

明确分配标准主要包含以下三部分内容。

（1）明确所指待分配利润的性质标准，如利润分配是如何计算并扣除成本、利润分配是纯利润还是税前利润、利润分配是否受到资产收益和资产折旧的影响。

（2）明确利润分配的依据标准，若干合伙人共同参与利润分配时，什么时候应按照股权比例分配，什么时候适用"价值贡献比例"分配。

（3）明确规定利润分配的时间标准，按年度、季度或月度进行利润分配。

2.确定分配比例

首先，要确定合伙人利润分配的基本业绩达成目标。企业实际管理者有权对预定的利润分配计划进行调整。

其次，建立合伙人利润分配与企业整体业绩目标完成的挂钩机制。完成或基本完成目标时，利润分配的比率如何确定；低于完成目标的 60% 甚至更低时，利润分配的比率如何确定。

最后，确定合伙人利润分配的总体计提比率，具体情况结合企业实际确定。

3．制定分配步骤

制定分配步骤主要包含以下两部分内容。

（1）确定利润额度

确定利润额度一般包含以下两种情况。

①以企业过去三年的利润历史数值为基准值，从本年度超过基准值部分的利润中，提取确定的比例作为合伙人利润分配额度。

②计算本年度的企业利润额，按照一定的比例计提利润作为合伙人利润分配的额度。

（2）制作合伙人利润分配表

简单的合伙人利润分配表如表 8-10 所示。

表 8-10　合伙人利润分配表

级别	合伙人数量	利润分配基准	个人利润分配额
高级合伙人		A	A × 个人考核系数
中级合伙人		B	B × 个人考核系数
初级合伙人		C	C × 个人考核系数

8.3.4　合伙人方案的设计

某公司合伙人方案设计示例，扫描下方二维码即可查看。

8.4　员工持股

8.4.1　员工持股设计流程

1.实施员工持股计划的可行性研究

可行性研究主要涉及实施员工持股计划的目的、政策的允许程度、对企业预期激励效果的评价、财务计划、股东的意见是否统一等内容。

可行性研究通常可以采取市场调查、管理层调查、财务工程等方法，或者也可采取一些较为详细的内部商业计划的方法。但不管采用哪种方法，都必须注意以下两个问题。

（1）企业未来有多少富余的现金流量可以捐赠给员工持股计划，是否能够满足实施员工持股计划的需要。

（2）企业必须考虑员工的薪酬水平，适当的薪酬水平可以保证员工在接受捐赠时获得税收减免优惠。

2.聘请专业咨询顾问机构参与计划制订

实施员工持股计划，实际上就是对企业的产权方案进行改革，它涉及财务、金融、投资等方方面面的内容。企业聘请专业咨询机构参与员工持股计划的制订，必须考虑：专业人员是否具有较强的专业知识和协调多方关系的能力；有助于企业成功实施员工持股计划，是否达到事半功倍的效果。

3.评估确定股票价格

实施员工持股计划涉及所有权的变化，因此公正合理的价值评估，对于持股计划的员工和企业双方来说都是十分必要的。企业在改制时由产权部门或企业股东委托具有国有资产评估资格、信誉好的注册会计师事务所进行资产评估，确定其股票价格。

4.建立员工持股的管理机构

一般来说，员工持股会是实施员工持股计划的管理机构，应由持股员工选举产生，员工持股会以工会社团法人的名义办理工商注册登记，并作为企业总裁的股东之一。但对于员工人数少、注册资本少的企业来说，持股员工可以自然人股东身份注册登记，不再设立员工持股会；对于一些大型企业来说，其可以借鉴国外的经验，由外部的信托机构、基金管理机构来管理员工所持股份。

5.解决资金来源

（1）从工资基金节余、公益金、福利费中拨付。

（2）从员工工资中按月扣除。

（3）员工持股的管理机构将拥有的股票作为质押向银行申请贷款。

6.制定操作方案

制定员工持股计划操作方案的目的主要是形成员工持股计划的章程。员工持股计划章程应包括员工持股计划的原则、员工持股的认购资格、员工持股计划的管理机构、员工持股股份分配管理办法、红利分配的办法、财务管理和审计、员工的权力和责任七项内容。

7.进入审批程序

员工持股计划得以实施，通常要通过企业、国有资产管理部门等部门的审批。实行员工持股计划的企业的审批程序如下。

（1）拟实行内部员工持股的企业，由工会向企业董事会或产权企业提出员工持股建议。

（2）企业董事会应对工会提出的建议做出决议，正式向企业股东会或产权企业提出实行员工持股方案的报告。

（3）企业股东会或产权企业财务部门同意实行内部员工持股方案的决议或意见后，由企业进行报批。

（4）企业接到申请批复文件后，即开展内部员工持股方案的各项准备工作。

（5）企业将员工持股实施方案、资产评估报告等有关材料按规定途径上报审批。

（6）企业接到实施方案批复后，到工商局注册登记。

8.4.2 员工持股设计方案

员工持股设计方案示例，扫描下方二维码即可查看。

8.5 项目激励

8.5.1 项目激励的方式

项目团队从组建到解散，是一个不断成长和变化的过程。由于项目团队生命周期各个阶段有不同的特征，因此企业应根据项目团队的阶段划分选择不同的激励方式（见表8-11）。

表 8-11　项目团队不同生命周期阶段的激励方式

项目团队阶段	激励方式	具体说明
形成阶段	预期激励	向项目团队成员介绍项目背景和目标，设想项目美好前景及实现项目目标所带来的益处，明确项目团队的努力方向，增强团队信心和凝聚力，促使项目团队成员为实现美好的预期目标而共同努力
	信息激励	公布有关项目的各方面信息，如工作范围、质量标准、预算及进度计划和资源限制等，使项目团队对项目有充分的了解；明确项目工作方向，为项目的顺利开展打下良好基础
	参与激励	确定项目团队成员为实现项目目标所扮演的角色。在分解项目目标及制订项目实施计划时，应让团队成员充分参与，增强计划的科学性和可操作性，同时使项目团队成员积极为自己亲自参与制定的目标而努力工作
震荡阶段	参与激励	让团队成员正视工作中出现的问题，并参与讨论解决，充分听取项目团队的意见和建议，规范项目团队的合作方式，共同做出决策，以增强项目团队成员的归属感和对决策的认可度，从而有利于项目顺利实施
	责任激励	进一步明确每个成员的工作职责，并制定相应的奖励和约束机制，以增强项目团队成员的责任意识；项目经理应以身作则树立榜样，以促进项目团队更好地开展工作
	信息激励	项目经理要加强与项目团队成员的沟通，增加相关信息的透明度；接受及容忍项目团队成员的不满情绪，创造一个理解和支持的工作环境，积极换位思考，努力化解矛盾和冲突，并通过有效的反馈进一步激励项目团队
正规阶段	授权激励	项目经理应尽量减少指令性工作，给予项目团队成员更多的支持和指导，充分授权，从而引导团队成员进行自我激励，提高项目团队的工作绩效
	培训激励	项目经理要尽可能多地为项目团队创造学习新知识的机会，根据项目团队成员的需求，开展培训工作，促使其快速成长
成熟阶段	危机激励	枳极引导项目团队成员对项目的内外部环境进行全面分析，对项目工作中出现的问题进行深刻反思，有效识别项目中的风险因素，并采取有效措施
	目标激励	为项目团队设立有较高价值的目标，并将其与项目团队成员的需求有机结合，为目标实现创造条件；同时，项目经理应通过有效的沟通，协调团队目标与成员个人目标的关系，让成员意识到，通过项目工作，可使自己获得职业上的发展
	知识激励	对项目团队进行充分的授权，当项目遇到技术难题时，项目团队成员可组成临时攻关小组，待问题解决后将有关的知识或技术信息在团队内部快速共享，以增强项目团队成员的成就感
解散阶段	强化激励	对项目团队成员的种种提升项目绩效的行为及时进行表扬，并给予相应的荣誉，强化前面阶段的激励效果
	尊重激励	尊重项目团队成员的工作成果和职业发展意愿，考虑和安排项目团队成员的未来发展计划

表 8-11 中的激励方式偏重于精神激励，而物质激励作为一种重要的激励方式，应贯穿于项目团队发展的始终。

8.5.2　项目激励计算方法

项目团队的物质激励主要是通过项目奖金来实现的。其与项目业绩和项目团队绩效挂钩，对应的激励形式主要有项目提成和项目即时奖励，具体计算分配方法如表8-12所示。

表 8-12　项目团队物质激励的计算分配方法

激励形式	具体说明	计算分配方法示例
项目提成	◆ 项目奖金的一种最主要形式，根据项目业绩按一定比例计提，是给予项目团队整体的奖金，需要在团队内部进行再分配	◆ 项目提成 = 项目合同额 / 项目利润额 × 提成比例，提成比例根据项目特点、项目规模或项目收益情况设置 ◆ 项目提成可在项目团队内平均分配，或根据项目成员的贡献程度不同提出分配计划，经批准后分配，或根据项目成员的绩效考核结果设置分配比例 ◆ 一般在项目结束后，根据项目回款情况统一兑现
项目即时奖励	◆ 给予项目团队完成短期绩效目标的一次性奖金，如项目技术成果奖、优秀项目团队奖、项目安全生产奖等 ◆ 给予项目团队的短期福利，如发放过节费、发放防暑降温物品、开展集体娱乐休闲活动等	◆ 根据项目短期绩效目标的考核指标完成情况设置计发标准，例如： 获得1项____级技术成果，奖励项目技术团队____元 季度项目团队绩效考核前____名，奖励优秀项目团队____元 连续____天项目安全运行，无安全责任事故发生，奖励项目生产团队____元 ◆ 项目即时奖励，一般在达到奖励标准后即刻发放，由团队负责人决定分配方式，部分可作为项目团队活动储备金

8.5.3　研发项目激励设计

研发人员是企业中掌握核心技术和关键知识资源的异质性人力资本，是企业长远发展过程中的核心力量。对研发人员的激励是企业人力资源管理中一个重要的环节，但受研发项目周期长短及研发标准不统一的影响，很难对研发人员实行即时激励。因此，设计一个长期的、全面的、合理的激励方案尤为重要。

研发项目激励设计方案示例，扫描下方二维码即可查看。

第9章
测评设计

9.1 测评目标与指标

9.1.1 测评目标的确定

进行人才测评是为用人企业在用人、选人、育人等人力资源管理和开发工作方面提供有价值的参考信息。人才测评的目标主要有以下四类。

1.人才甄选

企业在招聘人才时往往不是去寻找最优秀的人才，而是选用最适合企业的人才。因此，在最初的人才识别阶段，面试官会根据与人才的初步面谈结果对人才进行大致的分类，然后运用适合企业和岗位需求的人才测评工具对人才进行测评，从中找出合适的人选。

2.人员配置

通过人才测评工具，可以测查人才的素质状况、优点及缺点，了解其特长、兴趣和爱好。掌握了这些信息，就可以为人事部门使用、安置人员提供客观依据，为领导进行人事决策提供科学根据。传统的人事管理由于缺乏人才测评技术，人才资源没有得到科学合理的配置，造成人才资源的闲置、埋没和浪费，当代人事管理利用人才测评技术，实现了人才资源的优化配置。

3.人才开发

由于人才测评工具能够科学地、客观地评价人才的数量与质量，因此企业可以通过人才测评工具来分析人才的优势和劣势，尤其是潜在的发展能力。

4．组织诊断

当个人或组织发展到一定阶段后，就会出现发展缓慢或停滞不前，甚至退后的现象。这时，可以通过采用一定的人才测评技术和方法对被测评者的相应要素进行客观评价，使个人或组织能够进行反省和自我检查，找出存在的问题、缺陷和不足，以便采取有针对性的措施加以改善。

9.1.2 测评指标的设计

1．测评指标设计的要求

人才测评指标的设计应至少满足以下四个方面的要求。

（1）内涵明确

每个测评指标都应有明确的定义和内涵。只有做到内涵明确，才能使测评人员对指标的含义有共同的认识，才能保证外延的合理性，从而使得策略结果具有可比性。例如，"合作精神"可以定义为"愿意与他人合作，作为某团体的一分子去共同完成一项任务"。

（2）词义清晰

词义清晰主要是指标的清晰度，即指标名称的措辞要清楚，使测评人员及被测评人员一看就能明白它的意思。

（3）直观性强

直观性强是指测评指标的辨认度要强。例如，口头表达能力和表达能力这两个测评指标，前者就具有很强的直观性，而后者不仅包括口头表达能力，还包括非语言表达能力、书写表达能力等，缺乏辨认度。

（4）有针对性

能够针对某一具体岗位、职业类别或行为特质，分析被测对象的行为特征是否符合要求。

2．测评指标设计的原则

在设计人才测评指标时，必须遵循以下六项基本原则。

（1）同质原则

同质原则是指测评指标的内容和标志特征等要与测评对象的特征保持一致。

（2）少而精的原则

少而精的原则是指测评指标的设计应尽量简单。能够获得所需要的功能信息，保障测评的有效性即可。

（3）可操作性原则

可操作性原则是指测评指标应能够使用测评工具进行测量和评价，在进行测评指标设计时，措辞应当通俗易懂，避免含糊不清。

（4）微分化原则

测评指标设计的过程是对人员功能分解的过程。要使测评指标达到较高的清晰度，必须进行微分化。

（5）独立性原则

独立性原则，即各个测评指标的边界要清晰，避免模棱两可，同一层级上的任何两个指标不能存在重叠和因果关系。

（6）不平等原则

测评体系的各种测评指标对测评结果的贡献度是不一样的，其贡献可用权重来表示。

3．测评指标设计的标准体系

人才素质是由多种要素连接组成的。在测评指标设计中，结构性要素、行为环境要素和工作绩效要素这三个方面比较全面地构筑了人才测评指标的基础标准体系，具体内容如图 9-1 所示。

测评指标设计的标准体系	内容	相关解释
结构性要素	主要包括身体素质和心理素质，其中身体素质主要包括生理方面的健康状况和体力状况，心理素质主要包括智能、文化和品德素质等	从静态角度反映员工素质及其功能行为特性
行为环境要素	主要考察员工的实际工作表现及其所处的内外部环境的变化，通过建立行为环境指标体系来反映员工素质特性	从动态角度反映员工素质及其功能行为特性
工作绩效要素	主要包括一个人的工作数量、工作质量、工作成果、团队影响力等	通过对工作绩效要素的考察，可以对员工素质及其功能行为进行合理评价

图 9-1　测评指标设计的标准体系

9.2 测评技术与方案

9.2.1 测评技术的选择

针对不同的测评内容，有很多人才测评技术，概括起来主要有笔试、面试、心理测验、评价中心和胜任素质五类。

1. 笔试

笔试是一种主要考试方式，它可以分为客观式考试、论述式考试、论文式考试等。在这种测评方式中，被测评者需要按照试卷要求，用记录方式回答问题。笔试程序规范、操作简单、测评内容广，被广泛应用。另外，现代企业招聘时都会采用笔试，如专业知识考试、基础知识考试等。

2. 面试

面试是招聘测评中最普遍的一种测评技术。面试是通过测评者与被测试者双方面对面地观察和交谈，收集有关信息，由测评者对被测试者进行评价的一种方法。采用面试法时，面试官一般从四个方面（STAR）来考核应聘者，所以这种方法也叫作STAR面试法。

（1）S（Situation，背景），指应聘者从事过的某项事件所处的背景。

（2）T（Task，任务），指应聘者为完成上述事件所承担的工作任务。

（3）A（Action，行动），指应聘者为完成上述工作任务所采取的行动。

（4）R（Result，结果），指应聘者在完成上述工作任务后得到的结果。

3. 心理测验

心理测验是指通过观察个人具有代表性的行为，依据确定的原则对于贯穿在个人行为活动中的心理特征，进行推论和数量化分析的一种科学方法。心理测验往往是通过人们在特定情境中所表现出来的外显行为来推论其心理特质的，具有间接性。例如，内向的人通常表现出安静、保守、内省、喜欢独处等行为特点。

4. 评价中心

评价中心是包含多种测评方式和测评技术的综合测评系统，它的迅速发展始于第二次世界大战后，是现代人事测评的一种重要形式，也是一种针对高级管理人员的最有效的测评方法。

评价中心在测评时表现为一项人事评价过程，它由多个测评者针对特定的目的与标准，使用多种主客观的评价方法和测评技术，对被测试者的综合能力进行评价，为企业的人员选拔、人才鉴别、岗位调整和绩效考核等提供服务。

评价中心源于情景模拟，在评价中心中会包含多个情景模拟测验，但它又不同于简单的情景模拟，而是模拟技术、投射技术和面试技术等多种测评技术的有机结合。

5. 胜任素质

基于胜任素质模型的人才测评，通过对测试岗位的深入量化研究，判断岗位所需的关键胜任能力，在人才测评实施中对关键胜任力做出质和量的解释，同时对各种胜任力分配相应的权重，针对关键胜任力开发相应的测评试题，从而保证人才测评的针对性和准确性。

胜任素质冰山模型如图 9-2 所示。

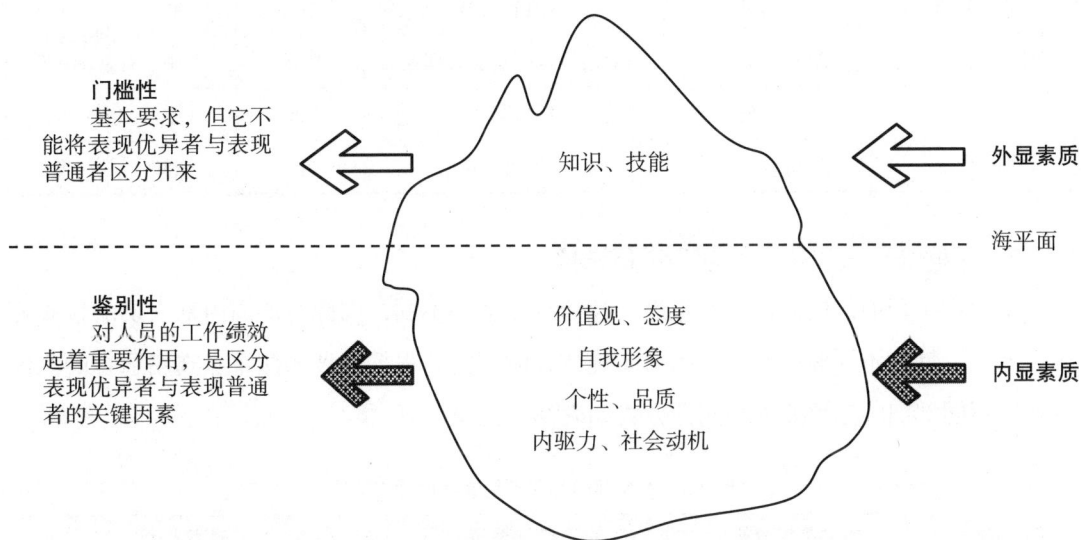

图 9-2 胜任素质冰山模型

9.2.2 测评方式的确定

人才测评是现代企业管理中人力资源开发环节的一个重要组成部分。人力资源管理人员在选择人才测评方式时需要采用一定的技巧，从测评目的、测评岗位、测评对象、工具特点四个方面出发匹配相应的人才测评方式，并对这些测评工具进行有效的组合，以达到最佳应用目的。

1. 测评方式选择的原则

选择测评方式时要遵循先易后难、先定性后定量、先简单后复杂、先非结构式方法后结构式方法、先经验性方法后科学性方法、先低成本后高成本、先淘汰后筛选七大原则。

选择测评方式需要考虑诸多因素，如测评方式自身的特点、测评的目标、被测人员所在的岗位和职务高低，以及行业特点等。

2．根据测评方式的特点进行选择

测评人员应从测评形式、适用对象、有效性、公平程度、成本五个方面对各种测评方式进行具体比较，以明确各种测评方式的特点。各种测评方式的特点如表 9-1 所示。

表 9-1　各种测评方式的特点

测评方式	测评形式	适用对象	有效性	公平程度	成本
评价中心技术	活动	中高级管理人员	最高	最高	最高
结构化面试	问答	基层管理人员、销售人员	高	高	高
心理测试	笔试	所有人员	中等	高	低
知识、能力测试	笔试、模拟测试	普通员工、基层管理人员	中等	中	中等
个人简历	资料信息	新招聘人员	低	中	低
推荐信函	资料信息	所有人员	低	未知	低

3．根据被测人员所在的部门进行选择

企业各个职能部门的性质、难度、技能等方面都不同，因此对部门内部人员的素质要求也不同。针对不同职能部门的人员实施测评时，需要根据测评的侧重点选用适合的测评方式。不同部门的测评要素与测评方式如表 9-2 所示。

表 9-2　不同部门的测评要素与测评方式

职能部门	特殊需求分析	测评要素	测评方式
生产部门	全面严格的质量控制能力、创新开发能力	个性特征、组织协调能力、综合分析能力、行为风格	履历分析法、人格测试、职业兴趣偏好测试、价值观测试、面试法
营销部门	以服务为导向的个性、兴趣、人际技能、创造性思维	人际敏感性、沟通能力、个性特征、语言表达、组织策划能力、综合能力	履历分析法、思维能力测试、人际敏感性与沟通能力测试、无领导小组讨论、面试法
财务部门	数字敏感性	个性特征、思维分析能力、综合决策力	履历分析法、思维能力测试、数量分析能力测试、面试法
技术部门	创新能力、学习能力、科技信息敏感性、信息把握和驾驭能力	创新能力、思维推理能力、个性特征	笔试法、实践能力测试

9．2．3　测评方案的制定

人才测评方案的内容包括测评背景、测评目的、测评主体与客体、测评指标体系、测评方式体系、组织实施的程序、费用预算、预期效果、测评结果的运用等。测评方案应从

以下几个方面来制定。

1．确定测评目的

测评目的为测评要素、方法和工具的选择提供依据，为人才测评方案的设计指明了方向，为测评目标及测评效果进行评估监控提供依据。人才测评的目的可以分为选拔性测评、开发性测评、考核性测评等，确定测评目的是人才测评的基础。

2．组织实施的程序

人才测评组织实施程序包括实施测评前的准备工作、确定测评小组成员、培训测评人员、测评时间及场地安排、必要的后勤保障等方面，具体的实施程序根据组织的具体情况来定。

3．费用预算

费用预算包括场地租赁费、设备租赁费、广告费、聘请专家费、人工费、材料制作费等。

4．测评结果的运用

一方面，测评结果可以作为优秀人才选拔、岗位配置、绩效改进、人力资源培训与开发、薪酬调整等的依据。另一方面，就个人来说，测评结果可以明确自我认知，使个人有改进的方向和前进的动力，有助于个人职业生涯规划等。

9．3　测评团队组建与测评实施

9．3．1　测评团队的组建

明确测评方案后，应尽快组建测评团队，实施人才测评工作。测评团队的组建步骤如图 9-3 所示。

9．3．2　测评实施的流程

实施人才测评时，要先确定测评小组成员、培训测评人员、安排测评时间及布置测评环境。完成了这些基础准备工作后，测评实施人员应当安排广告宣传工作、指导测评方法的操作、控制协调测评活动的进程，以及搜集并记录测评信息。

1．确定测评小组成员

测评人员是整个活动的实施者，是测评活动具体的负责人。测评人员具有主观能动性，不同测评人员的思想、态度、个性等在一定程度上影响着测评的效果。

步骤	具体操作
分析人才测评的目标指标与方案	通过分析人才测评的目标指标和测评方案，明确测评团队的组建需要哪些人才，这些人才在团队中的能力及经验应具有互补性
确定团队成员挑选标准	在确定挑选标准时，人力资源部门应综合分析以往年度的测评团队在组建与运营过程中存在的相关问题，然后根据相关问题确定挑选标准，以达到团队成员间在各方面的平衡与稳定
分析候选人能力拟定候选人	在这一阶段，人力资源部门应确定候选人。对候选人进行分析时，除了分析候选人的测评能力外，人力资源部门还应重点分析候选人的工作能力、工作态度、职业道德、责任心及人际沟通能力等，以免因测评团队的自身问题影响人才测评工作的输出结果
反馈候选结果征求候选人意见	人力资源部门将测评团队候选结果告知当事人，明确其是否愿意成为测评团队的一员。如果员工不愿意，人力资源部门应了解原因；如果愿意，人力资源部门可听取员工对开展人才测评工作的建议等
上报测评团队成员名单	确定测评团队成员后，人力资源部门应将测评团队的成员名单上报上级领导审核与审批，审批通过后，人才测评团队正式组建成立

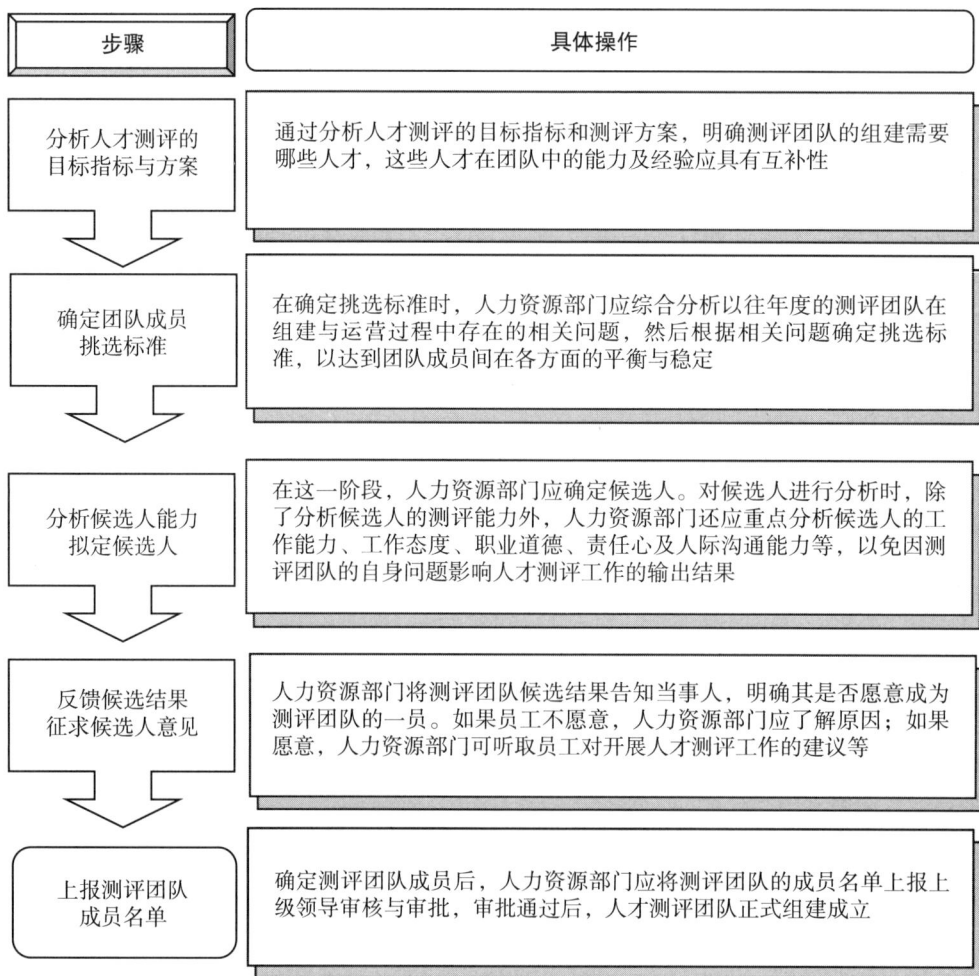

图 9-3　测评团队的组建步骤

因此，选择测评人员时，企业要考虑以下五个条件：坚持原则，公正不偏；全面充分地了解被测评者的基本情况；有一定的实际工作经验，尤其是人才测评方面的工作经验；具备一定的相关专业知识，做事仔细认真，一丝不苟；测评人员的数量和层次要依据人才测评的性质、方法和条件进行具体的分析。

2．培训测评人员

企业确定测评人员后，需要对测评人员进行培训，培训内容包括测评方法、测评过程、测评的操作方法和步骤、突发事件的处理办法等，在条件允许的情况下，可以组织测评人员先做一些实际的演练。

3．安排测评时间

一套人才测验试卷花费的时间可能是 1～2 个小时，一个无领导小组讨论花费的时间可能是 30 分钟。因此，要针对不同类别的测评工具和方法明确测评时间。

测评时间应按照人的心理、智力和体力活动的生物节律来安排，如有些人到了中午容易犯困，中午这个时间段不宜于安排测试，所以具体的测评时间应该挑选能够完全发挥受测人员智慧和能力的时间段。

另外，要合理地安排测评的先后次序及两项测评的时间间隔，提高测评的信度和效度。

4．布置测评环境

测评场地应该能够使测评人员注意力集中、思维不受影响，建议选择宽敞、采光好、无噪声，并且空间上能合理布置桌椅的场地。

另外，要合理地安放测评设备，准备好被测人员所需的材料。其中，测评设备包括测评工具、音像放映设备和摄像装置等，被测人员所需材料包括测试编号、题本、答题纸、草稿纸、铅笔和橡皮等。

5．安排广告宣传工作

在开展测评活动之前，测评人员应告知被测人员测评的目的、测评的大致流程、测评时应注意的地方等，以取得他们的支持，使他们以更好的状态参与到测评互动中来。

6．指导测评方法的操作

在实施测评的过程中，如被测人员遇到疑难问题，测评人员应积极认真地协助他们解决问题。

7．控制协调测评活动的进程

测评活动进行时可能会受场地、设备、测试材料等方面的影响，测评人员应随时协调和控制各方面的影响，保证测评活动的顺利开展。

8．搜集并记录测评信息

在实施测评的过程中，为保证测评结果的精确性，测评人员应遵循务实的原则，运用评价表、录音机、摄像机等工具搜集并记录测评信息。

9.3.3 测评异议处理

测评异议处理是企业实施人才测评工作的收尾环节。通过解决测评中的异议，帮助人力资源部门及时了解人才测评工作开展过程中出现的问题，并通过调查、沟通及时解决问题，为人才测评结果的客观性和真实性提供保障。

人才测评工作中的常见异议主要分为信度异议和效度异议两大类，对于测评异议的分析及处理如表 9-3 所示。

表 9-3　测评异议的分析及处理

测评异议	说明	具体情况	异议处理
信度异议	指人才测评的可靠性，主要涉及人才测评结果的可靠性、一致性和稳定性程度	1. 测评人员专业度异议 2. 测评工具科学性与规范性异议 3. 测评过程的公平性与测评结果的公正性异议	1. 提供与人才测评异议有关的部分原因信息，对各项事实真相及时给予解释，消除员工误解 2. 对员工的合理异议给予支持，并积极落实调整或补偿措施 3. 对于无法提供信息的人才测评部分，要及时向员工解释，同时对其进行心理疏导；针对测评反应的问题进行培训指导，使员工保持积极的心态和正确的价值观
效度异议	效度是指人才测评的测量准确性，即一个量表或测验是否能够准确地测量出被测评人员的相关内容的真实程度	1. 测评方法单一、测评数据不准确 2. 测评过程随机因素较多，影响测评误差 3. 测评的个人偏好因素对测评结果的影响	

9.4　测评应用与改进

9.4.1　测评结果与报告

1. 对人才素质测评结果的分析

人才素质测评结果中的数据仅是个体的、单一的，其包括的含义需要经过合理的分析才能了解。

（1）总体水平分析

总体水平分析主要是通过算术平均数、加权平均数等统计数据来分析测评结果的总体水平，从而了解被测试者的素质水平。

（2）差异情况分析

常用来进行差异情况分析的方法主要有平均差、方差（标准差）、差异系数等。

2. 人才素质测评报告的撰写

报告测评结果的方式有多种。按报告的形式可分为口头报告、分数报告、等级报告、评语报告；按被测人员的多少可分为个人报告、团体报告。

报告测评结果的方式不同，报告的内容也会略微不同。下面对个人报告与团体报告进行说明。

（1）个人报告

一份完整的人员素质测评个人报告包括以下七项内容。

①人员素质测评机构（小组）的信息和说明

人员素质测评机构（小组）的信息和说明主要包括测评机构（小组成员）的电话、联系人等，以及报告的使用者对报告内容的保密责任。

②人员素质测评的总体说明

人员素质测评的总体说明主要介绍素质测评的目的和要求、测评过程中所用到的理论等内容。

③人员素质测评的基本信息

人员素质测评的基本信息主要包括测评日期、测评编号、参与测评的人员等，其是人力资源部门建立人员素质测评档案的依据。

④被测试者信息

被测试者信息主要包括姓名、性别、学历、职业、业余爱好、身份证明文件等。

⑤测评实施过程介绍

测评实施过程介绍主要是对素质测评过程做一概要介绍，包括工作分析概况、测评指标体系建立步骤、测评方法选择情况，以及测评现场实施情况。

⑥测评结果及其分析

将测评得到的数据用文字、数据、图表等各种方法表述在报告中并进行分析。

⑦总评和建议

总评是测评机构（小组）对此次测评过程中各个环节的评价，评价内容主要有项目设计的合理性、实施过程的严谨性和规则性、测评结果的准确性和有效性。

建议是测评机构（小组）根据测评结果，结合企业和被测试者的实际情况，分别针对企业和被测试者提出客观中肯的人事决策建议与个人职业发展建议。

（2）团体报告

如果企业中有大量员工参加了某一项素质测评，那么测评机构（小组）就需要提交一份团体报告。团体报告的内容主要包括测评项目目的分析、测评项目设计、测评方法介绍、团体测评结果及分析、团体人员素质特点、专家建议六项。

9.4.2 测评结果的应用

人才素质测评在人力资源管理工作中有着十分重要的意义。它对于人力资源招聘、配置、培训考核和诊断等工作具有重要的应用价值，具体应用如表 9-4 所示。

表 9-4 测评结果的应用

应用模块	具体说明
企业招聘	企业招聘时可通过人才素质测评来分析应聘者是否满足岗位需要。当某一个岗位有许多可供选择的合格人选时，企业可以通过选拔性测评来区分和选拔优秀人才

（续表）

应用模块	具体说明
人员晋升	通过人才素质测评可以对人才素质与岗位需求进行测评，以达到合理配置人力资源的目的。企业可以通过配置性测评来做出科学的晋升决策
绩效考核	人才素质测评在考核中的应用体现为考核性测评。它是用来鉴定与验证某种素质是否具备，或者具备何种程度的素质的一种测评方式
培训工作	人才素质测评在培训中的应用主要体现为开发性测评。它是一种以开发素质潜能与人力资源为目的的测评，为人力资源开发提供了科学性与可行性依据

9.4.3 测评体系改进

人才测评体系存在的问题主要为测评机制不够完善与测评定位不够全面，针对这些问题，可以采用表 9-5 所示的改进方法。

表 9-5 测评体系改进方法

改进方法	具体说明
完善人才测评体系	树立正确的人才测评观，建设配套制度，创新测评方法和技术，提高测评针对性
做好宣传与多元化应用	广泛运用各种手段与途径进行宣传，加大企业内部推动力度，以及测评结果在招聘、选拔、考核、培训等多方面的应用，进行双向沟通与反馈
明确人才标准	建立科学、明确的评价标准，避免出现测评结果偏颇
建设人才测评队伍	组织人才测评技能培训，加强人力资源的开发管理，引入第三方合作机构

9.5 第三方人才测评

9.5.1 测评机构的选择

第三方人才测评服务包括测评工具的开发与供应、测评工具应用全程服务、测评专家顾问咨询、为客户企业定制人才测评整体解决方案等。目前市场上的专业测评机构有很多，企业在选择第三方人才测评机构时，无论是选择国际机构还是国内机构，都要充分考虑企业的实际需求，具体可从以下六个方面进行综合考量。

1. 机构的专业资质

人才测评是一门融现代心理学、测量学、社会学、统计学、行为科学及计算机技术于一体的综合性科学。进行人才测评时，必须由具备专业资质的人员操作，因此选择测评机构时要看机构的专业资质及背景，可以通过专家团队、工作人员的专业背景、机构的历史沿革等了解测评机构的实力。

2．测评人员的专业性

测评机构应配备具有专业资质的人才测评师，可以根据企业的实际要求出具测评方案，能根据测评的结果对候选人进行分析，帮助企业高效精准地识别人才，并做出专业评价。

3．测评工具的权威性

一套成熟的测评工具应具有一定的发展历程，具备很强的理论背景和常模，以及详尽的使用手册。

4．测评工具的常模和信效度

常模和信效度是一个测评工具的基本数据，可以为测评提供统一的尺度和参照标准。一个优秀的测评系统的设计应当具有 0.6~0.8 的信效度。

5．测评报告样本的可读性

一份完整的测评报告通常由数据、图表和文字组成。测评机构出具的报告在内容呈现上是否完整清晰、是否通俗易懂、描述是否准确，对于测评报告涉及的专业性内容是否有专业解读等都能折射出测评机构的专业性。

6．测评服务的标准化

一个专业的人才测评机构在工具的选择、过程的实施和结果的分析方面都应有严格的执行规范，并严格按照服务标准执行，以确保测评结果不受其他因素影响。

9.5.2　测评预算与成本

第三方人才测评的费用因为涉及系统和咨询服务，在制定人才测评前期预算的时候往往很难获得相对精准的报价。因此，根据企业的测评需求制定一份合理的测评计划和费用预算方案，是达到有效控制测评预算与成本的方式。

1．编制人才测评计划

结合企业的年度人力资源规划，参考过往的人才测评方案和经验，对人才测评的时间周期、测评项目、测评范围、测评频次进行预估，并编制人才测评计划。

2．评估费用预算

由于测评机构、测评形式和测评模块的不同，第三方人才测评的费用也会有所不同。因此，测评计划完成后，需要根据企业的需求进行综合判断，选择适合企业的产品和服务。企业可参考以下三种服务类型进行预算评估。

（1）一体化解决方案：系统加咨询的一体化的方案，可能会出现很多功能与企业已有产品重合的情况，不考虑整体迭代的话，会造成资源的浪费。

（2）单一测评解决方案：单一测评咨询服务按测评人数收费，可提供专业人才测评报告和发展建议，可根据企业需求和评估费用进行选择。

（3）专业测评系统解决方案：适合企业中常用的360度评估、人才盘点、绩效考核等人才测评模块。

第 10 章
运营设计

10.1 制度设计

10.1.1 制度的体系与图谱

科学的管理制度体系是现代企业发展的基础，它的建立必须以科学的管理理念为指导，并不断创新管理方式，实现制度从"制定（修订）"→"执行"→"监控与检查"→"问题分析与整改"→"评估与考核"再到"修订（制定）"的闭环管理。

1. 制度体系

建设企业制度体系时，企业可从企业战略发展、业务运营与管理支持三大方面进行制度体系设计，具体如表 10-1 所示。

表 10-1　制度体系设计

制度属性维度	企业战略发展				业务运营					管理支持					
	企业治理	战略规划	产品开发	……	生产运营	销售运营	动力运营	物资采购	……	财务管理	人资管理	法律事务	企业管理	综合办公	……
纲领类															
原则类															
实施类															

2. 制度体系图谱

企业制度体系图谱如图 10-1 所示。

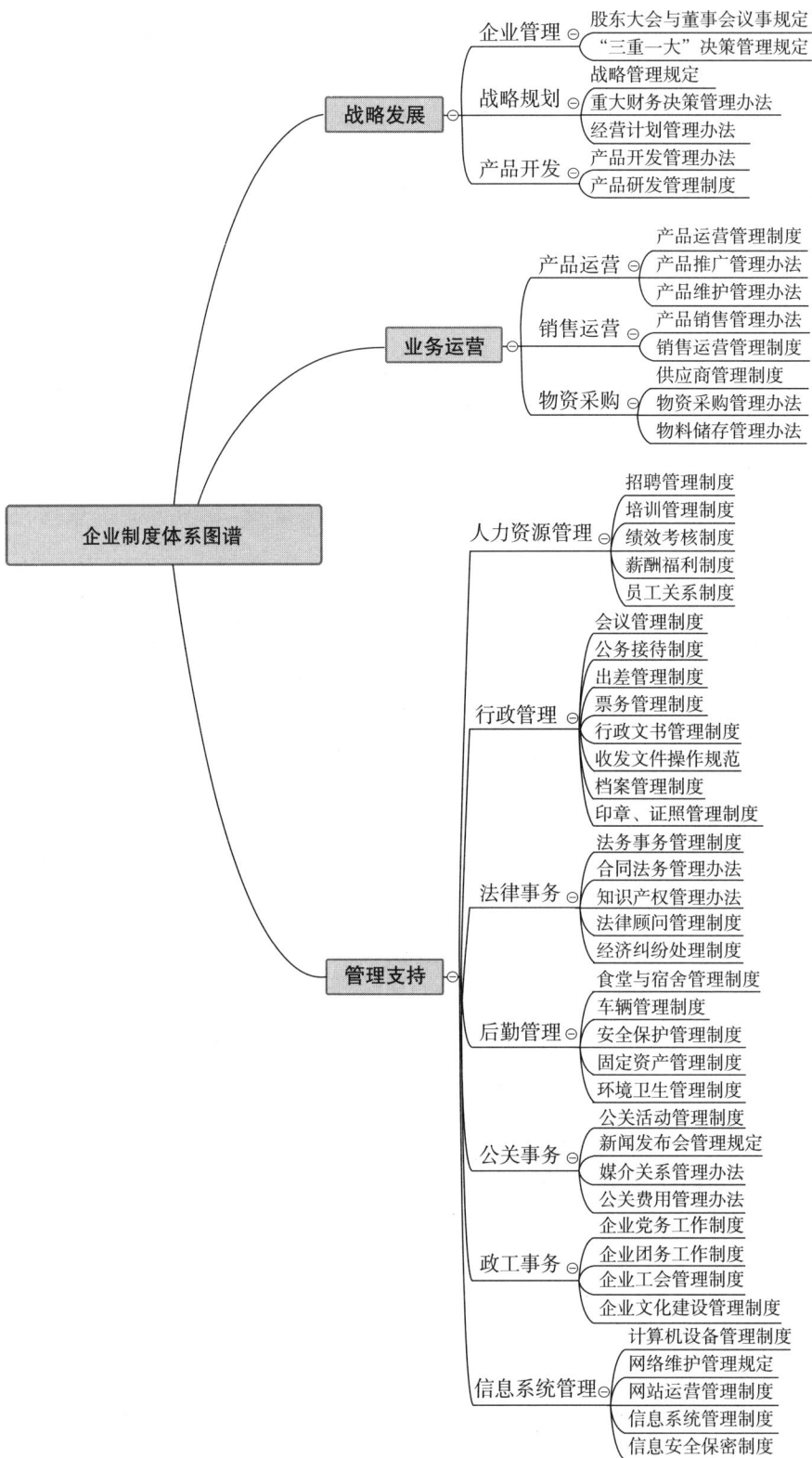

图 10-1　企业制度体系图谱

10.1.2　制度的内容与撰写

1. 制度的内容

一项规范、完整的制度应该包括制度名称、总则、正文、附则和附件五个部分。

（1）制度名称。制度的名称要简洁、醒目。

（2）总则。制度的总则包括制定制度的目的、依据的法律法规及企业内部制度文件、适用范围、受约对象或其行为界定、重要术语解释及职责描述等。

（3）正文。制度的正文部分主要包括受约对象或具体事项的详细约束条目，可按人员的行为要求分章、分条或按具体事项的流程分章、分条。对于针对性强、内容较单一、业务操作性较强的制度，正文可不分章，直接分条列出。

（4）附则。制度的附则主要用于对制度的制定、审批、实施、修订、生效日期及未尽事宜进行解释，以增强其真实性和严肃性。

（5）附件。制度的附件主要包括制度执行过程中需要用到的表单、附表及相关文件等。

2. 制度的撰写

（1）撰写制度的步骤

在撰写制度时，企业必须遵循下列五个步骤。

①明确目标。企业撰写制度的目的是保证企业的经营活动正常进行。

②制度定位。相关人员在撰写制度时应从企业战略、企业管理、部门管理、业务、员工及工作流程等角度出发。

③调研访谈。相关人员在撰写制度前应进行调研访谈。访谈内容主要包括目前企业内外部环境、存在的问题等。

④起草制度。在起草制度之前，相关人员首先要明确制度的类型，确定制度的写作风格和写作方法，以及撰写的目的，然后在调研的基础上规划制度内容并形成纲要，最后再拟定制度草案。

⑤制度定稿。制度起草完毕后，相关人员要先通过意见征询、试行等方式收集反馈意见，然后根据反馈意见修订制度，直至最终定稿。

（2）撰写的要求

①"章"的撰写

"章"概述了制度的主要内容，撰写者要先通过完全并列、部分并列和总分结合的方式确定各章的标题，然后根据章标题确定每章的具体内容。

②"条"的撰写

"条"的内容应根据以下要求进行撰写。

- 总结内容。概括各模块的主要内容。
- 分解章标题。用并列式关系拆解章标题，用总分式关系诠释章标题。
- 分解模块内容。从内容表达和编排两个方面分解模块的主要内容。

③"款"的撰写

"款"是"条"的组成部分，"款"表现为"条"中的自然段，每一个自然段为一款，每一款都是一段独立的内容或对前款内容的补充说明。

④"项"的撰写

"项"的撰写主要有三种方式，即梳理肢解"条"的逻辑关系、直接提取"条"的关键词和设计一套表达"条"的体系。"项"的内容应按以下要求进行撰写。

- 厘清撰写思路。
- 明确撰写人员。
- 控制撰写篇幅。

10.1.3 制度的公示与更新

1. 制度公示

《中华人民共和国劳动合同法》第四条规定，用人单位应当依法建立和完善劳动规章制度，保障劳动者享有劳动权利、履行劳动义务。用人单位在制定、修改或者决定有关劳动报酬、工作时间、休息休假、劳动安全卫生、保险福利、职工培训、劳动纪律以及劳动定额管理等直接涉及劳动者切身利益的规章制度或者重大事项时，应当经职工代表大会或者全体职工讨论，提出方案和意见，与工会或者职工代表平等协商确定。在规章制度和重大事项决定实施过程中，工会或者职工认为不适当的，有权向用人单位提出，通过协商予以修改完善。用人单位应当将直接涉及劳动者切身利益的规章制度和重大事项决定公示，或者告知劳动者。

因此，企业应将经过民主程序制定的制度向员工进行公示，常见的公式方式有六种，具体内容如表 10-2 所示。

表 10-2　公示方式

方式	具体内容	意见
电子邮件送达	以电子邮件的形式将制度发送给企业每位员工，并通知员工收到后及时阅读回复	不推荐，举证难度较大

（续表）

方式	具体内容	意见
公告栏或网站公示	将制度发布到企业官网或公告栏上，并以拍照、录像等方式进行公示记录	不推荐，举证难度较大
制成手册	将制度制成手册，交由员工阅读并签名确认	推荐
作为劳动合同附件	将制度作为劳动合同的附件	推荐
内部培训学习	在企业内部以培训的方式对员工进行宣导，让员工在"培训出勤表"上签名	推荐
考试	组织针对制度的考试	推荐

2．制度的更新

管理制度并非一成不变，当企业内外环境发生变化，或是制度中的某些条款不适应企业的实际情况时，或经评审制度不适应企业的发展时，就需要对管理制度进行更新。

（1）制度更新原则

企业应及时、有效地开展制度的更新工作，保证管理制度适应企业经营、市场竞争、法律法规的要求，促进企业经营活动的健康发展。

在更新制度的过程中，企业要重点遵循以下四个方面的原则。

①要贴近企业新的机构运行与管理要求。

②要发挥各制度管理部门的主动性和制度执行部门的能动性。

③要强调各职能部门的管理服务。

④要不断规范制度汇编的格式，为制度再修订和今后的统稿工作奠定基础。

（2）制度更新节点

在企业经营发展的各个阶段及具体实施过程中，管理制度及其所包含的规范、规则、程序文件等必须伴随企业的发展而不断调整。企业要根据实际变化情况，及时修改原有制度中与企业发展不适应的规范、规则、程序，以满足企业日常经营及长远发展的需要。

在正常情况下，每隔两年企业应对各项制度进行更新，但是当出现且不限于以下几种情况时，企业可根据自身的实际情况，及时对制度进行更新。制度更新节点选择如表 10-3 所示。

表 10-3　制度更新节点选择

更新时间	详细说明
法律法规更新或新法律法规颁布	◆ 当国家更新有关法律法规或颁布新法律规则，导致企业某些制度或条款不合法或有缺陷、多余时，应对制度进行更新

（续表）

更新时间	详细说明
企业外部环境发生变化	◆ 当企业外部环境发生重大变化，严重影响本企业的管理活动时，就要根据情况变化及时更新相关制度
企业内部重大调整	◆ 当企业内部进行部门调整、岗位变动，生产经营方针发生变化，技术、设备更新改造等，导致原有制度难以满足客观需要时，应对制度进行更新
管理制度存在执行问题	◆ 当企业内部工作人员发现制度存在明显缺陷，无法有效解决工作面临的问题时，经主管部门认可后应对制度进行更新

（3）制度更新程序

制度更新是在原有制度的基础上对制度内容进行增添、删减、合并等处理，以及对管理制度的体系结构进行再设计的过程。

企业对制度进行更新时可按表10-4所示的步骤开展。

表 10-4　制度更新说明

序号	主要步骤	详细说明
1	评估	制度管理人员对原有制度的执行情况、企业内外部环境的变化情况等进行详细评估、诊断，确定制度更新的必要性、可行性
2	申请	确认具备制度更新的条件后，制度管理人员应提出申请，说明制度更新的必要性、应更新的条款等内容，报总经办审批
3	实施更新	制度更新申请审批通过后，制度更新人员收集、整理意见，确定需要增删、修改的条款，编制制度更新草案
4	征询意见	制度更新草案提交职工代表大会讨论，并在企业内部试行后最终定稿，交由总经理进行审批
5	发布执行	将总经理审批通过的更新文本进行公示，告知员工正式执行，并撤销或回收已废止的制度文件

企业更新管理制度时，必须参照法律、法规、条例，不得与其相抵触；必须服从或服务于企业的整体发展战略，以实现企业的发展目标。

10.2　流程设计

10.2.1　步骤、程序与流程

关于流程，不同的人有不同的看法。有人认为，流程就是步骤和程序，其实，"流程"和"步骤、程序"互相关联，但绝不是等同的概念。

1．步骤

步骤一般是指事物进行的顺序。在企业运营管理过程中，我们可以将"步骤"理解为实现某一目标、执行某一方案等活动和行为的先后顺序。

步骤有轻、快、缓、急等程度之分，是执行过程的重要指导。

2．程序

程序是指为进行某项活动所规定的途径。

为了进一步提高企业整体运营管理水平，企业可通过科学合理的规划和设计程序，不断规范行为、整治细节。

3．流程

这里可以给流程下这样一个定义："流程就是为特定的客户或特定的市场提供特定的产品或特定的服务所精心设计的一系列活动。"

流程包含六大要素，即输入的资源、活动、活动的相互作用、输出的结果、服务对象和价值。

4．步骤、程序与流程的联系

步骤、程序常常包含于流程之中，但步骤、程序并不等同于流程，它们是流程的重要组成部分。

流程中不能缺少步骤和程序，步骤和程序是事物内在逻辑和实现过程的重要说明。清晰明确的步骤和科学合理的程序是一个流程顺利实施的必备条件。

5．步骤、程序与流程的区别

"步骤、程序"可以体现在一项工作中，若干个作业项目哪个在前，哪个在后，即先做什么，后做什么。

在"流程"中除了可以体现出先做什么，后做什么之外，还可以表示出每一项具体任务是由谁来做的，即甲项工作由谁负责，乙项工作又由谁来负责，从而反映出他们之间是什么样的工作关系。

只有通过流程才能把一项工作的若干个项目或者若干个工作环节，以及它们的责任人和责任人之间的相互工作关系一目了然地表述出来，而步骤、程序则无法做到这一点。

10．2．2　流程的分类与模板

1．流程分类

流程可分为决策流程、管理流程和业务流程三大类，具体如表 10-5 所示。

表 10-5　流程分类说明

序号	流程分类	流程定义	流程特点 / 构成
1	决策流程	○ 能确保企业达到战略目标的流程 ○ 确定企业的发展方向和战略目标，发展和分配企业资源	○ 股东、董事、监事会等组建流程 ○ 战略、重大问题及投资流程 ○ 决策流程
2	管理流程	○ 企业开展各种管理活动的相关流程 ○ 通过管理活动对企业业务开展进行监督、控制、协调、服务，间接地为企业创造价值	○ 上级组织对下级组织的管控流程 ○ 资源配置流程（人、财、物、信息） ○ 管理流程
3	业务流程	○ 直接参与企业经营运作相关流程 ○ 对完成某项工作的先后顺序进行安排，对每一步工作标准、作业方式等内容做出明确规定，主要解决"如何完成工作"这一问题	○ 涉及企业"产供销"环节 ○ 包括核心流程、支持流程 ○ 业务流程
备注	从企业经营活动角度来看，流程又可分为战略流程、经营流程和支持流程		

图 10-2、图 10-3、图 10-4 分别为决策流程、管理流程、业务流程的构成体系。

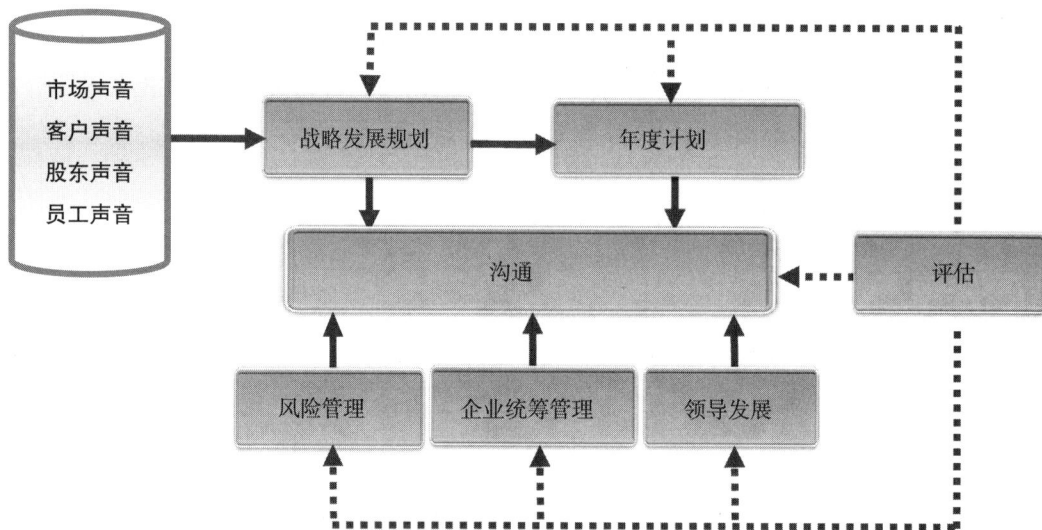

图 10-2　决策流程构成

2．流程模板

（1）箭头式流程

箭头式流程的特点是直观、一目了然，适用于企业员工都熟悉流程中各项作业概况的情况或流程中各项作业任务较简单的情况。箭头式流程图示例如图 10-5 所示。

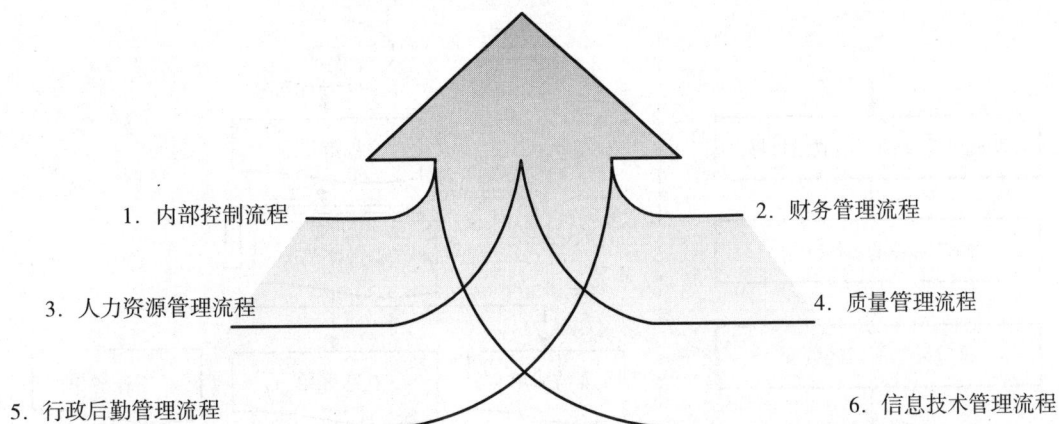

图 10-3　管理流程构成

1. 内部控制流程　　　　　　　　2. 财务管理流程

3. 人力资源管理流程　　　　　　4. 质量管理流程

5. 行政后勤管理流程　　　　　　6. 信息技术管理流程

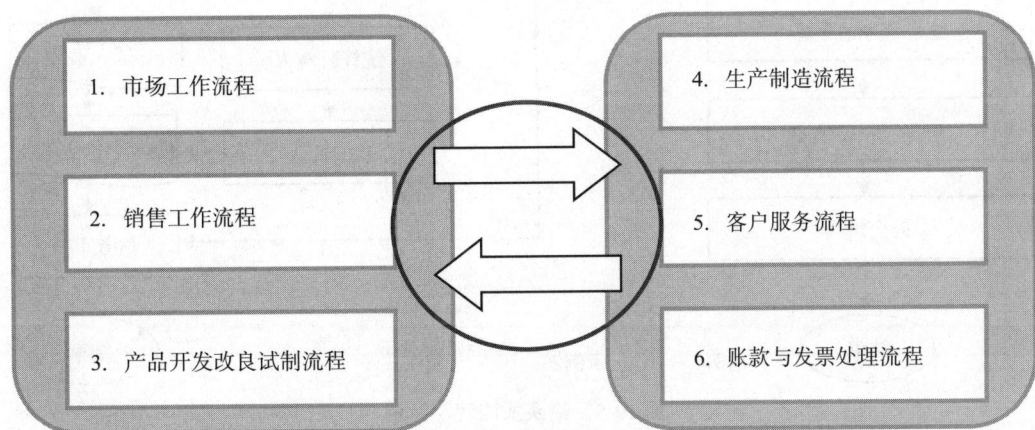

图 10-4　业务流程构成

1. 市场工作流程　　　　4. 生产制造流程

2. 销售工作流程　　　　5. 客户服务流程

3. 产品开发改良试制流程　　6. 账款与发票处理流程

设计箭头式流程图时，需要注意以下两个问题。

①一般需在图中将执行主体明确出来，但如果执行主体单一，可省略执行主体。

②流程图中的活动有时需用简洁的语言进行解释说明，以进一步明确活动要求和指令。

（2）业务流程

在业务流程中，企业需要明确流程的上下执行主体、活动、要求及指令，并将这些要求和指令用统一的语言表达出来。流程活动的承担者之间能够实现一种平等、互助、尊重、关怀的关系。业务流程图示例如图 10-6 所示。

（3）矩阵式流程

矩阵式流程通过纵、横两个方向的坐标，既明确了先做什么，后做什么的问题，又明确了各项工作的责任人的问题，其示例如图 10-7 所示。

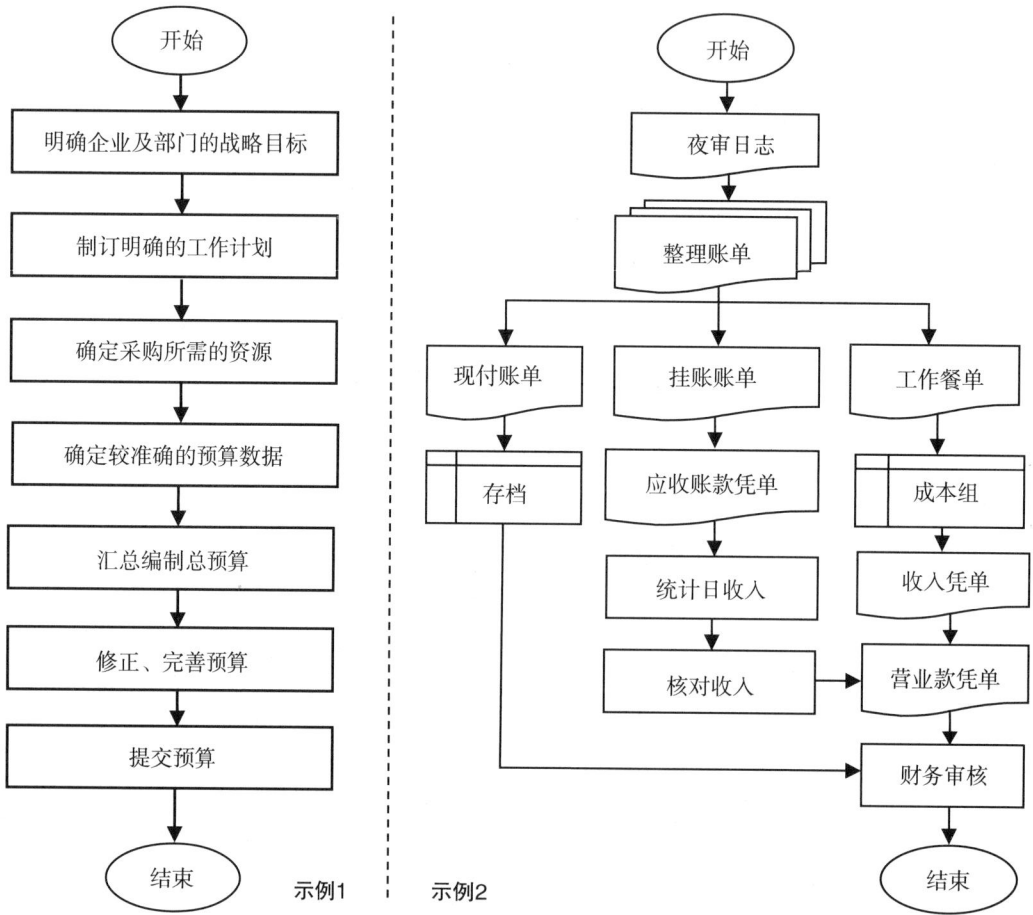

图 10-5 箭头式流程图示例

时间顺序	部门（岗位）1	部门（岗位）2	……	要求及说明

图 10-6 业务流程图示例

单位名称	质量管理部		流程名称	制程质量检验工作流程	
层级	三级		任务概要	制程质量检验	
主体	质量管理部经理	质检专员	生产部	生产车间	
节点	A	B	C	D	

图表内容(矩阵式流程图):

- 节点1(B列):开始 → 实施常规检验
  - C列:参与 ← D列:协助(虚线指向实施常规检验)
- 节点2(B列):分析检验结果 → 判断是否存在问题
  - 否(指向A列审批方向)
- 节点3(B列):是 → 限期整改 → 查找原因(C列)
  - C列:查找原因 ← D列:配合
  - C列:安排整改 → D列:实施整改
- 节点4(B列):是否复检
  - 否(指向查找原因)
  - 是(向下)
- 节点5:
  - A列:审批
  - B列:编制质量报表 → 审批(A列)
  - B列:资料归档 → 结束
- 节点6:结束

企业名称		密 级		共 页 第 页	
编制单位		签发人		签发日期	

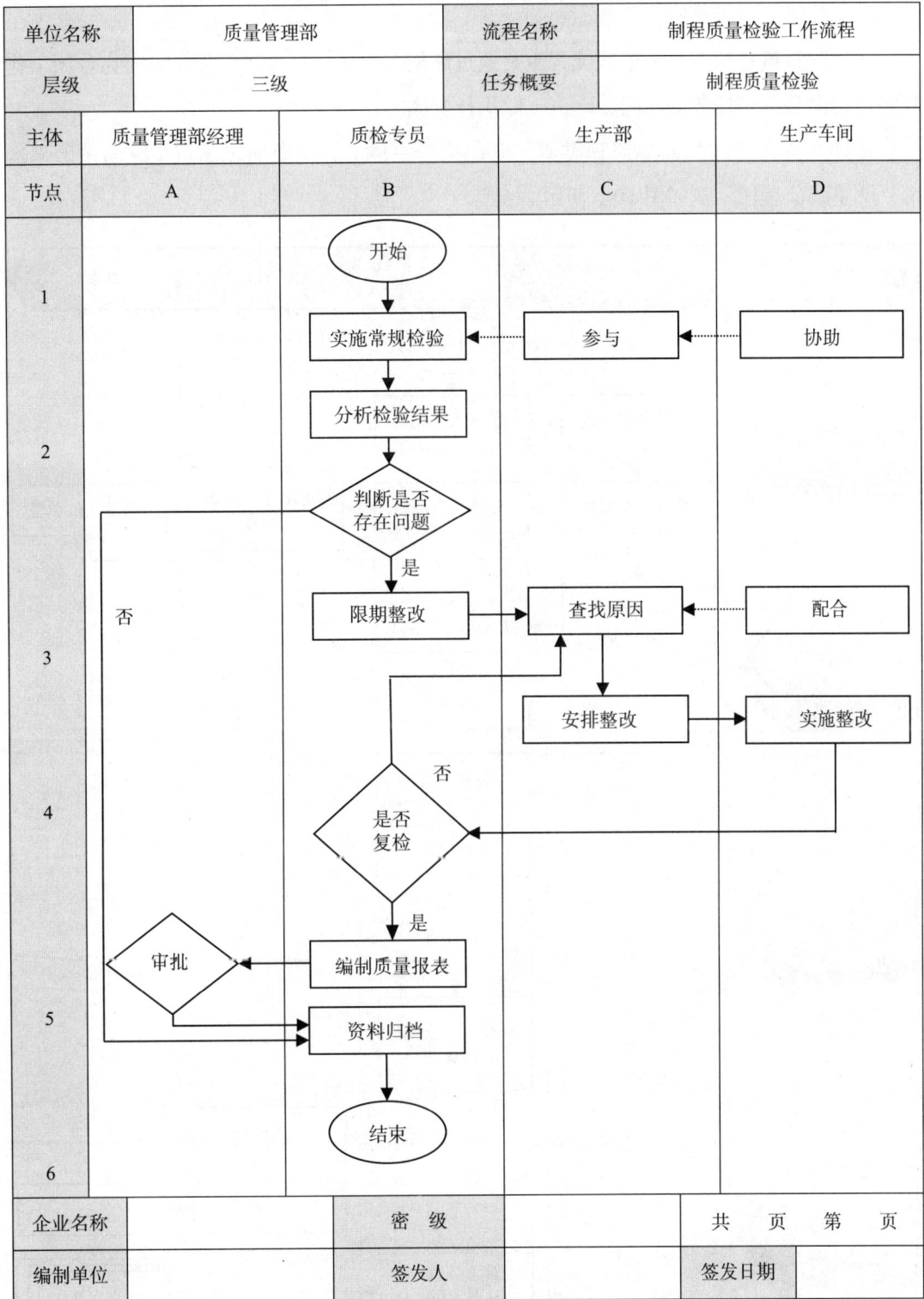

图 10-7 矩阵式流程图示例

（4）泳道式流程

与矩阵式流程相似，泳道式流程也是通过纵横双向坐标来设计流程，纵向为分项工作任务，横向是承担任务的部门、岗位（即执行主体）。

泳道式流程样式与其他流程类似，但在执行主体上，主要通过泳道（纵向条）来区分。泳道式流程图示例如图 10-8 所示。

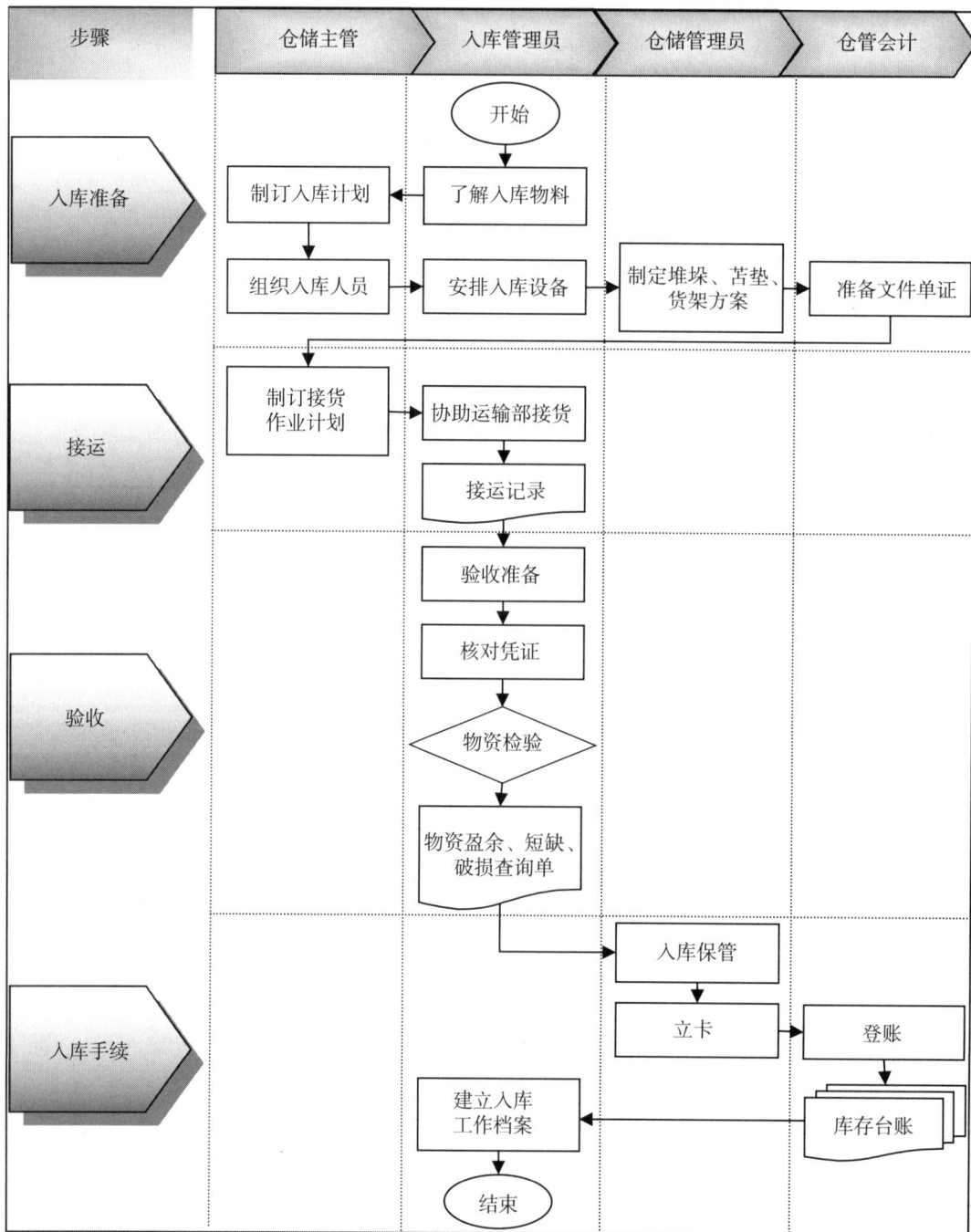

图 10-8　泳道式流程图示例

10．2．3　流程设计问题解析

流程更新与再造的前提是对现有流程进行调查研究，解析流程设计中存在的问题。

1．流程设计问题解析步骤

流程设计问题解析步骤如表 10-6 所示。

表 10-6　流程设计问题解析步骤

流程诊断步骤	工作内容	采用方法
流程信息收集	○ 收集信息 / 数据，了解企业流程执行现状 ○ 找出流程建设、管理中的障碍 ○ 了解企业员工关心的问题 ○ 加强企业沟通，树立流程管理意识	内部调查法、专家访谈法、讨论会法、外部客户访谈法、座谈会法
问题查找与分析	○ 清晰地阐述要解决的问题 ○ 将问题分成几个部分，即将问题细分为可被解决的小问题 ○ 分析、深究问题的根源，提出解决方案	VA/NVA 分析法、5WHY 法、鱼骨图法、逻辑树法等
给出诊断报告	○ 根据问题，结合企业实际情况，给出问题解析报告 ○ 提出问题解决方案，更新 / 再造流程	—

2．流程设计问题解析要求

为了提高解析工作的科学性、合理性、有效性，提高问题解析报告的实用性，流程管理人员需重视以下七个问题：不要拘泥于"数据"，追究"我试图回答什么问题"；不要在一个问题里面绕圈子；开阔视野，避免钻"牛角尖"；假设也可能被推翻；反复检验观点；细心观察；寻找突破性观点。

3．流程设计问题解析方法

常用问题解析方法有 VA/NVA 分析法、5WHY 法等。

（1）VA/NVA 分析法

VA/NVA 分析法是指将构成一个流程的各项工作任务分为三类，即增值活动、非增值活动和浪费，如图 10-9 所示。

（2）5WHY 法

5WHY 法是指对一个流程进行设计诊断、问题解析和更新改进时，需提出并回答以下问题。

①为什么确定这样的工作内容？

②为什么在这个时间和这个地点做？

③为什么由此人来做？

④为什么采用这种方式做？

⑤为什么需要这么长时间？

了解增值活动在流程的全部活动中所占的比例，找出改进的重点，制定切实可行的改进目标

| VA | | 步骤2 | 步骤3 | | 步骤5 | | | 步骤8 |
| NVA | 步骤1 | | | 步骤4 | | 步骤6 | 步骤7 | |

- 非增值活动（NVA），指不增加附加值，但却是必须的活动。其是各项增值活动的连接剂
- 增值活动（VA），指能使产品或服务的附加值得到提升的活动
- 浪费（Waste），指既不增值，也不是必须的活动

图 10-9 VA/NVA 分析法说明

流程管理人员需根据以上五个问题的答案找出企业流程实际实施过程中的问题，分析并深究问题的根源，从而制定流程更新或再造方案。

10.2.4 流程的颁布与管理

1. 流程颁布

流程颁布是指流程制作完成，经审核通过后，在相应范围内颁布。其自颁布之日起生效，员工务必遵守执行，以高效地完成管理目标。

企业流程颁布程序如图 10-10 所示。

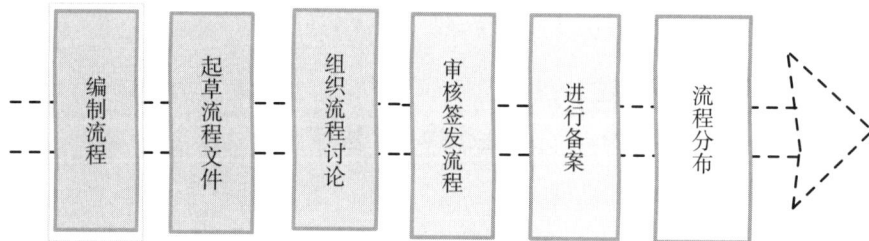

编制流程 → 起草流程文件 → 组织流程讨论 → 审核签发流程 → 进行备案 → 流程分布 →

图 10-10 企业流程颁布程序

2. 流程管理

（1）实现流程的有效落实

企业的流程图绘制完毕装订成册后，需发给企业各个部门遵照执行。流程图实际上是企业的内部法规，有了它，企业才能建立正常的工作规则和工作秩序。

有效落实流程通常有四种思路，如图 10-11 所示。

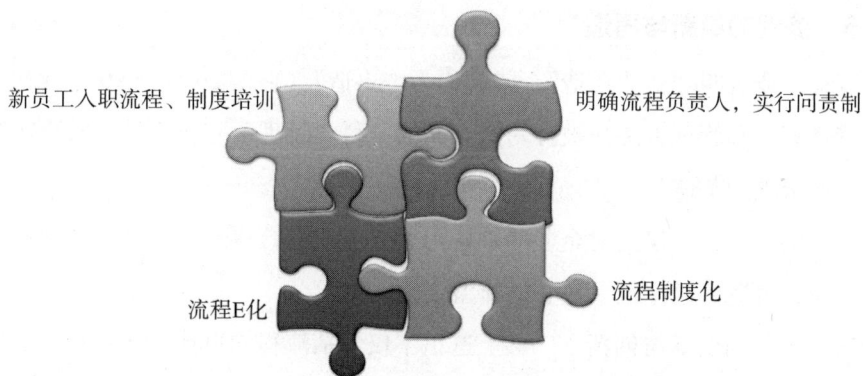

新员工入职流程、制度培训

明确流程负责人，实行问责制

流程E化

流程制度化

图 10-11　有效落实流程的四种思路

（2）开展针对性流程检查

流程检查的目的是为企业带来价值，保证流程目标的最终实现。

流程检查工作原则是控制流程检查的成本投入。流程检查成本投入需与该流程的产出价值相匹配。企业在流程检查工作中需有成本意识，强化"投资回报"的概念。

设计流程检查方案时，需确定流程检查的精细度、频次及抽样方法，控制检查成本。开展流程检查工作时，要抓住关键流程和流程的关键环节，结合实际情况和流程的运转时间确定流程检查频次、抽样方式。

（3）流程绩效评估与改进

流程绩效评估的本质是为企业战略与经营服务。企业需对某些关键的流程进行绩效评估，将流程绩效作为企业绩效管理的一个重要维度。

①确定流程的绩效目标。企业战略目标被层层分解到部门、岗位及相关关键流程中，即流程被赋予绩效目标。因此，流程的绩效评估需围绕目标展开，实行目标导向的流程绩效评估。

②流程绩效评估维度如表 10-7 所示。

表 10-7　流程绩效评估维度

评估维度	详细说明	指标举例
效果	○ 流程的产出 ○ 流程的产出满足客户（包括内部客户和外部客户）需求和期望的程度	产量、产值、计划目标完成率、外部客户满意度、内部客户满意度等
效率	节约资源、减少浪费等	处理时间、投入产出比、增值时间比、质量成本等
弹性	流程应具备调整功能，以满足客户当前的特殊需求和未来的要求	与标准流程相比，处理客户特殊要求的时间 被拒绝的特殊要求所占的比例 特殊要求递交上级处理的比例

10.2.5 流程的更新与再造

企业流程再造也叫"企业再造",或简称为"再造"。它是 20 世纪 90 年代初期兴起的一种新的管理理念和管理方法,被称为继泰勒的"科学管理"和全面质量管理(TQC)之后的"第三次管理的革命"。

流程再造的意义,不仅是对企业的管理与业务流程进行再造,而且是要将以职能为核心的传统企业,改造成以流程为核心的新型企业。

企业通过不断的变革与创新(广义上这里不仅包括流程的再造,还包括企业组织的再造和变革),使原来不断产生暮气的企业,重新焕发青春,并且永远充满朝气、充满生机、充满活力。

1.流程更新与再造的基础

当前,市场竞争越来越激烈,企业要想在激烈的市场竞争中求得生存和发展,取得竞争优势,就必须全面地、彻底地了解客户的需要,最大限度地满足客户的需要,并且要不断地适应外部市场环境的变化。而流程更新与再造的目的就在于使企业的内部管理流程更加规范,使企业不断适应变化的市场形势。

通常情况下,现代企业面临的外部环境的巨大挑战主要来自客户(Customer)、变化(Change)、竞争(Competent)三个方面。由于这三个英文单词的首字母都是 C,所以又称为"3C"。企业在进行流程设计与更新再造时,切记要把握好"3C"的内容。只有这样,所设计或更新再造的流程才能够适应企业的发展、市场的变化,以及客户的需求。

就企业内部而言,企业中长期发展战略规划则是流程设计与更新再造的基础条件。如果企业尚未制定中长期发展战略,则应先制定发展战略再着手进行流程设计与更新再造工作,否则,所设计的流程很难适应本企业的实际发展情况。

2.流程再造的程序

企业流程再造的程序如表 10-8 所示。

表 10-8　企业流程再造的程序

流程再造程序	步骤细分
1.设定基本方向	(1)得到高层管理者的支持 (2)明确战略目标,确定流程再造的基本方针 (3)流程再造可行性分析 (4)设定流程再造出发点

（续表）

流程再造程序	步骤细分
2. 项目准备与启动	（1）成立流程再造小组 （2）设立具体工作目标 （3）宣传流程再造 （4）设计及落实相关的培训
3. 流程问题诊断	（1）进行现状分析，包括内外部环境分析、现行流程状态分析等 （2）发现问题
4. 确定再造方案，重设流程	（1）选择确定流程方案设计与工作重点 （2）确认工作计划目标、时间、预算计划等 （3）责任、任务分解 （4）监督与考核办法 （5）具体行动策略与计划
5. 实施再造流程方案	（1）成立实施小组 （2）对参加人员进行培训 （3）发动全员配合 （4）新流程试验性启动、检验 （5）全面开展新流程
6. 流程监测与改善	（1）观察流程运作状态 （2）与预定再造目标的比较分析 （3）对不足之处进行修正改善

　　流程再造的操作要点有：了解现有流程及其目标、范围，了解现有流程的结构，分析各流程间的责任归属，确认与流程相匹配的绩效指标，分析流程瓶颈点及再造切入点，确定流程关键点的重新设计，确认经重新设计的新流程系统，建立评估体系对新流程进行监测。

3. 流程再造工作的技巧

　　流程再造工作的技巧如图 10-12 所示。

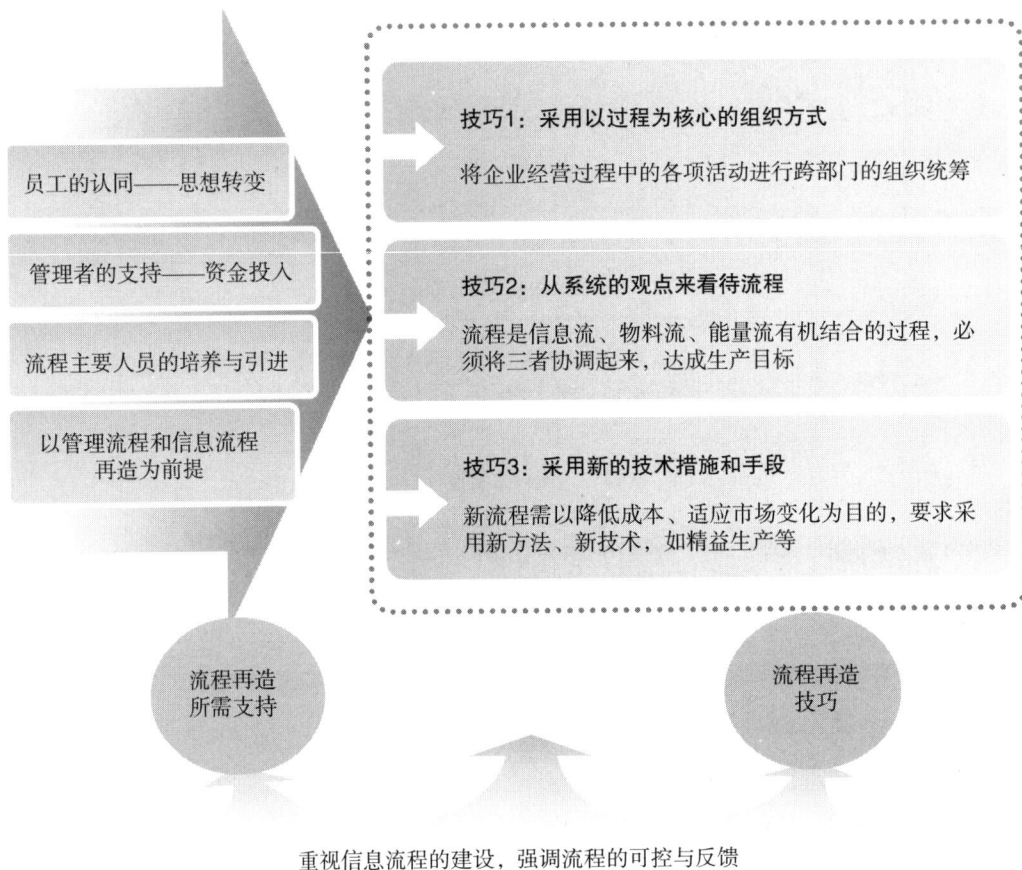

技巧1：采用以过程为核心的组织方式
将企业经营过程中的各项活动进行跨部门的组织统筹

员工的认同——思想转变

管理者的支持——资金投入

流程主要人员的培养与引进

以管理流程和信息流程再造为前提

技巧2：从系统的观点来看待流程
流程是信息流、物料流、能量流有机结合的过程，必须将三者协调起来，达成生产目标

技巧3：采用新的技术措施和手段
新流程需以降低成本、适应市场变化为目的，要求采用新方法、新技术，如精益生产等

流程再造所需支持

流程再造技巧

重视信息流程的建设，强调流程的可控与反馈

图10-12　流程再造工作的技巧

10.3　标准设计

10.3.1　标准设计的依据

为了确保标准设计的科学性、标准内容结构与表述的规范性、标准形式的国际性，企业应依据以下五个方面的内容进行标准设计。

1．结合实际

企业制定的标准应符合国家政策、法规，既要考虑长远发展，又不能脱离自身当前的实际水平。

2．国家标准

企业制定标准时，必须认真贯彻执行国家规定的标准。

3．行业标准

企业制定的标准不得与国家标准、行业标准相抵触，且做到与相关标准协调配合。

4．企业标准

企业依据国家标准和行业标准，可视情况制定企业标准。

5．对标

企业制定标准时可依据内部对标与外部对标，并通过比较相关数据，明确业务运行标准。

10．3．2　主要标准的设计

为了保证企业长久稳定地发展，确保员工高效率地工作，企业应当制定相应的标准，以激发员工的工作积极性。表 10-9 是标准设计说明。

表 10-9　标准设计说明

序号	结构内容	内容说明
1	基础信息	备案号、标准编号、中文名称、批准日期
2	前言	对标准的说明，是否完全代替了某个标准或部分代替
3	范围	标准的适用范围
4	规范性引用文件	相关文件的内容构成标准中必不可少的条款
5	术语与定义	标准中出现的需要解释的相关名词
6	要求与规定	标准的具体内容
7	附录	略
8	参考文献	略

10．3．3　标准变更与升级

企业的标准要适时变更与升级，这是一个常态化程序。在企业管理过程中，适时变更与升级标准可以及时为提升工作标准、创造高业绩的人员提供正向激励。

1．标准变更的情况

（1）对国家标准、行业标准的选择或补充的标准。

（2）为提高产品质量，制定的严于国家标准、行业标准或地方标准的企业产品标准。

（3）部分标准已不符合企业现行的经营方针或实际需要的。

（4）企业各部门或岗位通过工作实践后认为已有标准存在问题，提出相应变更的。

2．标准变更的流程

标准变更的流程如图 10-13 所示。

调查研究、收集资料	编写标准变更申请书	审查标准	编制标准报批稿	批准、发布
1. 对引用标准进行查新 2. 研究标准化对象现状 3. 客户的要求和期望以及市场数据的反馈 4. 员工工作实践后的反馈	1. 汇总意见并进行分析，确定变更内容 2. 编制标准变更申请书等附件 3. 明确标准的适用范围、使用要求	1. 将标准变更申请书以及其他附件送至审查部门 2. 对有重大影响的企业标准进行组织会审 3. 按照国家政策与发展方向，确定标准修改内容	1. 编制标准报批稿 2. 编制"审查意见汇总处理表" 3. 提出标准的贯彻措施、建议，以及预期效果	1. 对标准报批稿进行复核、编号登记，并由法人代表或其授权的管理者签批 2. 产品标准按有关规定报当地行政主管部门和有关行政主管部门备案 3. 由企业标准化机构编号、公布

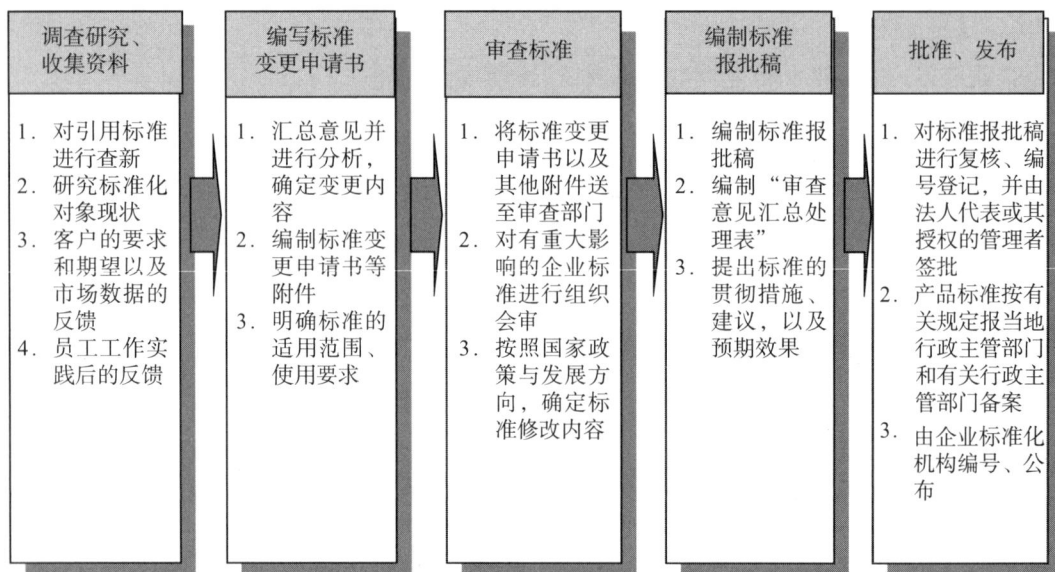

图 10-13　标准变更的流程

3．标准升级的条件

（1）贯彻国家和地方有关方针、政策、法律、法规，严格执行国家标准、行业标准和地方标准。

（2）积极采用国际标准和国外先进标准。

（3）有利于合理利用国家资源、能源，推广科学技术成果；有利于产品的通用互换，符合使用要求，技术先进。

（4）有利于对外经济技术合作和对外贸易。

（5）本企业内的企业标准之间应协调一致。

10．4　方案设计

10．4．1　方案的设计与撰写

1．方案设计要素

企业方案的设计要素主要包括方案标题、方案目的、方案正文和方案落款四部分内容。

（1）方案标题设计

企业设计方案标题时应注意以下内容，具体如表 10-10 所示。

表 10-10　设计方案标题时的注意事项

注意事项		详细说明
标题结构	制定主体	◆ 发布方案的部门，可省略
	工作内容	◆ 计划、项目或者工具的内容概要
	文种	◆ 该方案的类型，如规划方案、实施方案等
标题设计方法	二要素法	◆ 即"内容 + 方案"，如"生产计划变更方案"
	三要素法	◆ 即"部门 / 人员 + 内容 + 方案"，如"车间员工绩效考核方案"
	四要素法	◆ 即"实施时间 + 部门 / 人员 + 内容 + 方案"，如"2022 年 12 月生产部安全生产培训方案"

（2）方案目的设计

方案目的设计要求简明扼要，叙述时常用"为……"开头，然后说明目的制定依据，常用"根据……，结合本企业的实际情况，特制定本方案"的形式。

方案目的设计的形式如图 10-14 所示。

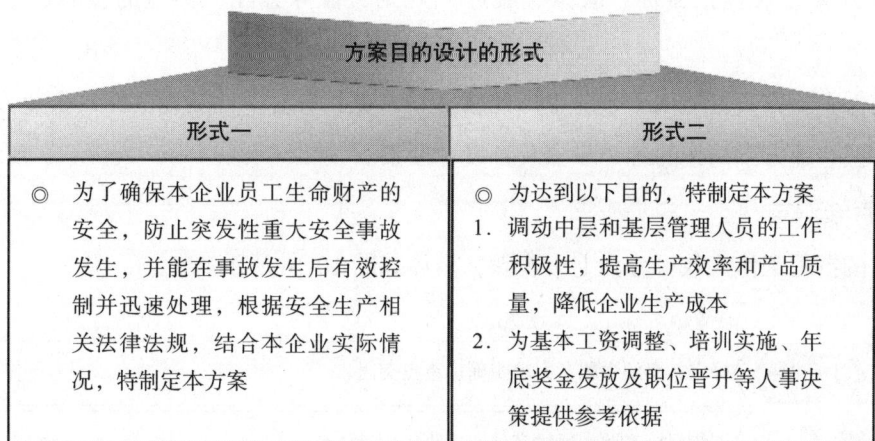

图 10-14　方案目的设计的形式

（3）方案正文设计

企业方案正文的内容结构如图 10-15 所示。

在设计方案正文内容时，需要注意以下两大事项。

①方案的每部分内容均应具体、详细，特别是"实施步骤"一项。对各个阶段的时间、实施内容、负责部门及要求等都要做具体、详细而又明确的部署和安排，这样便于各个部门、人员贯彻执行。

②由于方案的复杂程度不同，在设计过程中，可以根据实际情况对正文中的内容进行适当增删。

图 10-15　方案正文设计

（4）方案落款设计

一般方案的最后要标明方案的制定部门和制定日期，有时也需要注明方案的编制人员、审核人员和批准人员以及相应的日期。

企业方案一般包括目标、政策、程序、规则、任务分配、实施的步骤、使用的资源等。

为确保企业方案更适用于企业生产经营活动，更具有科学性及规范性，企业方案策划人员应掌握企业方案写作的各个步骤及各设计要素。

2．方案撰写

方案的撰写工作大致可分为七个步骤，具体如图 10-16 所示。

图 10-16　方案撰写步骤

10．4．2　方案的颁布与实施

1．方案的颁布

相关部门确定方案后，责任部门将方案修订稿交相关部门审核。审核通过后，责任部门的分管或协管领导负责方案的复核。复核通过后，相关管理人员批准方案的颁布。相关部门将方案原件备案后，综合管理部通过企业办公平台公开发布方案。

2．方案的实施

为了确保企业制定的各项方案能及时、全面、准确地实施，企业应在制定方案后，做好方案的上传下达工作，以使企业相关成员熟悉、了解企业方案的内容及要求。

企业各级领导应加强对企业方案的重视度，同时应监督方案的执行情况，确保方案的贯彻实施；各部门应把握重点、分工负责、协调配合，稳步推进方案的顺利实施。

企业相关部门应及时做好方案实施情况的记录、总结和汇报工作，以便上级领导对方案的执行情况进行监控、改进。

10．5　文书设计

10．5．1　文书的撰写

文书是对企业在处理日常管理事务时使用的记录和传递信息的文字材料的统称，一般包括工作决议、工作报告、工作总结、工作指导书、工作实施方案等。文书为企业各类工作的具体实施提供有效的指引，并能够规范企业各类工作的实施与操作。

一份完整的文书应包括文书标题、文书正文和文书附件三大部分内容，各部分的设计要求如表 10-11 所示。在进行文书撰写时，需注意文书每一部分的设计要求，以确保所撰写的文书内容规范、合理。

表 10-11　文书撰写设计要求一览表

要素名称	设计要求
文书标题	○ 文书标题设计需明确、简洁，一般可采用"实施内容 + 方案 / 书""实施部门 + 实施内容 + 方案 / 书"等格式
文书正文	○ 文书正文需包括具体工作的实施目标、实施环境、实施步骤、实施措施、实施方法、实施要求等内容
文书附件	○ 文书附件需包括文书涉及的相关制度、表单等文件

10. 5. 2 文书范例

人力资源管理工作中，需要用到各种各样的文书，常用的录用通知书和离职协议书范例，扫描下方二维码即可查看。

第 11 章
数字化设计

11.1 人力资源相关系统

11.1.1 分模块系统

一个完整的人力资源管理系统应包括人事管理、招聘管理、考勤管理、薪酬管理、绩效管理、培训管理、人才测评、人事管理、决策分析、组织管理等核心功能模块。在实际工作中，企业可以根据自身的需要和预算，选择其中的部分模块使用。

1. 人事管理

人事管理是人力资源管理分模块系统的基础模块之一。它可以帮助企业建立员工档案、人事异动等其他基础信息，协助人力资源部门完成入职、异动、离职等业务的处理，为其他模块实现分析、统计、预测、预警等高端应用提供数据支撑。

2. 招聘管理

招聘管理是人力资源管理分模块系统的主要模块之一。其主要功能是生成企业人才库，实现招聘全流程无纸化管理，实时生成多维度透视报表等。同时可有效减少相关人员实务性工作量，提升人力资源部门合适人才的聘用率。

3. 考勤管理

考勤管理是人力资源管理分模块系统的核心模块之一。其主要功能是帮助企业建立高效考勤管理机制，为企业带来精准、可靠、便捷的考勤管理。

4. 薪酬管理

薪酬管理是人力资源管理分模块系统的核心模块之一。其主要功能是根据企业发展战略，对员工薪酬结构、薪酬策略、薪酬水平等进行确定、分配和调整，可批量处理复杂的信息数据，真正提高工作效率。

5. 绩效管理

绩效管理是人力资源管理分模块系统的核心模块之一。其主要功能是通过建立企业统一的绩效指标库，实现各类人员的灵活配置和绩效薪酬全自动化处理。绩效考核人员可以根据考核结果，对企业的绩效薪酬进行预测。

6. 培训管理

培训管理是人力资源管理分模块系统的基础模块之一。其主要功能是通过对整体培训计划的制订、执行，以及对培训过程的管理，实现对培训资源最大限度的整合，从而提高培训效率、增强培训效果、降低培训成本。除此之外，企业还可以为自身的培训管理体系与培训能力建设搭建标准化平台。

7. 人才测评

人才测评是人力资源管理分模块系统的主要模块之一。其主要功能是选择合适的评价工具，完成评价，并形成人才档案，让人员的入、转、调、离有据可依。同时通过分析人才评价相关数据，多维度绘制企业内部人才地图，清晰展示内部人才梯队，以有助于人事决策。

11. 1. 2 e-HR 系统

1. e-HR 系统的定义

e-HR 系统是一种基于互联网的人力资源管理系统。它通过集中式的信息库、自动信息处理、员工自助服务、外协以及服务共享，可以达到降低成本、提高效率、改进员工服务方式的目的。

随着互联网＋大数据的飞速发展，"e-HR"已经被赋予了新的含义，它包含了"电子商务""互联网""人力资源业务流程优化 (BPR)""以客户为导向""全面人力资源管理"等核心思想，是一种全新的人力资源管理模式，同时也代表着人力资源管理模式的未来发展方向。

2. e-HR 系统的十个典型管理模块

（1）组织架构管理。

（2）人事考勤管理。

（3）薪酬福利管理。

（4）招聘、面试管理。

（5）人才测评。

（6）培训管理。

（7）绩效考核管理。

（8）业务提醒。

（9）权限管理。

（10）多维度报表管理。

3．e-HR 系统产品选择的八个要素

（1）从企业中长期发展考虑，e-HR 系统要融入人力资源管理专业思路，使之能够适应业务发展的人力资源管理需求。

（2）为提升账号安全管理，e-HR 系统应提供动态密码管理机制。

（3）e-HR 系统应能够同时支持本地部署和云服务。

（4）e-HR 系统数据接口最好完全开放，以便能最大限度地满足企业其他内部信息管理系统与 e-HR 系统之间（根据企业需求）实现数据交互。

（5）e-HR 系统要引入时间轴概念，数据变更历史保存完整，以便用户随时查看数据，包括明细数据和统计数据。

（6）e-HR 系统能够实现自定义查询，用户输入任意组合字段，系统都可以通过逻辑表达方式将多个字段定义的查询条件进行任意组合，快速得到用户期望的查询结果。

（7）e-HR 系统能够支持自定义页面，快速配置系统。

（8）e-HR 系统常用功能可通过移动客户端进行操作，满足移动办公需求。

11．2　系统开发

11．2．1　功能设计

在进行人力资源数据化系统功能设计时，应充分考虑企业实际需求，同时可以参考以下六个模块的功能设计。

1．数据配置管理

数据配置管理功能设计如表 11-1 所示。

表 11-1　数据配置管理功能设计

一级功能	二级功能	三级功能	功能描述
数据配置管理	系统管理	角色管理	维护角色信息，实现系统用户根据角色进行权限分配管理

（续表）

一级功能	二级功能	三级功能	功能描述
数据配置管理	系统管理	用户管理	新增：可以输入用户名、账号、密码、确认密码等信息 编辑：可以对用户信息进行编辑操作 删除：可以删除用户或批量删除用户 机构关联：可以选择机构列表及子机构列表，将用户关联至对应机构
		权限管理	新建与编辑，新建并设置角色权限，可以对角色的权限进行有效管理。分配用户，完成新建的角色，可以勾选不同用户，赋予角色所拥有的权限

2．标签设计

标签设计功能设计如表 11-2 所示。

表 11-2 标签设计功能设计

一级功能	二级功能	三级功能	功能描述
标签设计	个人属性标签	基本信息标签维护	对员工性别、年龄、毕业院校等级、专业类别、最高学历、工作单位等基本信息进行标签提炼
		工作属性标签维护	对员工工龄、现任单位、现任部门名称、录用渠道、现任专业类型等工作信息进行标签提炼
		人才属性标签维护	对岗位胜任能力证书等级、是否为专业技术人才、专业技术资格等级、获奖情况、专利情况等人才相关信息进行标签提炼
	工作履历标签	工作经历标签维护	对历任工作年限、变更类型、是否为主要职务、历任单位、历任单位规模、历任单位性质、历任单位类型等内部工作经历相关信息进行标签提炼
		工作项目经历标签维护	对参与项目数量、参与项目类别、参与项目立项级别、近五年承担过重大项目、科研团队负责人等工作项目经历相关信息进行标签提炼
		社会经历标签维护	对人才/学术交流指导类型、人才/学术交流等级、近三年学术交流情况、地方政府挂职经验等社会经历相关信息进行标签提炼
		培训经历标签维护	对过往参加培训的次数和在职期间总培训次数、已学学时数、参与培训时长等培训经历相关信息进行标签提炼
	能力素质标签	领导力标签维护	对宏观思维、沟通协调、统筹决策、队伍建设等领导力相关信息进行标签提炼
		专业技术类能力标签维护	对组织协调能力、团队协作能力、资源整合能力、计划统筹能力、观察思考能力等专业技术类相关信息进行标签提炼
		自定义能力标签维护	对其他能力相关信息进行标签提炼，设置标签生成及赋值规则，对其他各类能力类标签进行增删查改

3. 画像管理

画像管理功能设计如表 11-3 所示。

表 11-3　画像管理功能设计

一级功能	二级功能	三级功能	功能描述
画像管理	人才画像管理	员工全景画像维护	梳理员工核心人才标签，从个人属性、工作履历、绩效表现等方面设置员工全景画像信息，并对画像信息进行增删查改
		干部全景画像维护	梳理干部核心人才标签，从工作履历、政治品德、能力素质等方面设置干部全景画像信息，并对干部画像信息进行增删查改
		画像历史变革管理	根据画像历次版本的迭代变化情况，分别展示人才全景、干部全景的重要信息历史发展轨迹动态视图，支持图标方式显示重要的画像信息
	岗位画像管理	岗位画像分类	维护岗位画像分类，按照岗位大类或者岗位序列对岗位画像分类进行增删查改
		具体岗位画像标准设置	结合某个具体岗位的岗位体系、岗位说明书和任职资格要求、岗位胜任力模型等，以及岗位分类和专业技术序列等开展自定义岗位画像配置管理，内容主要包括具体画像维度和要素的权重等

4. 人才发展管理

人才发展管理功能设计如表 11-4 所示。

表 11-4　人才发展管理功能设计

一级功能	二级功能	三级功能	功能描述
人才发展管理	智能培训	培训人岗匹配模型	基于培训场景，设计岗位画像与人才画像匹配度算法模型，计算培训匹配度，分析培训需求重点
		提炼共性培训需求	结合公司层面培训、通用能力培训，提炼员工共性培训需求
		分析个性培训需求	结合人才梯队地图和公司培训体系，分析员工个性培训需求
		培训内容智能生成	根据共性及个性培训需求建立智能匹配算法，实现培训差异化内容生成
		智能推送培训内容	根据差异化培训结果，通过大数据算法，自动分析培训需求，获取差异化培训课程，实现精准推送课程及内容
		培训覆盖情况	结合组织标签、人才标签，分析并对比各类单位与人群的培训覆盖情况，明确待提升领域
		培训满意度情况	结合组织标签、人才标签，分析各类单位与人群的培训满意度结果，明确培训优化方向
		培训结果分析	结合组织标签、人才标签，分析各类单位与人群参与培训的情况与能力提升相关结果，为培训管理人员提供分析报告，以优化培训体系

（续表）

一级功能	二级功能	三级功能	功能描述
人才发展管理	智能培训	员工培训效果动态追踪	结合人才标签、岗位标签，动态追踪培训前后员工画像与岗位画像的差异，分析培训课程对于差异点的提升作用，指导员工的进一步发展与培训体系优化
	能力评价	技能等级评价	在技能类岗位评价方面，通过获取不同省份或者地市的实际上机、考试数据，建立技能等级评价模型，生成技能评价标签和技能等级结果表
		专业技术资格评价	在专业技术资格岗位评价方面，通过获取不同省份或地市的专业技术资格测评数据，建立专业技术资格评价模型，生成专业技术资格评价标签和专业技术资格评价结果表
		辅助类人员评价	在辅助类岗位评价方面，通过获取不同省份或者地市的辅助类资格测评数据，建立辅助类资格评价模型，生成辅助类评价标签和辅助类评价结果表
	岗位胜任力评价	岗位胜任力评价模型	结合岗位发展地图和岗位画像进行胜任力分析，识别岗位不匹配情况
		岗位胜任能力评价结果	根据岗位不匹配情况，生成岗位胜任能力评价结果

5. 统计与展示

统计与展示功能设计如表 11-5 所示。

表 11-5　统计与展示功能设计

一级功能	二级功能	三级功能	功能描述
统计与展示	标签分层视图展示	标签分层统计与展示	层级化展示目前已经上线使用的全部人才标签，用户可以点击标签查看每个标签的详细情况。例如，点击"基本信息"这个一级类目，可查看人员岗位、性别、籍贯等信息；点击"岗位"这个二级类目，可以看到展开的具体岗位名称，进一步点击可以查看这个岗位所有标签情况
	人才画像分类视图展示	人才画像分类统计及展示	建立人才画像层级视图，输入画像名称或类型，将相应人才画像显示出来，支持按照某个人才画像或者某类人才画像展示，点击需要查看的画像，即可查看该人才画像的所有标签及信息
	岗位画像分类视图展示	岗位画像分类统计与展示	建立岗位画像分类视图，根据岗位画像名称或类型，将相应岗位画像用列表的形式展示出来，支持按照某岗位画像或者某类画像展示，点击需要查看的画像，即可查看该岗位画像的所有标签以及信息
	多维度视图展示	多维度分析与统计	1. 支持多维度分析圈定的人群特征，如年龄结构、学历结构、职称结构等 2. 提供人群对比分析功能，业务人员可根据不同业务规则圈定两个人群，然后筛选人才标签作为对比维度，从多个维度对比分析这两个人群的特征

6．人才数字化运营管理

人才数字化运营管理功能设计如表 11-6 所示。

表 11-6　人才数据化运营管理功能设计

一级功能	二级功能	三级功能	功能描述
人才数字化 运营管理	人才标签 运营管理	人才标签新增流程	通过发起与审批新增标签流程，可以完成标签新增申请与批复
		人才标签调整流程	填写人才标签调整申请单并发起流程审批
		人才标签下线流程	填写人才标签下线申请单并发起流程审批
	岗位画像 运营管理	岗位画像设置管理	通过发起与审批新增岗位画像流程，完成新增某个岗位画像申请与批复
		岗位画像调整管理	填写岗位画像调整申请单并发起流程审批
		岗位画像下线管理	填写岗位画像下线申请单并发起流程审批

11．2．2　模块设计

1．权限管理模块

权限管理是人力资源管理信息系统的全局性管理模块，与各业务之间存在着紧密的关联关系。

设计权限管理模块时，既要考虑能够实现对用户权限的灵活配置，又要兼顾用户权限应用到业务模块时，从技术上实现的数据读取效率。

采用方案管理、角色管理、用户管理相结合的权限控制方式，是一种较为严密的设计思路。

2．配置管理模块

配置管理模块是实现人力资源管理信息系统定制化开发的基础，也是评价系统的设计是否具有前瞻性的依据。

从可配置的内容分类上看，该模块通常包含四个方面：信息项、码表、页面和参数。

3．组织管理模块

组织管理模块包括组织和职位两部分内容。从设计思路上看，组织和职位存在着很多共通之处。

（1）组织的主要功能包含新增、编辑、撤销、更正和导出，同时还包含两个隐含功能，即组织节点下在职人数和编制人数。这些内容通过数据穿透窗口即可展现给用户。

（2）职位的主要功能设计包括新增、编辑、浏览、导出、更正、撤销等。

4．人事管理模块

人事管理模块功能设计主要包含员工的入职、编辑、浏览、批量新增、批量修订、异动、劳动合同导入导出等。

其中，异动功能在设计时应注意是增加一条操作记录，而不是覆盖原数据。这是实现人力资源管理信息系统时间轴概念的基础。

5．薪酬管理模块

薪酬管理模块从功能分类上划分，通常分为四个部分。

（1）基础设置：成本中心、薪酬项目、薪酬带宽及薪资级别、个人所得税税率表、银行报盘格式、法定工资标准。

（2）薪酬福利方案：法定福利方案、企业福利方案、薪酬结构方案、薪资核算方案。

（3）法定福利：保险缴费、公积金缴费、其他企业福利。

（4）薪酬：薪资关系、薪资标准、薪资核算。

6．报表管理模块

（1）组织管理模块报表

组织管理模块报表一般包括组织统计表、职位序列统计表、职位管理幅度及管理层次统计表、部门编制使用情况分析表、职位说明书等。

（2）人事管理模块报表

人事管理模块报表一般包含员工履历表、员工成长计划表、入职人员统计表、入职人员环比分析表、离职人员统计表、离职人员环比分析表、试用期转正人员统计表、试用期转正人员环比分析表、职位调整人员统计表、职位调整环比分析表、劳动合同到期解除劳动关系统计表、档案信息统计表、储备人才信息统计表、人力资本指标统计表、员工花名册等。

（3）薪酬管理模块报表

薪酬管理模块报表一般包含工资单、月度薪资发放审批表、月度薪资环比分析表、扣缴个人所得税报表、工资明细表、平均工资表、个人所得税汇总表、福利明细表、薪资调整人员明细表等。

11．2．3　方案设计

1．系统总体结构设计

根据企业业务发展需求，系统总体结构设计一般包括组织职位管理、人事档案管理、薪酬福利管理、考勤管理、人才招聘管理、培训管理、绩效管理、报表管理等方面的设计。

2．系统结构层次设计

（1）组织职位管理设计，下设机构图、组织机构列表等。

（2）人事档案管理设计，下设人事基本信息管理、人员异动、查询等。

（3）薪酬福利管理设计，下设薪酬参数设置、薪资关系管理、薪资调整、社保及公积金管理、考勤及绩效等关联数据管理。

（4）考勤管理设计，下设加班及休假审批、终端数据采集、节假日自定义设置、上班时间设置、考勤计算等。

（5）人才招聘管理设计，下设信息发布、招聘渠道、招聘需求、招聘职位、简历管理等。

（6）培训管理设计，下设内部课程、外部课程、培训需求、培训计划、培训评估等。

（7）绩效管理设计，下设指标管理、初评任务、审核管理、台账管理等。

（8）报表管理设计，下设花名册、登记表、统计表等。

3．操作界面设计

操作界面设计主要包含主界面、菜单、设置、修改、数据导出等功能。

4．数据库设计

数据库设计主要应根据企业人力资源管理所需的系统模块设计。以招聘管理模块为例，在设计数据库时要体现人员基本信息，如面试邀约率、面试通过率、入职人数、转正人数等，每一项数据都要尽量详尽，并实现备份与恢复功能。

5．安全性设计

人力资源管理系统对保密性有较高需求，因此在设计方案时应充分考虑方案的安全性；在设计管理权限时，要根据企业实际需求设计多层权限管理。通常在设置管理权限时会设置超级管理员权限、主管理员和用户权限。

此外，用户登录人力资源管理系统后，系统工作日志将详细记录用户的所有操作痕迹，可通过该日志查询哪个用户在什么时间进行了哪些具体操作。

11.3　系统应用

11.3.1　数据导出功能设计

数据导出功能设计主要从人力资源管理角度出发，对需要导出数据实现一键下载，具体如表 11-7 所示。

表 11-7　数据导出功能设计

一级功能	二级功能	功能描述
数据导出	员工基本信息	开发数据钻取功能，实现数据明细钻取与展示，数据一键导出
	招聘数据	开发数据钻取功能，实现数据明细钻取与展示，数据一键导出
	员工入职率	开发数据钻取功能，实现数据明细钻取与展示，数据一键导出
	全员劳动生产率	开发数据钻取功能，实现数据明细钻取与展示，数据一键导出
	用工人数	开发数据钻取功能，实现数据明细钻取与展示，数据一键导出
	全员业绩考核覆盖率	开发数据钻取功能，实现数据明细钻取与展示，数据一键导出
	人均工资水平	开发数据钻取功能，实现数据明细钻取与展示，数据一键导出
	员工离职率	开发数据钻取功能，实现数据明细钻取与展示，数据一键导出
	人力资源管理人员人均服务人数	开发数据钻取功能，实现数据明细钻取与展示，数据一键导出
	薪酬福利等级分析数据	开发数据钻取功能，实现数据明细钻取与展示，数据一键导出
	高级专业技术资格人才比例	开发数据钻取功能，实现数据明细钻取与展示，数据一键导出
	高技能人才比例	开发数据钻取功能，实现数据明细钻取与展示，数据一键导出
	持证上岗率	开发数据钻取功能，实现数据明细钻取与展示，数据一键导出
	员工培训次数	开发数据钻取功能，实现数据明细钻取与展示，数据一键导出

11.3.2　系统功能完善

传统的 e-HR 系统是以基础人事、薪酬、假勤、绩效为主模块，其他为辅助模块，主要目的是解决人力资源管理效率问题。

随着从人力资源管理走向人才管理，出现了基于能力的模块，包括招聘系统、入职管理、绩效管理。随着从安装走向 SaaS，人力资源管理模块和人才管理模块再次相互融合，从而形成了一体化的 HR SaaS 的系统，该系统涵盖了员工全生命周期，包括招聘管理系统、入职管理、基础人事、薪酬管理、假勤管理、绩效管理、员工发展和继任系统，有的还包括测评、360 度评估、能力模块等。

11.3.3　系统重构

随着网络技术的更新迭代，传统的人力资源管理系统已无法满足企业发展需求，打破传统的 HR 封闭式管理，引入 e-HR 系统先进理念，优化组织流程，重构组织战略，是企业获得持久竞争力的要求。

"人力资源管理""e-HR 系统""（HR）大数据"，就三者关系来说，可以称之为"递推式衍生"，即传统的人力资源管理衍生出 e-HR 系统，而 e-HR 系统的数据又聚合成为人力资源大数据，最终人力资源大数据通过建模重构日常人力资源管理。

因此，在系统重构时，要充分考虑通过网络技术和大数据的发展，从海量的数据中调取某个新入职员工所有以往的经历、资历等，从而判定新员工的流动情况、忠诚度、能力等数据指标的相关功能。

11.4　系统采购

11.4.1　需求设计

企业在采购第三方人力资源管理系统软件时应充分考虑企业的实际需求。

1．整体采购

如果企业的人力资源管理系统需要整体升级，则考虑购买全流程的人力资源管理系统软件。

2．分模块采购

如果只是某一个模块或某几个模块需要升级，则考虑购买相对应模块实力较强的系统软件。

11.4.2　供应商选择

1．考量供应商的综合实力

e-HR 项目并不是一劳永逸的，从人力资源管理系统的选型、解决方案的提供，到项目的实施，再到后期的服务和维护，每一项都需要供应商提供相应的支持和合作。因此，e-HR 供应商实力的强弱将决定着后期运作的整个过程是否顺利。

2．关注系统的开发能力

除基础需求设计外，企业在采购系统软件时要分析 e-HR 产品是否具有较强的可开发、可配置能力，尤其是可配置能力。可配置能力是指当企业流程发生改变时，能够通过修改配置参数即可适应需求，无须大费周章重新编写。

3．结合企业实际需求

市面上人力资源管理系统供应商有很多，每个供应商的优势和特点都各不相同，清楚每个供应商的优势有利于做出正确选择。选一个在实现预期功能方面实力强大的供应商，比起盲目选择大品牌，无论是在成本上还是在效果上都更加有效。

11.5 人力资源相关数据

11.5.1 数据模块分类

人力资源管理是现代企业管理中的一个重要环节。随着企业信息化的不断推进与发展，从流程烦琐、费用高和参与人多的传统管理，到市场化、专业化、精准化的新型管理，是企业人力资源管理在大数据时代的必然发展趋势。

根据企业目前的人力资源发展现状，可以将人力资源数据分析分为以下14个模块。

1．员工队伍分析

通过员工队伍分析，可以了解企业各种用工数量、年龄、性别、学历、专业技术资格、技能等级等结构分布，以及各专业、各内设机构人员配置情况，利用数据预测自然减员情况（如预测离退休人数）和员工队伍老龄化趋势等。

2．薪酬数据主题分析

薪酬数据主题分析的内容如下。

（1）对不同学历、不同年龄、不同岗位、不同工龄薪酬进行分析。

（2）对各级单位、各种用工人均薪酬、人均工资水平进行分析，监控薪酬分配政策是否执行到位。

（3）分析各单位薪酬分配是否坚持效益导向、是否向一线倾斜等，为企业薪酬分析和分配提供依据。

3．绩效数据主题分析

绩效数据主题分析是指分析各级单位绩效考核人数、等级分布情况、积分应用情况、与工资挂钩情况，以及绩效考核是否符合绩效管理要求，为绩效考核管理工作提供数据支撑和参考。

4．绩效薪酬联动数据主题分析

绩效薪酬联动数据主题分析是指根据各级单位员工绩效等级分布情况和薪酬执行情况，分析各单位绩效等级分布与绩效薪酬分配的关系影响度。

5．岗位数据主题分析

岗位数据主题分析是指对岗位结构组成、岗位序列、岗位年龄结构、岗位学历结构等维度进行分析。

6．招聘数据主题分析

招聘数据主题分析主要包括招聘完成率、招聘质量、招聘各阶段转化率、招聘费用、各渠道招聘人数占比、招聘周期等数据分析。

7. 离职人员数据主题分析

离职人员数据主题分析是指分析离职人员分布（年龄、岗位、工作年限、学历等）情况和离职原因，为企业人力资源管理提供参考。

8. 干部数据主题分析

干部数据主题分析是指对干部选拔任用、后备干部、干部考核、干部培训等业务工作数据进行分析，以及对干部队伍学历、专业、年龄、工龄等数据进行结构化处理及分析。

9. 人才数据主题分析

人才数据主题分析是指对技术专家、技能专家、海外高层次人才的学历、年龄、工龄、岗位进行分析。我们可以用图表的形式展示人才的学历、年龄、工龄、岗位分布情况。

10. 离退休数据主题分析

离退休数据主题分析是指对不同离退休人员的学历、岗位、工龄等进行分析。我们可以用图表的形式展示不同离退休人员的学历、岗位、工龄等情况。

11. 人力成本主题分析

人力成本主题分析主要分析人力成本结构、人力成本效率、人力成本占比、人力成本总额、全员劳动生产率等指标。这些指标能够反应一家企业人力资源的战斗力，是人力资源数据分析中关键的一部分。

12. 人岗匹配分析

人岗匹配分析是指对岗位要求和人员履历匹配度进行分析，以推荐符合条件的人员。我们可以用图表的形式展示岗位的要求和人员履历匹配度。

13. 组织机构分析

组织机构分析是指对各级单位、内设机构设立情况进行分析。我们可以用图表的形式进行展示。

14. 培训评价分析

培训评价分析是指分析企业分层、分类培训和评价情况，以及员工持证是否满足企业管理要求，特别是安全生产、市场营销、基建领域关键技能岗位持证情况。我们可以用图表的形式进行展示。

11.5.2 数据模块整合

对于上述 14 个主要模块，我们通过整合，可以将它们归纳为三个大类，即基础数据分析、业务数据分析和能效数据分析。

1．基础数据分析

基础数据分析基于静态数据进行分析，是最基础的数据分析，其中包括人员总量分析、人才结构分析、人员状态分析、人力资源配比分析等，这些数据都可以通过基础信息来获取，从而反映企业人力资源现状。

基础数据分析是数量最多、最全面的数据分析，这类数据分析贯穿整个人力资源管理活动的始终。

2．业务数据分析

业务数据分析就是对人力资源的各项业务活动，如招聘、培训、薪酬、绩效、员工关系等产生的数据进行分析。

这类数据分析属于人力职能业务分析，可以反映企业人力资源各项职能模块运作的健康程度。

3．能效数据分析

能效数据分析就是要分析人力资源管理的价值，即给企业带来的效益、效能，包括对人均单产、人工成本利润率、员工满意度等进行分析，以反映企业人力资源管理质量。能效数据分析是基于前两类数据分析结果或者数据状态所进行的效益、效能的整合分析。

11．6　人力资源数据分析

11．6．1　数据采集

数据是数据分析的基础和原材料。因此，应用数据分析辅助人力资源管理和决策时，要先进行数据采集。

1．数据来源

（1）企业内部数据来源

企业内部数据主要包括人力资源系统数据、财务系统数据、客户关系管理数据、物联网数据以及内部调查数据。

（2）企业外部数据来源

企业外部数据主要包括政府公开数据、企业发布的数据、人力资源行业相关数据、公共社交数据等。

2．采集方法

（1）内部数据采集方法

企业内部数据主要从人力资源管理系统中导出。

（2）外部数据采集方法

①访谈调查法

访谈调查法是指调查者通过与被调查者面对面交谈获得所需信息的调查方法。

访谈时，首先要确定访谈目的，并据此确定访问对象、时间；其次要预设沟通问题的框架，再进行面谈访问；最后整理访谈记录，并进行有关数据分析。

②调查问卷法

调查问卷法是指通过编制详细周密的问卷，并邀请被调查者作答，借此收集数据的一种方法。采用调查问卷法，能够实现短时、大范围的调研，相对省时省力，而且收集到的信息也比较全面、系统，因此在人力资源管理实践中被广泛应用。

③搜索引擎

通过搜索引擎工具，可以从网站上获取特定的或更新的数据并整理。搜索引擎作为数据采集工具，在许多领域得到了广泛应用。搜索引擎的主要作用是可以解决收集数据数量、形式的问题，最关键的是降低了数据采集的门槛。

11.6.2　数据整理

1．内部数据整理

针对企业内部数据，数据分析人员需要对系统数据进行筛选，对需求数据进行求和、求平均值、数据量化等处理。

2．外部数据整理

外部数据中，可能包含着相似重复记录、错误值、缺失值和不一致数据，这些数据极大地影响了数据分析的结果，降低了数据的质量，需要对其进行整理。

数据整理的主要对象包括不一致数据、缺失数据、错误数据、异常数据、重复数据等常见类型，具体处理方法如下。

（1）不一致数据处理

可将数据交回数据提供方及时订正。

（2）缺失数据和无效数据处理

可对数据进行甄别与判断、舍弃与插补。

（3）重复数据处理

将数据排序后，对重复数据进行删除与合并。

（4）错误数据和异常数据处理

一种方法是先找到错误数据和异常数据，再将其删除；另一种方法是通过聚类法、分析法、回归法等进行平滑处理。

11.6.3 数据分析

1. 数据分析方法

进行数据分析时,应用的方法主要包括描述分析法、对比分析法、分组分析法、聚类分析法等,具体如图 11-1 所示。

方法	说明
描述分析法	对数据进行初步的统计整理。其主要体现数量特征,即对数据进行统计描述
对比分析法	通过两个和两个以上的数据对比,找到数据的差异,分析这些差异,找出影响这些差异的原因以及优化差异的方法。其具体分为横向对比分析法和纵向对比分析法
分组分析法	根据数据分析对象的特征,按照一定的指标,将数据分析对象划分为不同的部分和类型来进行研究,以揭示其内在联系和规律性
聚类分析法	将有相似属性的事物归为一类进行分析,再提取相同特征
趋势分析法	通过对各期指数变化趋势的分析,得出后期数据发展的趋势
象限分析法	找出事物的两个关键属性,将事物分为四类,并提供不同的策略
细分分析法	得出结论后,再进行一步一步的细拆,细拆的过程也是分析数据变化产生的过程
回归分析法	利用数据统计原理,对大量数据进行数学处理,建立一个相关性较好的回归方程,并加以外推,用于预测变量的变化

图 11-1 数据分析的方法

2. 数据分析模型

(1)数据模型

数据模型从抽象层次上描述了系统的静态特征、动态行为和约束条件,为数据库系统的信息表示与操作提供了一个抽象的框架。

（2）漏斗分析模型

漏斗分析模型是流程式数据分析，即分析从起点到终点各个环节之间的数据转换情况。一般情况下，招聘数据适合用漏斗分析模型进行分析。

（3）5W2H 模型

5W2H 是指 What（什么事）、Why（为什么）、Who（谁）、When（什么时候）、Where（什么地方）、How（如何做）、How much（什么程度）。

（4）帕累托数据分析模型

帕累托数据分析模型是在二八法则的基础上衍生出来的，二八法则即 20% 的人掌握着 80% 的财富。

（5）人物画像模型

人物画像模型的内容包括工作价值观、人格特质、成就动机、学习敏锐度、领导力等。

3．数据分析流程

数据分析基本流程如图 11-2 所示。

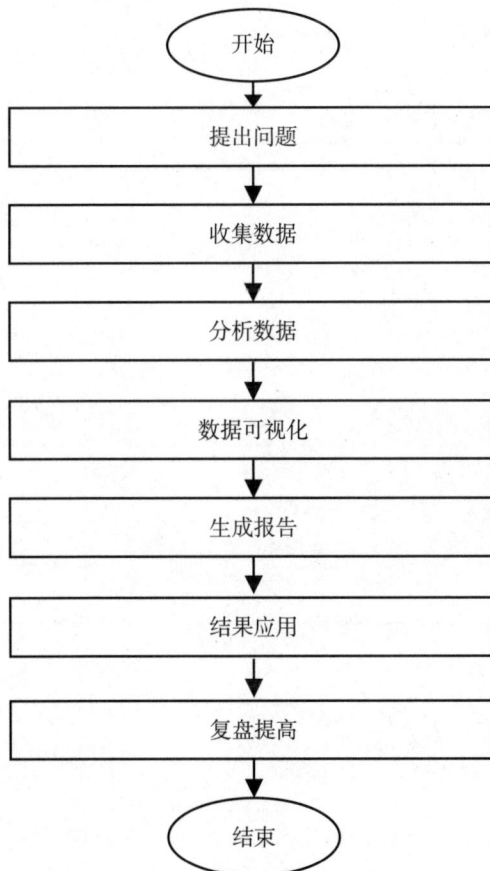

图 11-2 **数据分析基本流程**

11. 6. 4 分析报告

编写数据分析报告时，应以事实为依据，不得将自己的臆想或猜测写入报告中，以避免误导报告使用人员。

人力资源数据分析报告的结构与框架，扫描下方二维码即可查看。

第12章
报告撰写

12.1 报告分类

12.1.1 工作报告

工作报告是指向上级汇报本单位、本部门、本地区的工作情况、做法、经验以及问题的报告。工作报告是一种常见的报告，主要分为例行工作报告和总结式工作报告，具体如表 12-1 所示。

表 12-1 工作报告分类表

分类标准	报告名称	报告说明
例行工作报告	提高式工作报告	阶段内完成的工作内容的汇报，并且指出工作过程中遇到的问题，提出改进的建议
	成果工作报告	
	建议工作报告	
	绩效考核工作报告	
总结式工作报告	盘点工作报告	总结报告期内企业的基本情况，做了哪些工作，取得了什么成果，以及对下一阶段的规划
	年度总结报告	
	年度规划报告	

12.1.2 分析报告

人力资源分析报告从各个方面对企业的人力资源现状进行了分析，因此报告中应体现企业的现状、企业的问题分析、相关建议等。分析报告的分类如表 12-2 所示。

表 12-2　分析报告的分类

分类标准	报告名称	报告说明
分析对象	析因报告	分析相关内容，说明使用了哪些工具、哪些统计方法，最后得出了什么结论
	析数报告	
	析问报告	
专项报告	薪酬报告	分析专项内容，经过统计分析后形成报告
	绩效报告	
	人才发展报告	

12.2　工作报告与分析报告的撰写

12.2.1　工作报告的撰写

1．工作报告的内容

工作报告主要由标题、称谓、正文、落款四部分组成，具体要求如表 12-3 所示。

表 12-3　工作报告的内容与撰写要求

内容		撰写要求
标题		1．直书式标题：直接用"工作报告"作为标题 2．公文式标题：用任职期内所任的职位加上工作报告作为标题
称谓		1．向上级领导呈送的工作报告要写清报告收文者的姓名，收文者的称谓要顶格写，并在后面加上冒号 2．向所属人员或全体员工做工作报告时，要写清"各位同事"等，书写格式同上 3．若用 PPT 形式做工作报告，一般无须在 PPT 中明确收文者的称谓
正文	开头	要写清汇报者的身份和职责，包括任职时间、职务、分管的工作、职责、目标及对自我工作的总体评价
	主体	1．这是工作报告的重点，主要写工作成绩、经验和做法等；可以先写工作成绩，后写经验和做法；也可以先写经验和做法，后写工作成绩 2．应突出工作能力和管理水平，要写清楚，内容较多时，可采用夹叙夹议的写作方法
	结尾	要简洁地写出今后的设想或决心，应以实际情况为标准，对日后的工作表明尽职的态度，或概要地写出存在的主要问题
落款		1．在报告的结尾处，署上报告人的姓名和报告日期 2．若有附件，要写清附件的名称

2．撰写工作报告时的注意事项

为使写出的工作报告便于阅读，撰写工作报告时，需注意图 12-1 所示的五个问题。

撰写工作报告时的注意事项	端正态度	◆ 在动笔时，撰写人员要端正自己的态度，严肃地撰写工作报告
	用 PPT 说话	◆ 充分发挥PPT简洁、形象、便于演示的优势，将要报告的内容概要、形象地用PPT展现
	实事求是	◆ 不论是写成绩还是写存在的问题，都要做到实事求是，不要将工作报告写成表功的文章
	抓住重点	◆ 不要写成"流水账"，不要把做了什么事都列出来，应该详略分明，大事详写，小事少写
	要有特色	◆ 职位不同，汇报内容也不同，要写出职位特色。在报告中陈述工作成绩时，要重点写出个人发挥的作用，以及为达成这一业绩所采取的措施等

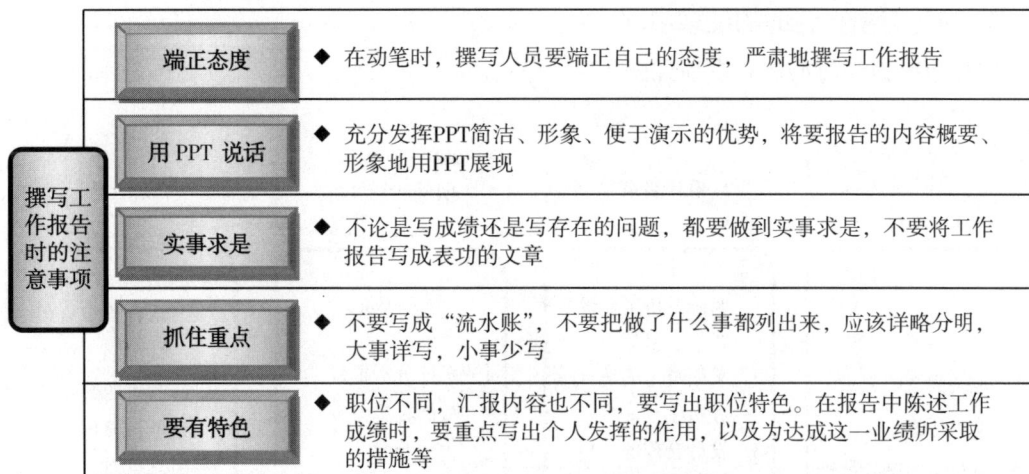

图 12-1　撰写工作报告时的注意事项

12．2．2　分析报告的撰写

1．分析报告的内容框架

××分析报告的内容框架如图 12-2 所示。

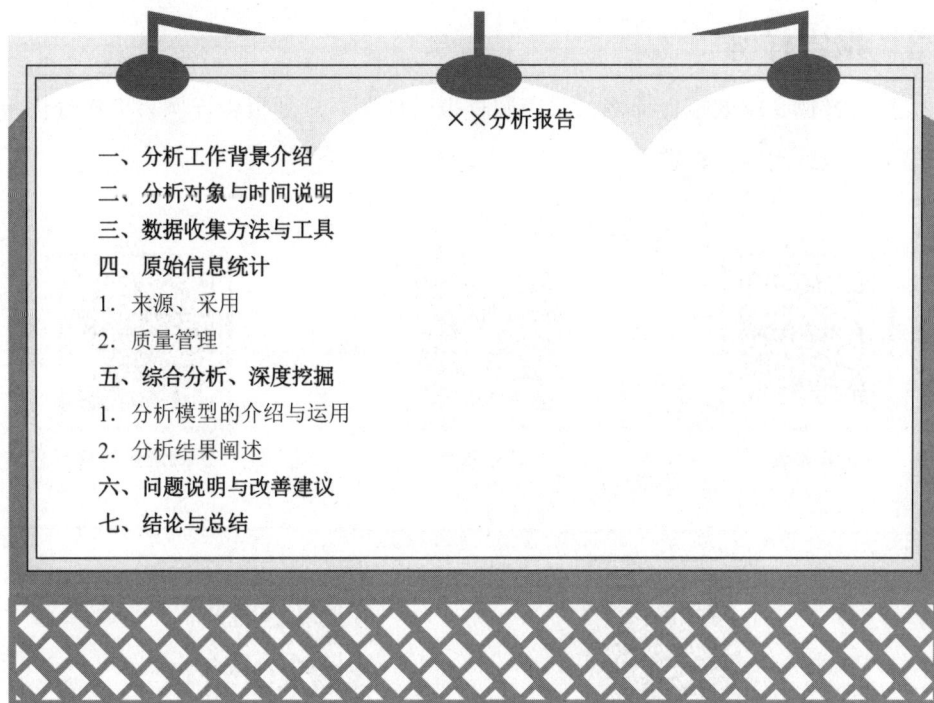

××分析报告

一、分析工作背景介绍

二、分析对象与时间说明

三、数据收集方法与工具

四、原始信息统计

1．来源、采用

2．质量管理

五、综合分析、深度挖掘

1．分析模型的介绍与运用

2．分析结果阐述

六、问题说明与改善建议

七、结论与总结

图 12-2　分析报告的内容框架

2．撰写分析报告时的注意事项

撰写分析报告时的注意事项如图 12-3 所示。

图 12-3　撰写分析报告时的注意事项

12.3　报告样例

工作报告样例、绩效报告样例、薪酬调查报告样例、规划报告样例、工作分析报告样例，扫描下方二维码即可查看。

工作报告

绩效报告

薪酬调查报告

规划报告

工作分析报告